国家出版基金项目
NATIONAL PUBLICATION FOUNDATION

明清野史丛书 第一辑

李鹏飞 编

虎口余生记

（外十种）

〔清〕边大绶 等 著

北京出版集团
文津出版社

图书在版编目（CIP）数据

虎口余生记：外十种 ／ （清）边大绶等著 ； 李鹏飞
编 . — 北京 ： 文津出版社，2020. 2
（明清野史丛书 . 第一辑）
ISBN 978-7-80554-695-7

Ⅰ . ①虎… Ⅱ . ①边… ②李… Ⅲ . ①中国历史—野
史—明代 Ⅳ . ① K248. 045

中国版本图书馆 CIP 数据核字（2019）第 148771 号

出版策划：安　东　高立志
责任编辑：乔天一
责任营销：猫　娘
责任印制：陈冬梅
封面设计：吉　辰
书名题字：老　莲

明清野史丛书　第一辑

虎口余生记（外十种）

HUKOU YUSHENGJI

[清] 边大绶 等 著

　　李鹏飞　编

出　　版：北京出版集团
　　　　　文津出版社
地　　址：北京北三环中路 6 号
邮　　编：100120
网　　址：www.bph.com.cn
发　　行：北京出版集团
印　　刷：河北赛文印刷有限公司
经　　销：新华书店
开　　本：889 毫米 ×1194 毫米　1/32
印　　张：11.25
字　　数：199 千字
版　　次：2020 年 2 月第 1 版
印　　次：2023 年 5 月第 3 次印刷
书　　号：ISBN 978-7-80554-695-7
定　　价：58.00 元

质量监督电话：010-58572393
如有印装质量问题，由本社负责调换

出版前言

1925年12月10日、12日、25日，鲁迅在北京的《国民新报副刊》上分三次发表了《这个与那个》（后收入《华盖集》），在第一节《读经与读史》中，鲁迅说：

> 我以为伏案还未功深的朋友，现在正不必埋头来哼线装书。倘其咿唔日久，对于旧书有些上瘾了，那么，倒不如去读史，尤其是宋朝明朝史，而且尤须是野史；或者看杂说。
>
> ……
>
> 野史和杂说自然也免不了有讹传，挟恩怨，但看往事却可以较分明，因为它究竟不像正史那样地装腔作势。

1935年2月，鲁迅在《文学》月刊第四卷第二号上又发表了《病后杂谈》（发表时被删去第二、三、四节，后全文收入《且介亭杂文》），文末也提到野史：

> ……我想在这里趁便拜托我的相识的朋友，

将来我死掉之后，即使在中国还有追悼的可能，也千万不要给我开追悼会或者出什么记念册。……

现在的意见，我以为倘有购买那些纸墨白布的闲钱，还不如选几部明人、清人或今人的野史或笔记来印印，倒是于大家很有益处的。

鲁迅一向看重野史、笔记之类非"官书"的史籍，盖因官修正史常是"里面也不敢说什么"的，而通过野史的记载，却往往能提供官书有意无意漏略不言的细节，也就是前引文中所说的"看往事却可以较分明"。而明清两代的野史记述了大量官书所不载的人物和事迹，其中还有不少是时人亲见、亲闻，乃至亲历的，其重要性不言可知。这些史料早已为学界所利用，但对大众读者来说，往往还是陌生的。编纂出版《明清野史丛书》，想来还是"于大家很有益处的"。

当然，作为史料，野史杂说也有其不足之处。鲁迅说它"免不了有讹传，挟恩怨"，这在明末清初的一些史料中尤其明显。例如，《蜀碧》等书将明末清初四川人民遭遇的兵燹之灾一概归罪于张献忠，《汴围湿襟录》将决河淹没开封的责任推在李自成头上，《三湘从事录》作者蒙正发粉饰自己和恩主章旷、李元胤的所作所为，敌视由大顺军余部改编而成的"忠贞营"等，经过现当代学者的研究，都证明是不可靠的。由于本系列主要面向大众读者，我们不可能对书中记载一一进行核实和考辩，只能提请读者注意：尽信书，则不如无书。

另外需要说明的是，明清时期的野史，成书之后多通过抄录流传，不但鲁鱼亥豕在所难免，即残损佚亡，也不在少数。我们在编辑本丛书的过程中，尽量依据不同版本进行校勘，纠正了书中一些错字，特别是错误的人名、地名。但是，有一些人物在不同历史记载中的名字、行迹甚至最终下落都有不同，无法强求一致。如南明武将陈邦傅，一些史料写作"陈邦传"，由于没有第一手史料可供确认，在编辑本系列所收野史时，也只能各从其原书写法。至于明显由于避讳改写的字，如改"丘"为"邱"、易"胤"为"允"、书"弘"为"宏"，则径自回改，以存历史原貌。

总目录

守郧纪略

〔明〕高斗枢

序

　　读史而尝叹古人勋业，其彪焯不朽者，非独人之有异才，特遇以其时耳。世咸推韩、范以文臣而谙武略，胸罗甲兵，手捧天日，为能屹奠岩疆，铭功彝鼎，然在韩、范之时，亦易易也。若乃国步多艰，势成板荡，岂乏毅干不二心之臣，枕戈饮血，力图定倾，而绌于事权，肘左右掣而不得舒，徒以身瘁。此其人之不幸，而实宗社之不幸也。亦孰非天为之哉？

　　中丞玄若高公，经纬学贯，杰然宪邦之才，而严气正性，尤世所莫及。筮仕由刑曹出恤楚狱，多平反；寻剖虎符，守荆州，襄帷风清，兴利除害，庶政厘举，戢宗藩之暴横，厚民拊翼，人咸爱戴之。时流寇从晋、豫渡河，屡逼荆城，公聚柝简稽，整修防御，使贼不敢近，已谂公壮犹克诘矣。嗣以副宪莅湖南，备兵长沙。楚郡在江北者，尽罹寇残蹢，而临、蓝、衡、湘间，群盗蜂起，公拮据戎务，于十二属邑之城堡预加缮治，虑额兵单弱，捐俸召募，练习乡勇。沿江一带，上自都石，下至磊石，增造水舰，演熟哨法。贼果由衡山突攻湘潭，以有备，水陆齐发，俘斩无算，大创而去，遂得

003

提兵同沅台合剿临、蓝。大小十余战，蹋伏捣虚，皆以全胜居上功，此守长成效也。

晋臬长，移治下荆南，驻郧阳，则闯、献二贼逆焰益炽矣。郧属六邑，俱没蓬蒿，青磷遍野，独郧城弹丸六里，隍垒仅存。甫莅任，献贼忽自东来，公坚壁固守。贼知戒严，因引而西，郧幸无恙。未逾年，李贼据有荆、襄、承、德诸郡，从陷均州后，悉力来攻，先后薄郧城者五。公身冒矢石，鼓率将士，倚辕而令。常以少击众，出奇制胜，贼始畏郧兵，相戒无犯。尝列营杨溪，贼有闻汉江水石相击声，夜大呼为郧兵至，相杀奔窜者，而郧乃获存。公因乘胜移师恢均州，是守麋功绩较守长有加倍者。

夫流氛之肆毒全楚也，以洞庭、湘江之险，曾不闻扼要而御。版图辽阔，鞭长不及。凡议进剿，镇必会商于抚，抚必请命于督，为可卸罪地。而兵东则贼西，兵西则贼东，以致军机坐失，动遭败衄。若画地分界而守，得尽如公，以一道臣而殚心戮力，先事绸缪，兵不逾数千，敌贼百万，在长则长全，在郧则郧全，江汉咸倚公为固，贼虽狡劲，亦何难扑灭？且当日总阁部、建大牙者，每皆书生白面、不谙兵略之人。一有偾辕，辄加逮系。屡易以新，人无恃志。如公莅楚凡十五年，其于湖南北七道，山川要害，形胜所区，无不洞晓；而且挟纩投醪，威信素著，将士慑服。使之开府江夏，相机扫荡，合全楚之力，以扼贼吭背，贼必不能西袭全秦，长驱入北，天下事尽可为也。

忆辛巳，贼以八骑假督师符，诱破襄阳，亲藩遇害，举朝震动。余侍从经筵，先帝于进讲毕，言及楚事，悯念赤子涂炭，泫然挥涕。因拊髀而叹，谕大臣亟简在事历练知兵者，刻期迅剿，乃有颇牧如公，而不能用，良可悼也。公志扶社稷，于狂氛遍斥中，独保危城，嚼纸煮铠，绝乏救援，上疏痛陈时变，并乞师，隔岁而始得达，在揆路尚有阻挠之者。数千里外，孤臣泪洒，有衷莫诉，言之令人呜唈。

比甲申二月，迁公中丞，抚秦汉兴军，而秦地久陷，已无及矣。哭读啮血遗诏，公誓不与贼俱生。虽已谢郧麾，而值贼攻郧，挺身登陴，志不少懈。欲为南都一图恢造，而势竟莫挽。不得已，退耕沄洲，自甘埋遁。比年归里，同余栖迟林壑间，每谈及楚昔情状，辄抚膺太息，以有愿未展为憾。公功足媲韩、范，而勿殚厥成，惟天实为之！读公《守郧纪略》，凭吊往事，亦大堪悲已！

光溪逸史确庵葛世振拜题

守郧纪略

崇祯丙子，予以湖广副臬备兵长沙。庚辰，晋右参政。辛巳六月，闻报，晋臬长，移守下荆南，驻郧阳，故流贼出没，已十年矣。先是，庚辰，阁部杨公既败张献忠，获其妻妾及军师潘独鳌，不即杀，而置之襄阳狱中。献贼入蜀，李自成、罗汝才及老回回、革里眼诸贼继之，蜀抚邵公捷春力不能拒，致被逮。阁部统诸部兵追至蜀中，战守逾年，贼势愈炽。至辛巳正月，贼复奔楚，阁部迎战于楚蜀之交，兵大溃。献贼遂从巴归，间道驰至襄，襄有防守兵数百，贼唉以利，反为贼用。二月初三日半夜，城中四面火起，官民俱不知所由，已而道臣张君克俭及郡邑各官俱被杀，襄王亦遇害，皆防守官兵所为也。至次早天明，献贼至，各兵迎之以入，遂取其妻妾及潘独鳌以去。报闻，天子大怒，为逮抚臣袁公继咸。然袁公先奉阁部檄驻竹山，去襄千里，实非其咎。郧道万君言策亦被黜。于是右参政王公永祚晋郧抚，予迁郧道，而襄道则调参议冒君起宗云。

予以七月初于长沙解缆至荆，而卧疾数日，月尽达襄阳。城中一片焦土，向来廛市，止存颓垣败壁，居民十无二三，皆葺草以居，官署仅有新葺者。徘徊入郧，则八月初六。郧城四围仅六里，又半为瓯脱，居民不满四千。外六属俱为贼破，每年蹂躏四五次，惟郡城独全。然城外关厢俱毁，无一居民，田畴俱为蓬蒿者，数百里如一。惟近城之田，则城中人耕种以糊口。是年蝗飞蔽天，野无寸草。七月间，献贼复由郧入秦，督师丁公与左镇尾之而至。左兵二三万，一涌入城，城中无一家无兵者，淫污之状不可言。数日启行，复罄洗其家以去。去十许日，而予至，米菜俱无可觅。士民相见，无不痛哭流涕。不恨贼而恨兵，真惨极矣。

大约自荆至襄，所经荆门、宜城，城邑无恙，而村落已空，然犹有十一二仅存者。自襄至郧，则城邑已不堪言，而出城竟不见一人。村落止存废址，欲觅一椽一瓦，俱不可得矣。若郧之六属，房县、竹山、竹溪、上津、郧西、保康，并城郭俱已平夷，城址俱一片蓬蒿，居民仅存者，俱觅山之高而上有平岗者，结寨以居。大县可三十寨，小县不过十余寨。寨之大者可二百人，小者不满百人，各垦寨下之田以自给。县令至者，亦居寨上。征输久停，民贫无讼，胥役尽逃，令与民大率并耕而食，不复能至郡参谒矣。

予以初八日履任，至十三日，忽接猛将军如虎檄，报献贼复东来，立可至郧。是时郧兵俱发往各路，盖因贼既西入秦，倘秦兵严守，必折而从北也，不意仍从西来。须臾猛将军至，兵仅百许。次早献贼至，予率垛夫登陴固守，贼亦不知城内无兵，而又虑督师在后，竟引而东。而城中士民复大恐，谓左兵当复经此也。予即遣役往迎督师，且恳其兵无入城。督师答书，已许不入城，而托予于城外觅数间小房，欲暂住以发疏。予先以督师书传示士民，人心始定。明日督师至，驻一关帝庙，湫隘殊甚，又十日始东。左镇意殊不怿，以沮其入城也。猛将军系外国降将，骁勇善斗，是冬战死于南阳城上。

郧城旧为治院所驻，是时澄川王公移镇襄阳，而郧中共事者，守徐君起元，倅陈君万家，李则朱君翊辩也。营将则房竹营游击李茂春，兵一千五百；均阳营游击胡廷聘，兵五百守均，其留郧者一千；而治标左营百总杨明起、余启凡各兵三百许人；又游击王光恩兵可三百许，则降丁也。

余因周视郧地，东与北俱山麓，而西与南俱汉江。贼善骑而不习舟楫，余谓战地必在东与北。离城仅丈许，行半里，遇一小山名西坛，遂折而西，绕西坛之外，复折而南，沿至东南城下，离城亦止丈许。予乃于西北及东南两隘，各缮一楼。一面倚城，一面倚汉水，各甃以砖。楼上多设铳炮，楼下开一门，以通出入。李茂春之兵即营于东南楼之内，沿南城外而居。西坛高出于城丈许，不可无兵，而山顶颇平，量可容兵数百名，则令杨明起居焉。西坛之下，地平如掌，当城之西南，则王光恩居焉。城东亦有二培塿：一曰四铺嘴，一曰青龙寺，离城甚逼。予令余启凡居四铺嘴，分均阳营兵二百名，居青龙寺，其均阳余兵，则居城中，备城上及他调发之用。均阳兵皆郧城人，与郧民俱亲族，在各营中独守法，故留之城中。其城北素无濠，城东虽有濠而浅，地势陡峻，不能畜水，余令东北离城丈许，各筑土墙，高八尺；每堵留一铳眼。凡阅三月，而四城防守之事俱备。其一切筑墙造楼，及葺盖兵房，皆用各营兵，而不烦一民云。

辛巳之冬、壬午之春，郧城幸无贼警。夏间忽接陕西兴安道檄，称川北有贼名摇天动，先时同群贼入蜀，厥后各贼东来，而此贼独留川北。今将从兴安趋竹山，以及郧襄，约有万余。予令房竹营千总漆尚友、均阳营千总高万锦，并杨明起，合兵御之。贼闻竹山有备，迁延不敢入境，仍归川北。至九月间，王光恩来云，有弟光兴在摇天动内，有众数百，情甘投顺。余未之许，而光恩请愈恳。余令光恩招之至，汰其老弱，得精壮百五十人，即隶光恩营；光兴改名光泰。后李贼犯郧，光泰战甚力。

先是，张、李各贼每陷一城，辄大掠以去。至壬午夏秋，李自成、罗汝才每得一城，辄分贼防守，且严禁抢掠，以笼络民心。时已得中州数郡，将取襄、郧，而左大将军自开封溃后，久住樊城，全无赴贼之志。治台王公澄川，亦留左于樊以卫襄，谓大兵在，贼必不至也。及自成、汝才由汝宁趋襄，左闻风先遁，至荆州；又念荆以江为界，无路可逸，又改往武昌，而贼遂长驱抵樊。徘徊数日，以大炮击襄之北城，襄人大恐。一时文武先取其家属登舟矣。贼复西去七十里，至白马滩渡江。王公澄川竟护福清王东下，贼遂入襄，时十二月初三日也。

初八，贼分股攻均州，时降丁惠登相在焉。登相隶左大将军，而分居于均，素狂悍难驯，不属郧镇节制，至是敛兵登武当，依险自完，贼遂入均，守将高万锦自溺汉江以死。十二日，贼抵郧城，予率各营战于城外。时王光恩、光泰、杨明起、余启凡战甚力，贼攻四铺嘴、青龙寺，昼夜不休，启凡等以火罐掷之，焚死者相踵，而攻不止，然终不能登。贼又分股直抵北城，予于土墙内，先伏鸟枪手击之，百发百中，贼不能近。至十五日，贼始退。是月，荆州、承天相继俱陷。

方贼由白马滩渡江，郧、襄路断，故郧中久不知襄已陷也。至攻郧而退，兵追之，获贼三十余人，始言襄阳情形。李茂春素恇怯，始有惧色，且谓治院已东去，郧兵月饷将安出。而惠登相在武当，贻书劝其远避，否则贼再来，必不能支。茂春遂于十七日夜拔营西去，予亲往留之，竟不能得。次日，茂春将往金漆潦，会参将徐勇先奉治台檄守滩，茂春不能过；而营内船少，各兵多步行，兵妇无不嗟怨；又四乡无一居民，兵无所得食，于是茂春大窘，复统其兵来归。予下令各营，谓："茂春罪在不赦，而裨将及各兵，则不妨招之入营，茂春必须擒获议罪。"于是王光恩、杨明起、余启凡各招房竹营兵，兵尽降，而茂春就擒。余缚送徐参将勇，令其羁于营内，以候请旨。后勇亦去金漆潦至兴安，茂春随之以去，又数月，茂春病死。光恩等三人既分招房竹营兵，又各有召募，三营之兵各盈千；而高万锦死后，其兵亦归郧，仍入均阳营，于是郧兵有四千余云。

癸未春，李自成与罗汝才同驻襄阳，时已据襄、荆、承、德，并汝宁、南阳、河南及开封诸郡矣。自成志图僭立，欲先吞并各贼。时献贼在安、庐、黄州一带，自成每与书檄，皆用上司临属吏体，献贼大怒。然畏自成之强，不敢与较，亦不敢复与自成合营矣。老回回、革里眼各股，自成以计除其魁帅，并将其众。惟汝才势力相敌，自成潜欲除之，忽于三月初六夜自统精贼百余，直至其营，排闼而入，斩汝才于卧榻之上。汝才部下初多不服，自成百计笼络，半月始定。于是中原为难，一凭自成所为矣。

惠登相在武当，自成屡招之，登相见其诛锄同辈，惧而不往。自成大怒，令贼刘某统兵三万往擒登相，随攻郧城。登相闻之，逃往兴安。贼追之不及，遂于白河一带劫往来之船，欲从汉江顺流犯郧。予念郧城外西南为各营所居，独倚汉江为险，若贼得顺流而来，各营何以自固？又计自兴安至郧，船数不多，因急令水哨马之服领兵船十余，溯流而上，驱捍民船。将至白河，贼已得船五只。然船户已先逃，贼在船中，不能自驾。之服擒船一，贼十二人；其四船皆走，覆水者二，登岸而逃者二，之服并获其四空船以归。贼仍从陆路于均州渡汉而北，竟薄郧城。

时郧兵止四千有余，又益以卫军三百，及民间丁壮二千，以青衿能事者领之，尽出城搏战。城上仅留老弱守垛，及均阳营兵二百主炮而已。贼势甚勇，先用均州静乐宫内门扇约百余片，列于东北城，以绳捆缚，如木城。我兵直抵其营，连用火罐击之，火起，贼走，各兵尽撤其木城以入。次日，贼用木梯六十余条，复抵城下，各营齐出奋击，杀贼数百，尽夺其梯，贼始退而营于杨溪铺，离城十里。予因与各将约曰："贼众五倍于我，且有马贼二千余，我兵出战，不可远追。倘贼用马绕我兵后，则城与兵不能相顾矣。今后兵出城，以一里为止。又兵与贼相持，倘贼不能遽退，则城上击大锣三声为号，兵即两边疾驱，以开铳路。城上大小铳三百，一齐俱发，则贼未有不伤者。如又不退，而近土墙，则墙内鸟枪齐发，又佐以城上之炮，必无能为也。"

自三月杪至四月初，贼伤死甚众。忽一夜，城上哨者见二十余丈外，贼暗中往来，彻夜不休，不审其所为。至晓视之，则已筑台十许座矣。其台用土一层，即用麦一层平铺之，层累而上，高与城等。每台长二丈，阔丈余，仍用砖石砌垛其上，架铳击城。凡三夜，成台三十六座，亘于城之东北二面矣。又十余日，予料台上之贼，久而必倦，约各营及民兵尽出攻台，民之老弱者，尽携锄钯以随，攻破一台，辄锄平之，并携其麦以归。自晨至午，已锄廿二台。予料各兵饥倦，即令归营。次日休息，又次日复出兵，尽锄其台。贼大窘，复退至杨溪铺，然尚无去志也。

先是治台标下游击刘调元，当襄阳陷时，统众入山，素欲归郧，而苦郧无粮，至是予遣人邀调元，统其所部六百人来郧。贼闻之，辄分贼渡汉，邀击调元，予亦发兵千许往援，贼大败，调元始得至郧，时五月初一也。予以调元远来，应休息一日，初三黎明当尽发城内外官民各兵，往杨溪扑贼。至初二午，遥见贼营火起，如欲遁状，而大雨适至，复不果去。初三日，予起发兵，则贼已遁矣。贼之攻郧，先后凡四次，而最勇者惟此。官民各兵无不捐躯自效者。

当四月初，予遣一健兵往陕西，请援于督师孙公，且言旬日以来，杀贼三千。孙公笑曰："尔郧杀贼已盈万，而止报三千，何也？"去兵不能应。孙公复曰：

"昨有贼来降，自言攻郧不破，已死一万兵。"应曰："方兵与贼战时，见一贼倒地，即纪一功，故云三千。至贼伤于阵上，回营而死者，郧中亦不能知，故贼云'满万'也。"孙公首肯之。随发中军高杰，统兵援郧，杰未至而贼已退。郧之将士，自此知贼可御，城可守，人人自奋，无离心矣。而治标降丁苗时化亦在南漳，因统众来归。时化骁勇善斗，郧兵势稍振矣。

五月杪，自成闻督师治兵西安，将出关而南。遂至邓州，忿郧之坚守，复发兵来攻。予戒严以待，数日，贼抵龙门，离郧八十里，顿而不进，众不解其故。予曰："此必畏而不来，又迫于自成之命，不敢归也。今当每日黎明，发兵五百，营于杨溪山上，日入而归，次日复然。"又戒之曰："倘贼悉众而来，尔即归郧，不可轻战。"如是三日，而贼遁。后问彼地居民，曰："贼甚畏郧，不敢前，见杨溪山上有兵，即欲远去。会五更时，汉江水发，有水石相击声，贼于梦中大呼曰：'郧兵至矣！'遂大乱相杀，或奔或伏。至天明，贼将曰：'未见郧兵，已作此状，奈何欲攻郧乎！'遂引去。"

均州去郧仅一百二十里，为贼所据。郧兵哨探，不能逾均而东。六月间，予令王光恩、苗时化、刘调元往攻之。贼闻兵至，辄遁，遂复均州。

督师孙公驻西安，将出关讨贼，自成驻邓州以待之。予请于孙公，谓："大兵出关，自成必悉众迎战，请以郧兵直趋光化、谷城，以捣襄阳，乞密示兵期。"孙公约以八月上旬，至七月杪，惠登相、徐勇由兴安直趋均州，奉孙公檄，会郧兵同攻光、谷，予谓："督师兵未出关，而自成在邓，离郧止三百里，郧兵不宜远出，且姑待之。"登相不听，与徐勇径趋谷城。予不得已，先令刘调元、苗时化往，俟自成离邓，再发兵。八月初，惠、徐、刘、苗竟抵谷城之下，贼不料官兵猝至，仓皇无措。然登相不携攻城之具，贼欲走而兵已傅城，贼不敢出。城上寂无一人，而兵亦束手不能登。至次日，登相等始得木梯锄钯等具，而城上垛夫，及铳炮矢石，排列亦定矣。又数日，襄阳发贼来援，登相与时化迎击之，斩首数百，生擒一百四十余人，余贼奔回，然谷城竟坚守不下。调元为登相所侵侮，遂渡汉水而北，独抵光化，书谕守贼傅某，遂以城降。至九月初十，闻督师已出关，自成亦离邓，予乃发王光泰、杨明起，又分均阳营兵，亲统往谷。谷坚守如故，予谓必得内应乃可。又旬日，而伪知县陈知密请降，约以次早，兵从西南角登城，城遂破。各贼或斩或奔，城内居民，先为献贼所屠，不满二百人。登相复肆掳掠，余力禁乃止。又次日，而督师败报至。

督师出关，自成率贼于襄城、郏县之间待之，由陕至郏，凡郡邑城俱不置守具。督师至一城，辄入。追至襄、郧间，去关已远，粮运颇艰。而自成坚守不战，分贼万余，绕出督师之后，饷道遂绝，督师大惊。总兵白广恩先降于贼，余兵遂溃云。

督师败报至，谷城诸将皆色沮，而登相、徐勇更甚。予亦未审自成行止，未便攻襄，而谷离郧远，遂旋师入均，以探自成消息。又一月，知自成入关，且至西安，又遣贼来襄，尽护其妻妾以北。予始统各营攻襄，登相与勇竟不行。襄贼为李之纲、路应标、杨捷等，闻兵至，开门出战，苗时化、王光恩奋击，大破之，斩贼二百余，贼奔入城。城既高，而北面临汉江，东西南三面皆濠，深广难渡，贼又恐郧兵顺流而下，乃于汉江当城之西北处，以大船填巨石，沉于江底，自南至北，横截江流。予令各营，于三更时，多负小舟，至东南一带，渡濠薄城。而城外亦有短墙，墙时连时断。贼初藏于墙内，见有小舟间渡，齐出墙外，铳箭齐发，舟不能近。予诱贼出战，而贼终不出。予欲坐困之，而郧守徐、郧理朱各以牍来，称："自成已破西安，徇地至汉中，并商洛一带，俱为贼有。贼已近郧，而兵乃远出，乞加详审。"予然其言。遂于腊月望日，收兵归郧，而勇与登相遂各率所部取道襄阳之北界，疾驰而东，奔至武昌投左镇矣。左驻武昌，拥重兵，糜重饷，而逍遥竟岁，使孙公出关讨贼时，左亦从郧入襄，使自成腹背受敌，则必不能猖獗若此也。

甲申春，自成已据全秦，将北犯京师，而恨郧之攻襄也，复发贼三万，令路应标、冯养珠等统之以攻郧。郧时有胡廷聘、刘调元、王光恩、苗时化、杨明起、余启凡六营，兵力未减于前。但自崇祯六年，流寇渡黄河而南，无岁不扰郧、襄，遂奉旨停征，饷无可措，帑藏如洗。癸未四五月，贼围城，城外二麦俱无收，稻亦不及栽秧。入冬至春，郧城大饥，营中兵将各从汉江溯舟至房、竹，贸杂粮以自给，其贫者采食草树根叶。遇贼傅城，兵民齐奋，大概如癸未四五月。然贼结营杨溪铺，每三四日一至城下，不至如前次之势猛矣。予探贼粮运颇艰，各处征集杂粮，运至均州，复自均饷攻郧之贼，亦有不继之时。予与各营议曰："贼倚均为窟穴，均城之贼，谓郧自守不给，必不备我兵之往袭。吾间道袭均，杀其魁帅，烧其积聚，亦退贼之一策也。"遂发兵千余，杨明起领之。日入时，渡汉江，从南岸往均，黎明而至，均贼果不为备。各兵奋勇入城，逢人便斫，复烧其聚粮之所而还。贼不知兵何从至，报至郧城下，城下之贼遂退三十里，欲与均稍近也。复数日，以粮不继而去。自正月二十至三月尽云。

自壬午冬，襄阳陷后，朝廷用李公乾德为郧抚，复用郭公景昌，俱以路绝，不能入郧。有讹传郧城久陷者，遂置郧抚不推矣。至癸未六月，予具疏请兵，于是京师知郧尚在，复议郧抚，廷议皆谬及于予，会撰路有憎予者持之。此时郧城万死一生，尚视为美转也！于是以郧守徐君为郧抚，而加予太仆少卿，司李朱君加金事。路阻不通。至甲申四月，有郧城旧弁帅干城，自京师伏行归郧，具言其状。于是徐君莅郧抚任，予以疾迁居别署，朱金事摄道事云。

是年三月间，予差役往武昌乞援，朱司理亦差役往襄、郿，皆贼所据，去役俱破衣行乞以前。至七月，司理所遣役先归，得楚抚何公手书，知三月京师已陷，前先帝宾天，并闻南都之事。于是城中文武诸臣，俱为前先帝发丧，哭临如礼，无不尽哀。又数日，予所遣役归，始知二月间，予已迁秦抚。盖自成破西安，廷议欲守汉中、兴安，以固蜀之门户，而不知汉、兴俱久陷矣。次日，襄城路应标复来攻郧。

贼以七月望后至郧，攻守之状，大率如前。予虽谢郧麾，每日登陴，与诸君协力，贼分马贼千余，每日巡哨于汉江之南，盖恐郧兵复袭均也。郧兵固疲极，而贼亦艰于粮运，俱欲散去，惟应标不许。至十二月初七，众贼杀应标而星散矣。

乙酉三月，清兵抵襄，郧抚徐令王光恩诣襄投顺。

乙酉、丙戌二岁，予往沅州，耕种自给，故乡路绝。丁亥春，先大夫遣仆来郧，始知清兵已定浙东，且具闻家难，遂买舟东归。

　　右《守郧纪略》一卷，先君子守郧时所手纪也。先君子一生宦绩，俱在于楚，最后移节郧阳，时荆襄已陷，全楚沦亡，郧阳以斗大孤城当贼冲，力战苦守，而李自成入秦，恐郧阳之梗其后，发贼数万，围困经年。时外无蚍蜉蚁子之援，而内有析骸绝粒之苦，及请救之疏得达，旋膺抚秦之命，俱阻隔不闻，自成败而围始解。时启尚在襁褓中，至丁亥归里，越二十五年而见背。居恒述此命启，未尝不感叹呜咽也！今圣朝搜录遗隐，先代微臣之轶事，或得幸被采择，庶不至泯没。因付剞劂，以图不朽云。

男宇启敬识

附　录

施太孺人八帙寿序

吾里中丞玄若高公，当有明之季，力守危疆，以抑狂寇，而卒保孤城于运去物移之后，其弘勋苦节，世固已皆知之矣。至其庭闱家人之际，则更有可称道者。

予友上舍高君允大，公之仲子也。今年十一月朔，为其母施太孺人八十寿辰，允大张乐设宴，而亲朋咸属予言以侑觞。

予惟坤顺之道，以柔为尚，而精明强固，乃寿之理，二者似不可以相并也，而抑知太孺人之淑德懿行，则有兼之者矣！当太孺人之从公出守荆也，荆郡号称烦剧，公昼夜治事不得休，而徐夫人素奉乾竺，一切家政，悉以畀太孺人。太孺人约束僮僆，躬亲劳勚，凡所以佐公者无不周挚，而内外肃然。适公秉宪湖南，值山寇猝起，攻围郡城，公擐甲登陴，誓不内顾。时太孺人独处署中，家人咸欲出避，太孺人曰："吾岂离此跬步！"令积薪于门，脱有不测，纵火自焚耳；而城卒以全。此其卓识定力，固有丈夫之所不能及者。

至郧阳当贼冲，献、闯二贼每岁攻围，公在镇数年，备极战守之劳。太孺人脱簪珥佐军需，至尽出衣裳以犒士，有仅得半幅者，持之感泣，用命益力。房竹营参将李茂春以粮竭叛去，公追擒之，分隶其卒于各营，而收其符契。及公督兵攻襄阳，留守者赂左右以求之，太孺人不与，辄执兵以讻。盖欲得之以收召散卒，事有不可知者矣。太孺人曰：“此朝廷符契，岂吾妇人所可轻畀？”令集将士及有司来，以符契封付府库，其计遂沮。此于仓卒应变之中，持大体以折奸谋，其意计度越为何如哉！

公征襄阳时，闻督师兵败，李贼徇地近郧，因撤兵而归，是夕太孺人梦壮缪神告之曰：“尔主帅归，吾往援之！”比晓，太孺人即命发兵往迎。众皆不信，至中途而公至，其诚敬足以格神而邀天之相又如此。若夫佐公躬耕力穑以自全，澹泊俭约以偕隐，则又其绪余耳。

今年跻八帙，气充体和，康宁寿考。允大方筮仕伊始；诸孙季植，复蜚声黉序；曾孙振振绳绳。白首高堂，优游燕喜，岂非贞固之德，协以柔顺，识力意计，有不止于无非无仪者！宜其享无疆之休，而茂膺多祉也。宾朋杂沓，洗爵奠斗，不必为冈陵纯嘏之辞，试第与太孺人追道曩昔，俯仰往事，有不怡然尽觞者乎？

余史官也，今方有事于编纂，中丞之弘勋苦节，固已昭垂千古，而太孺人之淑德懿行，毗辅中丞，班班若此，于以彰彤管而炜篇章，虽古之贤淑，又何加焉？为之执笔，所不辞也！敢先述之以为寿。

康熙戊辰岁仲冬朔
年家眷侍生仇兆鳌顿首拜撰

虎口余生记

［清］边大绶

程正揆序

癸未，余在京师，缙绅先生争谈有米脂令者，掘闯贼祖父之墓，聚其骨而灰之。时心奇其事，不知为何许人也。甲午，有晋闱之役，见太原守边长白先生所刻《余生录》，盖即令米脂者也。其说曰："贼祖海、父守忠，葬于本县之三峰寨。山势环抱，林木郁葱，若佳城者。讯之故老，云穴中旧有黑碗一枚。冢穷碗见，骨黑如墨，额生白毛六七寸许。又下一冢生榆一株，粗如臂笼，荫不可犯。众斧之，榆断墓开，骨节绿如铜青，亦生黄毛数寸；又有白蛇长一尺二寸，头角崭然，盘旋若不胜状。其蛇与碗俱存。"

噫！先生之智奇而功大矣！夫贼以亡命，罪至通天，糜我疆土，逼我君后，竭四方之师武臣力，不能一矢相遗。海水群飞，白日昼晦，从风流毒，有不忍言。先生独能出奇计，歼产逆之恶，制死贼之命。壬、癸天下，唯长白一人已。

甲申五月初一日，予于沧州举义发丧，获伪印十八颗，斩贼臣头，致祭先皇帝后之灵，誓不与贼俱生，终以未食闯肉为憾。向使予不生于楚，而生于米脂，不为官，而为米脂之民，荷锄瞻君马首，鞭海之尸，而饮守忠之头，不独愈于为人臣而罔知报仇雪耻者乎！向使长白重身家，计利害，或知而不为，为之未必有济，将若之何！

虽然，皆天也，非人也。闯不生，天下不乱；闯不死，天下不平；长白不令米脂，闯脉不绝；鬼神不助长白，国仇不复。然则泄我明十四帝之愤，开本朝亿万年之运者，亦唯长白一人而已。天下之知长白功者或寡矣，于是序其事以告为曲突徙薪之谋者。

顺治甲午初冬
青溪弟程正揆拜识于晋阳公署

塘报稿

陕西延安府米脂县为塘报事：窃流贼猖獗，李寇尤甚。其本籍实隶米脂，在职所辖境内。兹访得贼祖李海、父李守忠，坟墓并在本县城西二百里外，相传营葬时，曾有异人为之指画，以为三世后当得极贵，今者其言将验。但地利固有明征，而天理不容久昧。今若发其冢，剖其棺，灰其骸，断其龙脉，贼之灭亡可立待也。又访得本县民人李诚系贼同里，曾为贼祖赞襄葬事，若得其人导引，则贼墓可以物色而得。兹有贡生艾诏，其人老成持重，寻访李诚，便可托伊前往，但职未敢擅便，伏乞制台俞允，俾得便宜行事，庶几闯贼可灭，而国耻立雪矣。理合报明。崇祯十四年十二月初五日。

陕西总督军门汪讳乔年手札：

> 读来牍，足见门下报国热肠。第须体访的确，莫使波及无辜，庶天理顺而人功亦易成也。他日灭贼，当以门下之功为首。此覆。

塘报再稿

　　陕西延安府米脂县为塘报事：职自正月初二日奉制台密札，随唤贡士艾诏面谕机宜，寻访李诚去讫。至初八日，艾诏同李诚来见，据李诚称言，伊系闯贼里人，曾为贼祖营葬。今年月已深，不记其祖葬处。但当日葬时，开土得三空穴，内有黑碗一枚，因填其二穴，用一穴安葬，仍以黑碗点灯置墓内。今但伐有黑碗者，即贼祖也。职随唤练总黑光正、堡长官王道正率领箭首三十名、乡夫六十名，即刻起身人山，一昼夜行二百里，始到其地，名峰子。时过大雪，深二尺余，山路陡滑，马不能进。职下马步行五六里，至其山，鸟道崎岖，久绝人踪。旋开道攀缘而上，又一里许，见窑舍十余处，墙垣尚存，即贼闯庄村。再过一山，则其墓也。四面山势环抱，气概雄奇，林木丛杂，不下千余，大小冢二十三座。伐五六冢，其骨皆血色油润，不似远年枯朽，亦皆无黑碗踪迹。值晚难以下山，遂坐贼旧窑中向火。至天明，再掘数冢，而黑碗见，即李海墓也。骨黑如墨，额生白毛六七寸许。其左侧稍下一冢是李守忠墓，顶有长榆树一株，其粗如臂。用斧斩之，榆断墓开。中盘白蛇一条，长一尺二寸，头角崭然，随取装入黑光正顺袋中，伐其骨骸。凡骨节间皆绿如铜青，生黄毛五六寸许；其余骨骸有毛者七八冢，尽数伐掘，聚火烧化。大小林木千余株，悉行斫伐，断其山脉。贼墓已破，王气已泄，贼势当自败矣。其黑碗、白蛇，呈验军门，理合登报。崇祯十五年正月十四日。

汪制台再札：

接来札，知闯墓已伐，可以制贼死命，他日成功，定首叙以酬。草覆。

虎口余生记

余自壬午春伐贼墓，米人汹汹，谓必招祸不测，余谕之曰："如贼果修怨，余一身当之，定不尔累！"众皆疑信不一，而艾朝栋、高映元、冯起龙等实为贼之姻党，闻贼行牌至西安，有四月十九日起马入秦之语，遂群谋俟到时綮余暨艾诏、黑光正等献贼，逆谋呶呶有据。余欲申闻抚台，而其巡捕常昌运与高映元有故，恐其奥援中阻，遂密禀张按台。不意党人在势要门墙，早为先容，竟致沉搁。值新按台金公至，为余同乡，逆党阴不自安，共谋去余。会部咨甄别贤否，抚台列余荐剡，按台又欲会题升城堡厅，党人益惴惴惧。值十六年大计，伊探访余官评称最，恨愈深，遂捏造单款，竭力倾陷，然终未能大害，止蒙降处。报到之日，米人老幼泣嗟痛余之去，而余举家慰快，谓得脱苦海、远仇雠也。

抚按皆谕留候题，余力辞解任。出疆之日，不能为行李。时长兄顺为山西泽州守，因赴泽，是为岁之七月初旬。至十月六日而闯贼破潼关，旋陷西安，州县皆望风投献。余十一月自泽归里，捻指逾岁，贼烽已逼晋东，会真定叛卒杀抚台迎贼，固关失守，三路犯神京，远迩震恐。父兄亲戚咸为余忧，劝遁迹以避。余怃然曰："一身可隐，其如八口何！即妻孥可捐，媚母何赖？万一蒙难，吾何以见先人于地下也？况我边氏子姓多人，宁忍全一己之生，贻举族之害乎？吾原为朝廷灭贼计，今为社稷死，有余荣矣！何以避为？"遂违众意。三月二十一日惊传都城已破，万乘殉国。余闻之，北向恸哭，再拜成服。杜门谢客，以听天命。

越四月二十八日，闻人言啧啧，贼犯山海，败溃西走。余聚亲契诸生谢铭石等密谋欲兴义师，中路邀贼，以雪国忿。拟次月朔举义旗，而次日贼之缇骑到矣。先数骑进城，持令箭诡言觅公馆，实以觇余之居处也。余窥知有变，挺身待之。顷有胥役二人传伪令曹怀玉票执余，余往见令，令即将余付贼使白姓、吴姓者。二贼云："万岁取尔做官，无恐也。"余随之行入堂弟大任宅，老幼惊避。贼坐索饮食，无应者，不胜怒，肆行砍毁搜掠，执一仆为之供应，伪官又遣人来供奉，并绊余不使离寸步，内外不通一信。傍午，余长兄来视余，始知母妻家口尽下狱，一门兄弟俱被执，泽守兄大顺暨堂弟大颢、大任、大覭，侄铭瑄、铭琦，从弟大防、大中、大谟、大训，叔维隆、维明，族叔有道、有谟，俱寄仓。阖邑父老讨保，长兄始得一面。余闻之，五内如割，相对不交一言，即与兄永诀矣！谢生铭石来探余，耳语曰："闻贼已败，追兵且至。兄但行，毋为贼屈，我将谋有以脱兄者!"余颔之。

　　初一日,执余西行,众为备一蹇卫,僮仆散逃,觅一市徒相随。邑人观者塞巷,皆为嘘唏。是日至肃宁,二日至安平,三日至无极。遇大雨,贼众悉披雨具,余露身淋漓,行三十余里。次日至真定,入城,贼喧传大驾将至。时贼党满街衢,见余咸揶揄曰:"是伐墓人耶?"带余见伪帅马,入其二门,一贼衣蓝纱者询伐坟始末。入后堂,禀伪帅讫,传言"且出",遂同吴贼至其家宿,至次日初五日甫出,即有贼来传马帅出城,发兵候驾,吴贼遂带余往见。及出城,见贼兵自北而南,尘土蔽天,然皆老幼参差,狼狈伶仃,十贼中夹带妇女三四辈,全无纪律。余见之不胜忿懑,如此鼠辈,而所向无坚城,致万乘屈沉,真可痛哭流涕也!恨余被执,不能杀贼,见其灭亡耳!

　　立数刻,吴姓复同一任姓者押余入城,至督府前。候一二时,伪帅不返,倏传曰:"驾至矣。不进城,在关帝庙吃中火即行。"二贼又带余出城,至庙外,此时随余县役四人止存一王姓者,余暨持驴人俱亡矣。余自分见闯决无生理,尽以后事嘱王役,托其传与家人,我死于国难,无恨也。须臾,贼众起身去,伪帅传谕带余西行。是日至获鹿之上安,次日出固关。值闯贼以百姓塞井故,方杀人,死者委积。又将贼卒之不带弓箭者尽斫断左手,血肉淋漓,惨不可言。是时押者三人,任姓者偕县役王姓遁去，遗一马，余乘之同吴、陈二贼出关。见闯贼下马，陈贼欲禀知，吴贼摇手而过。使是时一言，余齑粉矣。

初七日，过平定州西，贼中传言，追兵至桃核园，已抵关下，调后营人马回防关。二贼复押余回往平定东关外，候伪示。至初十日傍晚，始传止调精兵防关，其辎重先行，此时闯贼已先上太原矣。吴贼同一贼僮押余，马步共八九十人。夜行一宿，天明至寿阳南关，搜米觅水炊饭。食讫，余卧而假寐，吴贼出。少时，其贼僮来催余曰："起！起！"牵马行至南街路西一小门，呼余入，则吴贼在其内，命余拴马卸行李，伊入室仰卧酣睡，其僮亦上楼卧，余亦假寐许久，不醒。闻马卧，余呵之不起，出鞭之，凡再三，贼坚卧弗觉，余遂出门北行，迎一贼衣黄者，问："汝寻得水否？"余诡曰："南头无水，余复北寻耳。"疾趋至旧店，入门见三贼方束装，谓余曰："汝已行，何复返？"余应曰："来取水具。"乃进其后房，房有一门，外即寿阳城下河。河中无水，余跳下，循城北行，复上东岸，逾墙入空房，四顾不可蔽，复逾垣出，北走不百步许，闻后面喊声，意追者至，停步伺之，则四五伧父各执枪棒围余曰："汝从来耶？"余应曰："我逃难耳！"索财物，余曰："赤身，财于何藏？"尽上下与之，换破衣二件，仅蔽体，遂东北行。

　　时日方午，虑为贼所迹，潜身山畔土窑中。比至晚，贼骑来者六七次，皆未获见。月出甚高，余始敢出穴。不辨东西，视月所向，攀缘上下。经墟墓涧泽中，磷光萤焰，殊非人境。至晓，逢行路者，问所向，余曰：“逃难回乡。”再问：“为何许人？”余诡曰：“保定诸生，为贼所掠。”其人怜之，指从此东北有方山寺，可以栖身。余谢之，行凡三十余里，遂投僧寮，住六日，始东行。僧众各赠余钱数十作路费，由山僻小径询路而行。饥则丐食。晚宿山庙，凡经由土寇之丛薮处，余已作乞丐形，无阻挠者。但闻固关、娘子关俱贼兵把守，不敢过。遇荷簣者三人识小路，随之入流黄口，万山险绝，猿猱所经，林翳天日，遇陡绝处，顶踵相磨，上天入渊，凡数十折，始履平地。渡井陉，大河六七道，涉潦沱。念余西行时，自分不返，兹复生还，不胜感怆。逾真定，与余同行者二人分路向新乐，余循旧路而东，至肃宁，折而北，至西柳村，问路乡人，询姓氏，知族弟塈在其外父王氏宅，传语来见，相对凄其，留余宿，更丐服。黎明闻炮声震天，乃土贼为乱，阖乡戒严，傍午始息。借余一塞仆，送至王家庄胡氏宅，为妹丈太学生永清。其尊人旧河东太守龙江公暨其长公剑原在门，见余来，惊喜交集，相持唏嘘。入见二妹，不胜怆悼。次日，遣人报信至县，老母遣三仆来接，傍晚到县，途逢猛雨，冒行抵舍，亲戚族众慰劳者塞户，谒老母，悲痛欲绝，真再生相见，犹疑梦寐也！是为五月二十九日。计被执时正满一月。

　　呜呼！是役也，始则入虎穴，探虎子，继则履虎尾，捋虎须，盖几不免于虎口矣。乃卒不受其咥以脱于难，吁，岂非天哉！顾闯贼虽灭，社稷已墟，为臣子者，仅匿躯自全其生，曾不能出一筹半策以救灭亡，所不能不疾首而痛心也。然彼闯贼糜烂我人民，蹂躏我疆土，胜国挫衄之余，不能一矢相加，赖本朝震叠之威灵，使枭獍之徒，不遗噍类。吾知大明十四帝之灵，必有含笑于地下者。兹绶奉部檄谒选来京，行戮力兴朝以图报效，故历叙伐冢归田以及被执脱难始末，勒为一册，庶俾后之君子得以论世知人，以悯其志而悲其遇云尔！

顺治元年仲秋既望
原任米脂令任丘边大绶识于长安僧舍

汴围湿襟录

〔明〕白　愚

目　录

序

九域之土，维汴宅中，风雨所交，舟车四达，盖古帝子之神皋，冠盖之华壤也。余生也晚，如《梦华》之纪东京，不获尽睹，而城郭人民之繁阜，宫室舆马之都丽，犹及见之。辛巳流寇构难，浊河为灾，数千百年相治之盛，为劫水所沦。雉堞之内，悉变蛟宫；邻比之氓，咸葬鱼腹。嗟乎兵变之祸，从未有惨于吾汴者也！

时余出宰潍阳，幸阖门不罹斯难，而族若戚死焉，师若友死焉。骨肉生平，百亡其十九。其仅存者，皆骨磊磊、息缕缕也，不则羁游而弗归，不则避寇而先徙。余每与子遗之子聚首殊乡，握臂讯故，未常不相与歔欷，泪涓涓下沾襟袂，则欲采辑所闻，以志厥变。见《说郛》载宋人《汴水滔天录》之目，而未见其书，不知当日所纪者何事。冀叙述今兹，仍彼名义，然虞夫缺略之不足传也。

今年春，余自北归，经故土。虽洪流久徙，沉者复陆，而灌莽栖于甍栋，平沙抗乎睥睨。烟火无墟，四望靡际，低回凭吊，恒焉心摧！余虽才谢鲍、庾，亦为感境赋怀，以继明远《芜城》、子山《哀江南》诸篇后。

然每一研思，辄神情怆切，悲悼填膺，又复辍翰！

兹入闽取道兰江，会白君持所辑《湿襟录》丐余序，盖汴围实录也。白君汴人，曩佐张参政幕，目击其变，故能缕悉。先是，司理黄公仲霖有《誓肌漫纪》，汴茂才张宁生有《汴围纪略》，李熙亮有《汴围日记》，皆有以裨余闻所不逮。今白君斯录质而有条，后有作者，实可藉以参稽探择焉。

余展览未毕，喟然叹曰：嗟乎！汴之人何辜，贼亦何利于汴哉？始攻之不克，而再；再不克，则三；三不克，始困之；困之而终不下，则使毕命于洪流。汴之人不死于刃，则死于饥；不死于饥，则死于溺。汴之人何辜也哉！贼之志不过金帛子女，至于攻围之无效，始逞志于一决。金帛徒输河伯，子女亦隶波臣，贼亦何利于汴，而顾使数千百年全盛之中区，一旦潴为巨浸，荡为魁陵也，岂不悲哉，岂不悲哉！

吾孟津王先生谓："汴之守与昔睢阳事势相等，江南安枕，咸汴之功。"当时以为知言。今诸君子竞出所闻以佐正史所不及，固有以哉！

时弘光元年乙酉朔
周亮工栎园书于白鹿山房

序

　　去张、许、南、雷之死睢阳七百余年，而吾明之开封复以全城百万殉敌。世无韩、柳，使守死诸公久不光。壬辰游汴，得《汴围日记》读之。其书以事隶日，其言碎而直。今丁酉客苔，得读白子惊凡《湿襟录》，其书分体隶事，其言质而赅。大抵睢阳之死，其烈节在将；而汴城之死，其忠勇在民，此两书所同也。纪之所才在李之仲霖黄而录之所功尹之雷臣王（按：此处原文如此，不可句读，姑存阙疑），此两书所异也。不佞无暇覆核，唯以白子所以名书之意，进而诘之曰：

　　"子之所以'湿襟'者，岂不以诸公骈首死敌乎？又岂不以诸公之死者，骈首之多，而颠陨之惨乎？呜呼！此其襟则恶乎宜湿？盖以死论，则男子病热，七日不汗而死；以死之惨论，则历阳之都，一夕化而为湖，亦死；以死之多论，则长平、新安之四十万、二十万，亦死。死一也，而诸公之死独以殉敌。世间雀与鼠之为人食者何穷，而睢阳之雀鼠于今将闻；方城之金什九为镈，而什一为纯钩，白子必欲其尽为镈而不为钩乎？且白子不闻夫靖康之事乎？方金兵之破南薰门也，巷人执兵请战，金帅敛兵请媾，充当时诸公之意，必且有不得死金人为恨者，则夫白子之是录也传，将使夫今之驱车者必不敢平过其里，而后之操戈者必不敢睨视其城，诸公方且长不死于天地间。而录诸公之事，闻诸公之风者，宜为执槊舞，宜为目眦裂，而又奚以襟之湿为？"

语毕，白子意犹未怿，则又为之言曰：

"使夫甲申、乙酉之间，以汴之守守两京，则天下可以不亡；辛巳、壬午之间，以两京之守守汴，则汴人可以至今不死。今也所守非所死，而所死非所守，牛鼎而以函鸡，狮足而以搏兔，是则诸公之恨也夫，是则录诸公事者之所宜湿襟也夫！"

语毕，白子跃然起，而不佞青衫亦已点点作痕矣！

开美氏汤开士撰

自　叙

　　汴居天下之半，平区四达。昔人谭形阅势，靡不曰："四方有事，汴必先受其敌。"又曰："城在釜底，仰视黄流，其地最称可患。"危乎哉汴人，安坐积薪之上，不少廑虑，譬之乘舟骋马者，岂能永保无覆蹶之患哉？而亦不虞愚之目蹜而罹之也！似辛巳汴遭闯逆围困之虐，其惨亦云极矣。乃天未厌乱，继以黄流，几无遗类，而惨中之惨，又亘古所未闻也。后之闵汴围者，咸曰"汴之人能坚守，能久拒"而已。至于在围撄城死敌之危急，甘心待毙之情状，屠人如豕之酷虐，形瘦如鬼之老稚，城市如墟，米贵如珠，道殣如藉，浮尸如鱼。其惨毒痛苦，至今犹令人鼻酸而涕零也！况当粮尽援绝之日、易子析骸之时，誓能抗敌死拒，绝无他志，其节烈忠义，视即墨、睢阳为何如耶！迄今沧桑代易，丧乱以来，若围中殉国难之伟绩，报忠孝之高风，多泯灭无闻，不能不令人扼腕而长叹，岂非一代阙典哉？

　　愚一介草茅，生逢末造，遭陷在围者三。维时谬从参戎张达宇募兵，事城守，躬冒矢石者几六阅月。至汴围情事，皆所目击，略略能言。幸免水厄，脱围北渡，回想汴惨，久拟纪录以存其概，窃愧辞多鄙谬，不能阐揭幽光，然而已之，复不忍释怀。近于惊魂之余，浪迹兰江，谨将围中亲历大略，仅撮十一，集成一帙，曰《湿襟录》，敢曰足传，聊以明天意全汴人之忠，不使失于寇，终失于水，以见汴人力竭势穷，与城俱亡而后已云耳。录诚荒芜，且多缺略，尚冀名公大人不靳椽笔，再加润饰郢削焉。

　　　　　　　　　　　　崇祯甲申春二月中浣
　　　　　　　　　　　　自叙于再生楼

初 围

贼破河洛

明崇祯辛巳正月，闯贼李自成与同逆张献忠分股，自楚入豫，飘忽至洛。总兵王绍禹，同道府分汛守御。时有援兵一旅，后称曹操贼名罗汝才者，先在城外扎营。因贼骑骤至，未及撤入，各兵忿恨，遂投贼营为之前驱，同贼攻城，两日而陷，镇道以下皆死之。福藩遇害，世子即弘光，潜遁孟津。洛为王国，积藏素饶，且多战具。城破，金帛子女悉为贼有。其所降之兵，皆边陲劲旅，东下窥汴，沿途掳民充贼，众已数万，势成燎原。

结社固守

河洛外陷，警报至省。巡抚李仙风率游击高谦征逐在外，副将陈永福亦尾贼在洛，汴无兵可恃，官民闻警，人人危惧。祥符知县王燮闻警之顷，即谋绅衿将合城八十四坊，每坊议立一社，每社抽门兵三千余，统得精兵五万，即推本坊有望一人，使之长率领之，画汛而守。巨室大族，皆捐赀饷，置器械，办旗帜，兵相争胜，奋勇登陴，数日而成劲旅，整肃有纪。及贼薄城，得恃以无恐焉。

初围力攻

当防守甫完，贼于二月初六日率众数万东下，哨贼百骑假扮官兵，飞驰西关。正值乡民争道入城，车轫阻路，各贼未得长驱。拥至西门之内，防守官瞭见，城门仅合，贼已砍民争路，几被冲进。城上火石大炮齐施，贼遂退回。至途中，大队齐到，踞西关，不伤一人，驱迫乡民抬大车齐门板之类，竖立城下，以蔽矢石，杂以真贼，顷刻剚城，可能容身。西门一壁，共倾数处。维时在陴分汛防守者，巡按高名衡，左布政梁炳，右布政蔡懋德，守梁道苏壮，开封守吴士讲，同知文运衡，推官黄澍，知县王燮，都司王怀仁，营弁陈德、张武锐，乡绅户科刘昌，同卿陈允从，知县张文光、朱振先、王士俊、王植，总兵刘承胤，周府承奉曹坤、郡王颍川等，举监生员张民表、李光壂等，皆画汛守御，备极劳苦。

穿洞破贼

寇之东下，强半裹掳乡民，驱之挖城，三日成洞者数处。贼匿洞中，矢石不能加，昼夜筑掘，无法可退，合城甚危。知县王燮遂商计于巡按高名衡，欲于城上照洞，用铁签下通，以便击贼。众皆为危惧不敢行，燮奋然曰："此非某之臆见，古人有此守法。不然，坐以待陷耳！"众不能夺，竟听行之。穿一日，上下果透，洞口如井，贼哄然遁出，遂以火药抛下，贼皆不敢入洞，危而获安，一城帖然，各口效之，皆得固守。

率众御贼

洞口虽通，贼窥我防稍懈，复驱大众冒死上攻。知县王燮遂督衙兵以及吏役人等躬擐甲胄，亲冒矢石，立于危口，率众死力拒敌，击死贼人无数。枕戈洞口，凡七昼夜，值风霾大作，目不交睫，形神俱瘁。按初围，此口第一最危，存亡呼吸，赖燮鼓励兵民，人人用命，城得以保。

出奇示强

贼困城三日后，尚无退志。岁值大饥，援师未至，有司恐生内乱，遂议□城以安民心，乡绅刘昌、张文光辈董其事。又恐贼知我之内虚，将竹厂竹竿数万尽散与民，日以银五分饷之，领之登城游行，声言发兵出战。贼人远望，周城如林，果骇惧，遂渐移营海濠外，结营以待，攻危稍缓。

坚壁清野

逆贼未至时，知县王燮将近郊数十里内树木、井泉尽行砍塞，复出示令民将家眷、头畜、粮草尽运入城，一意防守。及贼至，拥众困城，狠攻七昼夜，实以野无所获，不能久困，方遁去。

冒敌解围

当贼未至，副将陈永福所领兵将皆汴人也，调征在外。贼来围汴，永福以众寡不敌，尾之，兵屯郑州，离省百六十里。贼轻其寡不为备，官兵闻贼寇城，顾家心急，兼程奔驰，且谙地利，沿河倍道而下，贼不知也。至二月初九日夜半抵汴，衔枚直入西关。贼皆在梦中，官兵奋勇杀入，贼始觉，以为自天而下，合营大喧，自相践踏。斩贼数千。惜官兵贪利久战，各贼得以合聚死敌。哨官梁魏都、白亮彩皆战死，官兵伤损数百。永福至城下，缒之登城，合城欢噪，人人鼓勇，民心大定。次日，永福又以精兵潜出水门，突越女墙，复杀贼无数，又益义勇，每日背城而战，亦时劫其营。贼不得利，又闻援兵南渡，乃解围遁。

将兵观望

贼之破洛也，巡抚李仙风率游击高谦领兵三千在外，闻警西援，逗遛不进，仙风不能制。及贼困汴，汴人望眼欲穿，仙风屯兵郑州，寇去方拥兵至，驻西关。周藩闭门不纳，不得已，又尾西去，至白沙，遇贼失利，仅以身免，忧死郑州。

追剿缺饷

寇既解围，保督杨文岳、总兵虎大威援兵至汴，同陈永福合营西追。贼见我兵大集，乌合之众亦散，乃领余贼奔楚。两镇因粮饷不继，班师守汴。

大犒有功

当援兵未至，合城大震，兵饷全无，有司库藏如洗。周王大发帑金数万，鼓舞城守，复出龙牌云："有能退寇解围者，赏银十万两，具题起升。"越二日，陈永福兵至，围解，周王大犒其军，优恤阵亡，同两院合疏具题。永福以副将升实授总兵，其子陈德射中闯目，亦升实授游击，领兵守汴。

修城善后

逆贼远遁，西城一壁共陷数处，势不可守。时值饥馑，百姓饿死，道殣相望。有司启周王，请发内帑数万，修城浚池，全活甚众。知县王燮、承奉曹坤共襄其事，两月告成。

第二围

拥众再围

十二月秒，闯逆拥众再来困省，南、汝一带皆陷。贼众五十万，声势大盛于初。督师丁启睿领兵来守汴城，所领者内多降寇，汴人恐生他变，不欲纳。各兵必欲入城，有司不能拒，赖周王许守北门外城。及贼至出战，甫交锋，即败北，溃入月城，贼追入，两不相斗，迹实通贼，幸大城长门先塞，不至有失云。

力拯全城

贼来临城，时知县王燮分汛守西北壁，及贼至，北门告危，丁督调燮驰救，燮随率精锐衙兵、回营兵丁后至，则丁兵已溃月城之内。王侯一面急令加土塞门，各兵在下哀号求入，丁督亦代求放进。王侯大呼曰："此何光景？尚敢启门也！"峻辞力拒，丁督无奈。维时兵贼相混，已登月城，离大城仅数丈，危迫中，炮击不退，贼兵拥集城下。督抚计无所施，燮议用火攻下击，以解其危。丁督惜兵在下，尚在持疑。燮已阴令人众炬齐抛，兵寇不及避，霎时皆焚于火，合城称快，遂可守。事宁，部叙侯功云：若非知县王燮付之一烬，则汴城不可问矣！绩著邸报。

独当一面

自王侯一炬解危之后，焚死兵寇不下数千，人心稍定。火灭烟息，贼复合众来攻北门，于月城之上，安立窝铺，直对城楼，大炮小铳，昼夜击打。城壁如筛，守埤者不敢露影。王侯以重赏鼓敢死士，立炮对击，贼少却，又立土囊木墩御炮蔽身。贼之炮不能为我害，北门之危获安，而全城人心益固矣。

在围文武

贼之再围也，沿途攻陷郡邑，所获火药器械大称饶足。因所攻西城不利，窥东北二壁城稍卑薄，遂领各贼自北门以至东门环十五里许，密布窝铺，乘隙力攻，中弹死者十一员，兵丁不计其数。维时在围守汛者，督师丁启睿，巡抚高名衡，巡按任浚，左布政梁炳，守道苏壮，监军道郭载骙，都司王怀仁、谭国栋，知府吴士讲，同知文运衡、桑开第，推官黄澍，知县王燮，典史许仁寿，总兵陈永福，游击陈德，都司张武锐、任珍、苏见乐等，乡绅刘昌、郑封、张文光等，武官总兵刘承胤，举人张民表等，贡士李光壂等，皆昼夜守御，衣不解带者二十昼夜，僵立风雪之中。军士冻死者殆以千计。

危言求饷

逆贼围城，数日后狠攻愈急。守御之卒粮饷缺乏，有司无策。知县王燮巡视兵情懈怠，单骑驰入周府，启王云："城破旦夕，王多积藏，万一失守，恐非王有。乘此人心未去，兵民可鼓，重赏犒之，或可救急。"王随发饷金数万，遍赏合城，敌忾大振，城遂可保。全汴之功，固王之重赏，亦王侯危词感动力也。

单骑抚慰

巡按任浚于贼未至，屡奉旨严责，以监军料理城守，闻报即移南薰门，风棱凛然，弁卒畏惮。每日单骑周城巡视，立炮台，增守具，恩威并施。以周王所发犒饷，酌分各汛，以备验功给赏。兵冀重赏，皆乐死战。

缒城斩寇

贼攻城数日后，挖倾之处，竟可直登，仓卒树以厚木，加以土囊蔽之，复以大炮对击，稍可站定。巡抚高名衡窥贼疲懈，密挑精锐三千，于黑夜衔枚突缒，贼久欺我，全未防备，焚杀斩获颇众。及贼纠聚，我兵已登埤矣。

接城对敌

贼困久，见我守御有法，不得我利。每日督令各贼将在野树木，砍运城下，筑立大台四座，高与城齐。每台立大炮数座，直击我壁，睥睨皆平，危甚。两院重赏兵民，连夜于城上又筑小城一道，长三里许，一宵而成。天晓，贼远望见，骇其神速，即施炮对击。我兵无恙，复以大炮还击，贼计方沮。

死攻死拒

贼自十二月二十四日薄城，攻至正月朔，攻倾危口，可以直上，因我防御严密，闯逆亲临窥视，怒各贼不能克城，随于本日调集马步精贼数万，伏于海濠之外。乘元旦，以为我兵守懈，约令各贼同时齐攻。前驱乡民，继以骁贼，蚁附而上。复用大炮上击，各贼随响拥登，势危万分，存亡俄顷。巡抚高名衡、总兵陈永福督率兵将，躬临危险，指挥我兵，奋死力敌，加以火药砖石齐施，贼不退兵，又以万人敌及芦柴浇油烘下，烈烟弥天，贼众不能立足，焚死无数，方始退却。是战也，登城之寇已数十，皆被守兵钩上，立枭城头；官兵被伤数百，死攻死拒。全汴之功，此战称第一。

投醪挟纩

二次被围时，值严冬，守埤者皆面北，寒足裂肤，官兵僵立风雪中，冻死无数。乡宦刘昌、郑封、张文光等，于上方寺安立大锅数百口，倡督乡耆，捐输米面，昼夜供食不绝。又有周王、郡王、商贾大姓之家，每日供送酒食，堆满城头。其乡约典铺，沿门敛送绵衣绵被，给散官兵。将士感激，人心用命。高抚义之，慰民曰："官军需尔衣被，奈尔妻子冻馁何？"民曰："妻子在家可忍，官军霜立堪怜！"一时官民兵将为之对泣。

士民捐助

贼之困汴，除周王慨发之后，乡绅刘昌、陈允丛、郑封、张文光，举人王楫、李荣，贡生李光壂等，各有捐助，独生员张养蒙捐及半万。事平，题各加旌奖。

骇贼安众

贼久不退，巡抚高名衡出示："勿论军民兵将，有能破贼，益于城守者，许建奇谋，功成受赏。"有防守南门守备高尚仁将旧有镇门大炮二尊，黑夜潜埋土中，日间领人掘土筑城，忽于泥中现二炮，哄动合城，随谣言炮上铸字，系洪武年间刘伯温所造，后日专击流贼云。一面飞报督抚，覆以红彩，车运北城，安置城头。祭毕试放，果多殒命。又西门旧火药局恰掘得铁丸数石，允称神助，以凑厥谋。

射示解散

贼困虽久，兵将皆能守定，闻左良玉将抵雍丘，抚按查攻城之贼，大半被裹乡民，被贼驱迫，原非得已。写示数十张，原其被掳之情，且云"左镇已到，不日内外来剿，恐尔玉石俱焚，可乘空逃散，莫徒丧命"等语，系矢射入贼营，贼中亦有知逆顺者，又因缺食，连夜哄逃数万，闯逆始有退志。

饵贼反戈

自射示散贼之后，守埤者窥见各洞藏匿多贼，上下相通，官兵呼诱曰："尔皆乡民被迫，原非本心，连日得食否？"贼应曰："食从何来！"兵遂以饼投之。又嘱曰："尔能把住洞口，反戈杀贼，若刺贼有效，仍以功论。"又赏以札付，各洞皆愿以效力，遂反戈外向，贼皆不敢近洞。

闯几中弹

闯逆因久攻不克，亲自移营于城北，立帐，离城仅三里许。守埤者瞭见，遂安红衣大炮一位，照的贼营，祭毕施放。远望飞烟尘灰一道，正中其营，打死人马无数，闯逆幸免，即移营于土城外。后贼惧红衣炮，凡近郊之寇，皆穴而居焉。

弹压镇定

汴被久困，攻倾者数十处，与贼相持，存亡呼吸。虽赖重赏鼓励，奈贼每日迫众急攻，举城守兵未免皇皇。总兵陈永福久历戎行，累功为将，与贼交锋数载，颇能御敌。当在围时，凡遇合汛告急，永福即单骑驰救，或躬临指挥，或自立大炮，亲冒矢石，不避其危。左右屡谏止之，福曰："吾一老伍，今居总镇，死生分定，吾何惧焉！"一时将士为之感激。

重赏救危

贼攻危口，陷在顷刻，下以大炮上击，众贼应响如蚁而上，正面被击，兵不能立，即驱之。甫露首，辄中弹死，死者无数。东北敌楼后攻倾之处，势危万分，抚按下令曰："有能立一土囊于倾危之处遮炮者，即给元宝一锭。"令下，兵贪重赏，即立土囊数十。兵伏其后，亦以大炮随之，转倾为安。虽费千金，保全亿万。

左师牵制

总兵左良玉驻师汝南，汴围岌岌，不即救援。抚按公书以大义激请云："大将军威镇海内，国家宠渥优隆。今大贼困汴，危在旦夕，雄师密迩，未见振旅，若复坐观，倘贼陷汴，将军何以谢朝廷乎？"屡发密书告急，至正月初五日方抵杞县，拥兵不进。回书答云："我兵单弱，兼程前来，若遽临城一战，恐有所失，则汴无恃矣。今暂屯兵杞县，相机剿贼，为牵制之计耳。"后贼果分兵东顾，而围城之寇少彻，城易为守，实赖掎角之功。

地雷反击

贼因攻城不克，贼中有献地雷计者。先于东北壁下，每夜见贼从洞中负囊而出，数日后，又见贼负重囊而入。守埤者早已知为地雷，即于城内昼夜帮筑坚厚。至正月十三日早，贼督马步精贼数万，齐伏海濠之外。

督抚窥见，调集精锐以备堵御。忽尔如雷大击，无异天崩地裂，黑焰弥空，止见城外碎砖飞回，打死马步贼无数。攻城各贼，披靡乱窜。当放地雷时，各贼专待炮声，随烟冲入，不虞砖之反击也。烟消火灭，旧城仅存数尺，幸未崩断，危已岌岌。

神兵解围

贼见地雷反伤多贼，亦知天意，正议解围。忽见打粮贼数千自西蜂拥溃回，皆云："不知何处兵马，尽是白旗，已渡黄河，长驱飞至！"攻城之寇，一闻其言，皆弃甲抛盔，四下奔窜，遍野乱溃。城上齐用红衣等炮击，死贼无数。守埠之兵，奋勇下城，先焚其火药窝铺，抢回大炮器械，不可胜纪。捉获活贼，询问忽逃之故，称云："正见白旗人马，未见交锋。"真是神兵解围，助我忠勇，的非诞妄。

贼尸如山

当贼未至，巡按任浚出示云："守城唯以火药为先，最宜多备。今查见在火药才十万，非五千不可

（按：原文如此）。"旧贮火药实止五万斤耳，及贼寇城，周王又益火药三万，遇贼攻城，昼夜击施不绝。迨贼去后，视城下积尸不下数万。有司之备，已见其功。周王更蓄火药如许，足见王之留心国家也。

合师追剿

贼见城崩，反伤多贼，忽有神兵之警，益信天意。且闻左兵西逼，遂于正月十四日解围南遁。丁督师与左镇合营追剿，至郾城，背府一战，互有杀伤。贼无斗志，一意奔焚；我兵饿疲，亦未穷追，暂屯汝南。

大犒民兵

守城之功，虽赖兵将，而民社之兵，亦称勇健。当攻城之顷，兵已拼死协守二十昼夜，贼退，抚按于教场量功行赏，仍具题优叙，奉旨褒嘉升赏有差。

急修倾圮

寇围既解，大城东北一带倾陷三十余处。王侯燮犹恐寇之再至，遂以捐助输饷，督同民兵，合力急修，三月全功告完。值饥馑，兵民藉以全活。事完具题，温旨褒美。

第三围

预饬严防

　　逆贼南遁，朝廷度其复逞，特下严谕，责令抚按愈加备防。其时督师丁启睿驻兵汝南，巡按任浚折肱告养，监军郭载骙随征军前，知县王燮内召咨部，在围者，惟巡抚高名衡、左布政梁炳、守道苏壮、知府吴士讲、同知桑开第、推官黄澍、总兵陈永福等寥寥数员。高抚深知贼必复来，昼夜料理城守，增云楼，储火药，立炮台，添飞石，分布周密，贼于四月杪果复重来围困矣。

困城割麦

　　逆贼三来，知我防备更密，天值夏月，皆云当两次极力狠攻，尚不能克，今加意防我，徒攻无益。一言攻城，贼皆每每潜逃，闯不能制，决意匝围软困，督同各贼割四野之麦，一穗靡遗，为久困计。哀哉汴民，旧藏告尽，新麦无留，家家为首阳之徒矣。

少算覆军

逆闯三至，势在必克，其贼众数倍于前，号称百万。至日，安营于省西大堤外，离城仅十里，先以零骑弱贼挑战。主兵柄者谬执以逸待劳，利在速战，发令催督抚道三镇营兵马出战，安营于上城。内垒甫立，贼骑两翼来，势如潮涌，我兵大乱。贼使马步齐击，三营兵覆没殆尽，奔回者将官马步卒数千而已。

骂敌激战

王军既覆，全城丧气。抚军谨闭城门，严加防守，城中遂断樵采。贼骑遍野，一人不敢出城。又每日临城喝骂索敌，官军忿不能忍。越数日，贼之零骑益近城下，欺我失利。抚镇出其不意，挑选精兵数千，急出西门。贼不及防，斩级三百余颗，生擒五十余名。军威复振，皆有斗志。

逆贼残虐

贼闯之虐，旷古穷奇，深恨汴人不降，凡对阵拿获我军，被掳再逃之民，皆断其手足，割其耳鼻。断手断指，贼营积累，动辄成堆。今汴民五官四肢缺残者什之一焉。

撤围御援

贼困半月后，总兵虎大威、左良玉，保督杨文岳，督师丁启睿四大营自汝南来援。贼哨探知，随撤汴围迎敌，先占朱仙镇高阜上流，已得地利。我师远至，奔疲不前，扎营朱仙镇之东水波集，势居下流。贼断上流之水，割在野之麦，官兵水食俱绝。官兵西对贼垒，北阻枯河，东南二壁，贼又以游骑扰之，众心皇皇，已怀溃志。

诈传止兵

贼营既占地利，与我军相持，虑省兵夹击，乃伪造左镇令箭令旗，上用假印，差贼数骑至汴遥呼云："某左营所差官旗，我军已将贼困朱仙镇，擒在旦夕，贼兵四散，省兵不可出城，防守为急！"抚镇信以为真，不遑细辨旗箭，赏以红缎银牌，劳之去。及援溃贼回，始知为所诳也。

援兵四溃

汴兵未出，四营又失利，贼日扰之，乃匝立土堤寨栅以御之。左营、虎营居东，丁督、杨督居西。杨督所统保定兵马一万，车营为障，火器称强，与贼交战二日，获小捷，赖火攻焉。后杨营火药告匮，军有溃志。各营以夏月贼断上流，又兼粮缺，官军大困，野无所求，不敢出营。日望汴师夹击，竟无应兵。各军惟近拾野穗，采青度暑。复以督镇意见不相合，延十一日，益不支，皆杀马而食，接马溲以饮。贼乘其困，合营来攻，以大炮击死我军无数。又离营数里，于要道掘长堑一道，以断归路。五月二十三日二更，杨营犹对贼打炮，忽左营先溃，丁、虎继之，杨营又继之，四营相继大溃。贼以骑兵截杀，堑为填平。督镇仅以身免，皆奔汝南。劲援既溃，汴城遂无生机。

贼回复困

援师覆溃，寇益无惮，旋返汴西，决意坐困矣。时值六月暑甚，贼不能披甲，亦不索敌，尽安营于土城之上，周城插立窝铺，复射伪示云："奉天倡义营文武大将军李示，仰在省文武军民人等知悉：照得尔援丁启睿、左良玉等已被本营杀败，逃奔四散。黄河本营发兵把守，他路援兵俱绝，尔辈已在釜中，可即献城投降，文武照旧录用，不戮一人。如各延抗，不日决黄河之水，尔等尽葬鱼腹。本营恐伤天和，不忍遽决，慎勿执迷，视为虚示！先此晓谕。"此示射入，亦有虑以为真者，亦有幸其决河，冀求脱生者，讵意后果尽死于水，即借水出者无几焉。

民食告艰

中州素称繁华，在城之民，多不积粮，即中人之家，亦无担石，而小户穷民，皆乏隔宿。贼之复困已两月矣，十室九空，饿死者十之三。周王发粟，平粜告尽，有司续发仓谷煮赈。人众粟少，日不过清粥一瓯，而大户男女皆就食灶前，老弱不能近，践踏死者日数百。仅施一月，粮尽民死。

妄靡积谷

汴省当承平时，立有军储预备诸仓，蓄守积谷，专备凶荒，及紧急军需之用，国家制度原善。十三年大饥，抚按查在籍谷八十余万石，皆百十年来所积，陈陈相因者。吏胥为奸，朦借散赈，十仅二三，余尽出陈易新，罄卖之。迨贼困城，兵民无仰，使不尽粜，可延数月，何至大困哉！

奸民通贼

贼困日久，民多饿死。有司开水门予民采青，或阴听其逃。有奸民锻者孙忠私造铁箭镞数百，怀之出城，为门军搜出，怀手折一个，称贼为天兵老爷。随钉四肢于城门而死，民争剐之。

合营战捷

围至七月，贼见我师坚壁，每日令贼绕城辱骂索敌，兵将愤不能忍，请决死战。抚镇道三标及大社民兵共计精强数万，马兵五千余，预期歃盟，于七月十五日黎明，忽出西门，直过堤城。我兵骤出，贼未及防。火攻在前，当前锋火敌。抚标陈德，镇标任珍、李成栋，丙丁营张武锐，道标牛登科等四营分攻，与贼交锋大战，自卯至午。闯闻我兵勇锐，自督大众救应。城中民社义勇营或三千，或五千，倏尔四出接应，周王勇士亦奋勇出城助战。民兵见官军得获首级数百，抢回器械报捷，胆益壮，遂皆直前。官军见民兵勇往，气增百倍。鏖战良久，远哨贼骑大合。抚军恐有失，鸣金收营。验功斩获贼级五百余颗，抢回马牛骡三百余头，器械不计其数，全师而归。自此军威大振，后闯逆僭号西安，每服汴人此战之功。

削堤防逃

大捷之后，终是缺粮，复又坚壁数日，兵民益困。有司不忍坐视，无奈开水门，令民采青充饥，民亦乘机潜逃，偷过大堤，多被贼获，询知城中危急情状。恐民兵暗逃，为土城周围峻削，路口把守闭塞，镇以棘，畜以犬，昼夜严防，自后，一人遂不能逃矣。

掘河淹贼

围至七月终，望援无期，坐以待毙。汴人熟知河势，见往岁黑罡上流遇决，即自贼营一路而下，适当其要。密禀巡抚高名衡随差谍者潜度河北，书约巡按严云京举事，果使卜从善大营架舟南岸，掘一昼夜，贼觉之，领兵冲散。逆贼恨甚，亦于朱塞顶冲河口，直对北门挖掘小河一道，引水灌汴，幸未大涨，止引细流至城下，深才三四尺，随溢随落，竟不为害。及将周城海河灌平，民得网鱼充饥，贼之马步不能近城一步。

搜粮惨虐

围至八月，民死大半，惟郡王、乡绅微有积藏，有司遂具搜粮之举。先勒捐助，民自顾命，莫肯善捐。后兵官结党，竟执令箭沿门搜索，名为搜粮，其实尽劫。勿论绅衿之家，直入内室，不敢拒阻。遇有粮之家，掘地罄搜，恶兵悍卒，乘机卷掳，莫敢伊何。即妇人女子怀藏十升一饼，亦于怀中夺去。肆横行凶，民冤无伸。

大括民财

民粮搜绝，武弁要挟，不肖有司窥在省殷实之家，每发官银三二百两，责令银五两纳粮十石。彼时明知民间无粮，故难之。民既无粮以应，除原银缴回，每石有折银数百两者，有折至三百两者。至强卒之押索，交收之使费，苦不可言，甚有吝者受夹拷之刑，丧命倾家，难以悉举。其后所拷掠者悉沉于水。

援师失利

自朱仙镇援兵溃后，朝廷再遣三御史监军，即前祥符县知县王燮、前杞县知县苏京、前河内县知县王汉也，监督各镇兵马驰救。各边路远未到，惟王公所督山东总镇刘泽清一营先到，屯兵柳园、陈桥间。时王公特蒙赐剑，便宜从事，军法严明，秋毫不扰。东兵至，歇数日，王公督催各兵渡河，恐其单弱，随约调杞县义勇党一龙民兵约三万，协力合战。一龙失期未至，泽清一营先渡，立营于省北，筑堤为卫。营甫立，贼骑大至，东兵夙称劲旅，火器精强，每日与贼对敌，屡获小捷。后我师火药将尽，贼窥我军背水，率领精贼督战，三面受敌，大炮环击，援兵中伤甚多，相争抢舟。贼遂齐攻，以致全营溃乱，溺死无数。越数日，他路援兵始至，不能过河，惟把守防渡而已。

秽弃充饥

时至八月终，在围之人，饿死者十七矣，即有亦无粮可置。或摘树头青，或买药中饵，或刮树皮为羹，或剜草根，或拨粪中之蟫，或捞河中饲鱼小虫，以及皮胶、故纸、涨棉、炸草之类，无不入口以延旦夕。老稚形骸如鬼，奄奄气息仅存。

诈书离间

贼久无退志，巡抚高名衡闻闯逆与曹贼明密暗疏，曹贼久怀异心，实欲招安，无人敢任其事。据逃回兵士屡言之，高抚乘机遂写伪书一封，内称："前接将军密札，已悉转祸为福之举；又见对阵打炮向上，不伤我军，已见真诚。本院已密题，首功元勋无出其右，封拜当在旦夕耳。所约密札河北兵马，于八月二十九日子夜，由朱家寨南渡会合，专听举行。"随重赏谍者，潜投曹贼，后被闯营兵马捉获，搜得其书献闯，密而未泄，信以为真。后解围，于襄阳杀曹贼，为此故也。

弱中示强

贼见城外溢水复涸，时已深秋，又有攻城之意。抚镇恐贼临城，我兵饥弱，势不可守。查城头火药积贮尚广，随传令约会五门守汛，将守埤大小铳炮尽数装满，约于九月初三日专听南门信炮一声，五门同时齐响，一连三阵。至日辰刻，贼使马步数十，周城窥视。南门信炮先响，合城大震如雷，声闻百里，逆贼大骇，乱窜奔回。闯贼见我久无动静，忽尔万炮俱发，知我防备严固，攻城之举遂止。

计擒多寇

贼虽见城中防备尤严，欺我粮尽，又不出战。巡抚高名衡窥贼移营于西关小城，每日唱饮，绝不防御；密选精兵三千，至夜半，潜开水门，发出各兵，衔枚奋登小城。贼皆赤身熟睡，大砍一阵，斩级三百余颗，生擒五十余名，皆城下每日骂阵者。枭首城头，民争剐啖，一刻立尽。

一马千金

粮草久绝，战马无用，各军缺食，抚军下令：马听军官宰杀充饷。兵杀一马，杂以人肉，每斤卖银价至数两，一马可值千金。古谚云"卖狗悬羊"，今见卖人悬马矣。

升粟万钱

民间一粒如珠，官兵尚有余粮，皆括之大户之家。乡绅巨室觅买，但得粟而不计价，升粟卖至万钱。有珠客携珠易米，碎小者推弃于地而不视；间落一米，留意捡起。米贵于珠，果经见之。

昼断行人

粮尽之日，家家闭户，甘心待毙。白昼行人断绝，遇有僻巷孤行，多被在家强壮者拉而杀之，分肉而啖，亦无人觅。间有鸣官，亦不暇为理；虽出示禁拿，亦不胜其禁也。甚有夜间合伙入室，暗杀其人，窃肉以归；居民虑不自保，先将仆婢自杀而啖。尤不忍闻者，父食其子。天地冤惨，日月为昏。

城市丘墟

粮尽矣，强兵惟以杀人为食，僻街小巷之民，皆团聚大市而居，互相为卫。不惟刴尸以炊，亦且析屋而烧。画栋雕梁，顿成破壁。人家烟绝灶冷，飞鸟远飏绝迹。昔睢阳犹有雀可罗、鼠可掘，今则鼠雀尽无，往史未见。

杀良冒功

官兵因粮尽，假借偷营，投贼不回。亦有将采菜难民乘无人杀死，割级报功图赏。恐家属识认像貌，复将面上加砍数刀，以变其形。天晓携级入城献功，一级常随百人抢买，价至数两。兵忍民冤，今古罕见。

止粮救民

河北道杨千古因城中缺粮，驱民数千，每人裹粮三斗，加兵三千护送，欲夜渡送省。适监军王燮亦至柳园，急止之，曰："闻贼严把堤口，我兵岂能飞过？不惟兵民不能敌贼，且徒以多粮遗贼耳。"众佥云然，其事遂止。

全河入汴

贼久困汴，意为必克，不料坚持死拒，已及六匝月，守志更坚，贼恨汴甚。见阴雨连绵，秋水大涨，贼挖掘上流，坚塞东西南三面堤口，不令水分四溢，止留北面，使全河入汴。至九月十五日，督贼数万将河决开，城居釜底，河流一泄，怒浪巨涛，吼若雷鸣。北门顷刻冲没，合城男妇哀号，王府士庶尽升房垣，贼亦乱窜。及至夜半，水深数丈，浮尸如鱼。哀哉！百万生灵，尽付东流一道！举日汪洋，抬头触浪。其仅存者，钟鼓二楼、周王紫禁城、郡王假山、延庆观，大城止存半耳。至宫殿、衙门、民舍高楼，略露屋脊，山货店、土街素称高阜，得免沉溺，全活数千人。

按：黄河之决，虽起寇祸，实值河水骤涨。是天也，非寇也。

次日，在城文武登紫禁城，慰王无恙，遣善浮水者过河雇舟，河北始知之。

督舟救王

黄河入汴，河北监军王燮闻信大哭，大呼曰："吾辈奉援，围既未解，若王有虞，罪滋大矣！"立备大船数十只，亲督入城，先救周王暨宫眷数百口登舟。贼于决口立炮截流击之，舟不得出。王公又促小船数十于城东北入城，潜将王及嫔妃数百口越堤急渡过河。辇舆无备，传木椅抬王至柳园。随从宫人众多，不能照顾，皆自蹈泥水中，踉跄道途。恶兵奸民假救掳匿，王亦不遑追救。

宿河渡众

幸王先渡柳园，监军王燮同巡按王汉皆露宿河干，昼夜雇舟继渡，救抚镇有司。船至渡口，贼于西岸增立大炮截击，河北官军亦于东岸立炮对击，舟得出口。王公恐贼入城，复雇大船百只，每船先给犒银数十两，严谕："舟人不得再索难民，违者立斩！"数日救渡难民数万。沿途安设锅灶，煮粥以待。饥民得食，延苏甚众，汴人至今尸祝。

屠人若豕

全河入城，一望无涯。强壮者犹能移就大城，老弱者尽葬鱼腹。钟楼之上避存难民千余。有郑姓二人素业屠宰，合党数人，日将孤弱难民拉杀数口，如屠猪然，解肢剖腹，立锅煮熟以卖。远处之人，架筏来买。每斤卖银数两，日得簪珥银钱数百金。彼时在楼之人虽众，莫敢劝阻。后闻兵船入城，架筏先遁。

假救坑民

舟之入城，得先渡者，皆官兵强壮之人。西南二壁及僻处未得船者尚多。有恶兵奸民架舟假渡，窥有财物，罄卷搜夺；乘无人见，即将难民推落水中，以绝其口。民因携财，多死于水。

民存十一

汴为旧都，延袤几三十里，居天下之中。自延寇乱，两河外州邑之大姓，及在野之庶民，皆携家入省。愚记清查保甲，阖城八十四坊，王府、乡绅、士民概得十万余户，每户约十丁口，统计得百万余，除未围先徙，以及被掳、被杀、饿死、淹毙者，共去十之九，所存者仅十之一焉。后奉旨赈济，入册领赈者不足十万。

斩兵安民

难民过渡，络绎道途，间有携带财物，多被强兵搜夺之，难民喊愬监军王燮，查系督师侯恂部卒，连赃搜获，立刻枭示。难民得以自保，道路为之清肃。

运粮济饥

河北知城头兵民尚多，一时救渡不及。凡人渡之船，皆随带米面，给散官兵。当水未入城，民久已无入口之物，得粮又延数日，不至尽死城头。

残卒留守

抚镇有司过河，以舟少人多，残卒尚数千在城。抚镇以多粮又加厚赏，责令暂守，以候更替。数日后，贼得舟兼大筏，领贼数千，潜登西城，有未得舟守将李成栋等结营以待，鼓众与贼交锋二日。我兵犹恃大炮，贼不能近。越日，贼驱民在前，我兵不忍击，断壕以拒之。后贼亦架大炮来击，我舟亦至，官兵势弱力穷，方登舟北渡。

死不从贼

残卒势不能敌，掉舟北渡。城头难民尚万余，一见贼登城，无翼可飞，投水死者无数。被掳者搜其财物，逼令上筏。男妇不从，投水死者，又不下数千。

潜入擒斩

众贼登城益多，搜掠难民，一丝无遗；犹望水中之物，每日架筏打捞，遍寻高埠藏匿难民。欺我兵残，毫无所惮。监军王燮闻贼在城可擒，密发白邦政一营精兵三千余，带火药器械，架大舟三十余只，于九月二十六日五鼓潜登西城。贼多未携器械，忽官兵骤入，不敢抵敌，投水死者数千，斩获首级五百余颗，生擒壮贼六十二名，押解柳园枭斩。对垒半载，仅见此捷，大赏援兵。

饥民傀儡

难民虽得过河，老稚男妇，形如傀儡。奄奄气息，病骨伶仃，或倒卧道旁荒草中，或投宿古庙破寺内，药饵无从，汤水难得。时值初冬，又死十三。昔日富贵殷实之家，顿成他乡流离之鬼。抔土何厝，钱纸谁焚？闻金人破汴，宋室南渡，未有如此惨也！

闯逆南奔

闯贼困汴，以为必克，不料久困不下；及省淹民逃，又以未得周王、抚镇为恨；纵贼入城，又遭官兵之创。逆意大沮，计无所施。又见惟遗空城，随领各贼而去。

安插河防

贼营虽奔，余贼遍满河南，土寇纷起响应。监军王燮商同新抚王汉，将周王移送彰德候旨。正议收拾残疆，相机进剿，忽北京传警，调撤各边镇将入卫矣。

赈济难民

难民北渡，茕茕无归，皆散寓封丘、延津、阳武等县，鬻衣糊口。流离之状，乞丐同群，观者流涕。幸朝廷悯恤，发帑金十万，遣行取御史黄澍来赈，男子一两，妇女五钱，计众不满十万，民赖存活。

补　遗

特设游营

　　贼之攻城，虽遍立窝铺，不过疲劳我军，实攻者止数处耳。初到，颇张声势。我兵派汛分守，遇急恒调接应，未免仓皇。后陈永福将骁卒挑选一营，专备救援。以大旗一面插于铁塔之上，令军掌守。遇贼狠攻某方，将大旗麾向某处，游营即赴应援。各汛不动，城守安静。

客滇述

［明］顾山贞

客滇述

川贵寇乱

戊辰，毅宗崇祯元年，陕西延安府保定县杜木川有耕夫闻空中声，仰视之，见火一簇从天而下，急避入岩中，火即坠前数十步，光焰蓬勃，尘土涌起十余丈。耕夫趋归，呼众往视，土皆焦灼，尚炽热不可近。明日，锄得一物，如舂石而黑色，错杂银屑，上有文若蝌蚪书，众共破石，分藏之。是年凶，民贫，揭竿为乱，乱首曰掌盘子，潘某为之，众最多，因号潘十万。潘众虽多，然无器械，仅夺粮救困而已。延安副将薛某讨破之，杀数万人，潘某亦死；其余众未散，各以党为小掌盘子。

又有勋卫马某者，身长大，喜斗，人谓之马将军。与博徒游，输金钱多，久而不匮。博徒异之，察探其所自来，盖为盗也。以弓矢劫商贾于路，北方所谓响马贼是矣。博徒遂多从之。一日，某监司被劫，捕盗甚急，有司知盗在博徒中，发兵捕之。博徒窘，遂与官兵斗，杀伤官兵，有司以叛闻，而众益不敢归，于是掠人为盗。盗日益众，其名有神一魁、王嘉胤、苗美、黄龙、紫金梁、不沾泥、点灯子、冲天一字王、大天王、独行狼、一根柴、秋圪台、可天飞、蝎子块、射塌天、老回回、扫地王、八大王、八队、七队、闯将、过天星、混天星、满天星、上天猴。其小者尚以百数，如一座城、一顶盔、老元宝之辈，不可胜记。

己巳，二年，陕西兵备刘应选击贼，杀五百余人，其渠魁死者亦甚众，余皆走四川。

庚午，三年三月，贼自龙安府至剑州江口，又走毛裕渡，官兵袭之，颇有杀伤。是年设驻镇府于广元，以保宁府同知守之。

辛未，四年，贼陷开县。

壬申，五年，贼陷新宁。

癸酉，六年，贼陷大宁。时朝廷遣将征讨，数年以来，互有胜负，诸贼中颇多饥民博徒思还乡井者。陕西总督某招降数千人，一日纵之采樵，去其弓刀，潜遣兵数千伏山谷中，欲尽杀之。降者觉之，各举石击官兵，或拔木为仗，奋击官兵，官兵败走，贼自此遂绝无归附之心矣。

诸贼为乱累年，或战死，或降，或自死，其众悉并于李自成、张献忠，即贼首有存者，亦属二贼部下。自成即闯将，献忠即八大王也。自成，米脂县人，为县驿马夫，勇猛有胆略，尝醉卧于缙绅艾氏石坊下。艾氏恶之，嘱县令逐之，自成遂投反者马将军，为其门下役。寻领八队，号闯王。其后陷京师，僭帝号。未几败死。献忠，肤施县人，为延安捕快，性凶暴，尝以事受笞系狱，久之得出，穷无所归，乃从苗美、王嘉胤为乱。战辄先登，独领一队，号八大王，其后遂为川患云。

献忠等发难于陕西延安府，而蔓衍于各省，望屋而食，奔走不停，未尝据城邑为巢穴，故曰流贼。献忠尝降于川湖总督陈奇瑜，请屯房县。已而复叛，流入陕西。

甲戌，七年二月，献忠为官兵所败，自陕西平利县复犯四川。既见川中山水阻险，不可驰逐，恐官兵围而歼之，乃自达州仪陇县出白水江，仍奔陕西。而汉中之民为贼所掠者，遂留川东川北山谷间为贼。其名掌盘子者，为黄龙、摇天动，故世谓之摇黄贼。贼每系人，逼令从己，年余心服，乃解其缚。又面颊上刺"大王""天王"等字，使不得归，归即为有司所获。久之，党遂众，掌盘子者十三人，曰尊天王袁韬，曰整齐王，曰震天王白蛟龙，曰黑虎混天星，曰必反王刘维明，曰二哨杨三，曰托天王，曰马超，曰邢十万，曰顺虎过天星，曰黄鹞子，曰九条龙，曰摇天动，以通江、达州、巴州为巢穴，而蔓衍于岳池、广元、定远、合州、巴县。凡川东之北岸，任其出没。掳掠人口，则责人取赎。当播种时，则敛兵暂退，及收成后则复来，以为人不耕种，则无从而掠也。初不攻城劫寨，亦不恣杀，因土人强悍，乡兵四起，相约杀贼，而贼遂逢人即杀。川中多石洞，可容数百人，百姓藏匿其中。贼围之，积火于外，烟入其中，人中烟气即死，贼于是入洞杀掠无遗。久之，马渐多，器械渐精，且有火器，川人附之日众，遂攻城劫寨，而岳池、邻水等县，无坚城矣。

初，流贼至滇中，留数月，掠人甚众，有逃归者。关南道刘某斩数人，欲灭其来，于是被掠不敢归。其归者畏捕，仍走山谷间，此摇黄贼所自始也。抚川者初不以为意，既而贼势浩大，颇有惧色，使总统赵荣贵御之，互有胜负，竟不能灭。

巡抚刘汉儒以贼入川，谪戍。

丁丑，十年十月，张献忠复入四川，分兵两路：一由剑阁犯潼、绵，一由龙安犯遂宁。剑阁无备，剑州生员聂明杲督乡勇守之。贼捕民为向导，从关后小路绕出。明杲战死，贼长驱而入。所过州县多望风奔窜，独吏部文选司主事吕大器募兵守遂宁，贼亦不攻，竟犯成都。攻围二十余日，城上多方御之，不能陷，乃遁去。

贼攻城时，援兵皆在数百里外，无一骑至城下，独副将张令引数千人据汉州，当贼冲，拒贼数万，多有斩获。四川总兵侯良柱以援兵抵成都，贼已退至金堂淮口，良柱追之，战于潼、绵间，兵败而死；副总兵刘乾象到贵，亦死于阵，一军皆没。时巡抚王为章（一作维

章）驻保宁。先是，梁山有朱廷益者，善幻术，为章任
之，以为军前参谋，使别将一军，贼至不能击。御史柳
寅东劾为章失机，为章逮系，廷益论死，毙成都狱中。

　　总督洪承畴追贼入川，使曹变蛟驻剑州，左光先驻
保宁。

　　戊寅，十一年正月，贼遁入汉中。以傅宗龙巡抚四
川。宗龙，云南人，初至成都，民间讹言巡抚于六月
二十四日欲为火把会。火把会者，云南之俗，至六月
二十四日燎火，庭中聚饮，令人相扑跌为乐，盖古角抵
戏也。至秋，民心乃安。新繁县西郊外，佛寺石像自
动。八月，四川总兵刘镇藩遣王朝阳至仪陇县，击摇黄
贼。饷少，兵遂叛去。九月，镇藩麾下杨展，抚叛兵于
广元之百丈关，即以展为参将统之。

　　己卯，十二年，设立夔州府十三隘以御贼，一隘一
将，十三隘一大将统之。以傅宗龙为总督，加兵部尚
书，命邵捷春巡抚四川。

　　庚辰，十三年正月，成都郭外北城街泥像自动，邵
捷春祝之，若城保全，迎神入城。后贼果退，迎入城中
夏莲池祀焉。

　　张献忠流入湖广，盘踞竹山、房县山中，督师杨嗣
昌合兵围之，令大将左良玉驻襄阳，以伺贼走郧阳；令
邵捷春守夔关，以伺贼走四川；若贼走夷陵，则嗣昌当
之，谓之圆盘。捷春至夔州，以属县大昌、大宁与竹

山、房县接壤，为隘三十二处，若两县之隘不守，当以失封疆得罪，遂不守夔关，而守诸隘。隘将覃思岱、杨茂选不协。思岱潜茂选，捷春信之，斩茂选，令思岱并将其兵。兵怒，散去。五月，贼即从此入，诸隘皆溃。贼乘夜犯夔关，直抵夔州城下。副将张令拒战于羊耳山，败没于阵。嗣昌使赞画主事万元吉援之，会石砫女帅秦良玉亦引兵至，元吉与之合，贼遂由新宁、开县奔达州，复入汉中。杨嗣昌奏邵捷春失机，有诏逮问。

十月，献忠与罗汝才自汉中复犯四川，陷梓潼，副将郭某自他道至剑州，得贼谍。谍绐言贼已进绵州，而贼乃伏梓潼七曲山后。官兵至上亭铺，贼邀击，官兵败。郭某奔剑州会口，贼复入梓潼。总兵方国安自广元追贼至梓潼。贼出城，官兵追过南门；贼佯败，官兵入城；未及半，贼劫辎重而去。官兵守梓潼，贺人龙、赵光远、铁某大军继至，贼遂走。绵州城守，贼渡河走泸州，官兵追至泸州，贼伪燃火，顺流而下，官兵追之。贼复乘间走绵州，至浮桥，有牛遮道，贼击斩牛。绵州城内闭，贼走梓潼，官兵追及之，杀贼五六百人，擒老弱数百人，杀罗汝才弟。献忠复犯官兵，至灵阳庙，夺老弱，走剑阁，自广元入汉中。贼所过州县，官民多窜伏。金堂知县程大典署汉州，独城守；新都知县黄翊圣亦城守，民赖以安。

邵捷春有惠政，成都人甚德之。及被逮，其校尉居贡院中，百姓万余人往击之，校尉逾墙走。捷春先遣校尉行，而后自间道诣阙，竟论死狱中。方乱民围校尉时，司道官谕之，不听，华阳知县某跪请解散，民诟詈不止，自是下频轻其上矣。以廖大亨巡抚四川。彭县多逋赋，县令某以偿衙役工食，令衙役自索之。除夕，索甚急，民皆怨苦。

辛巳，十四年正月，彭县豪民王纲、仁纪倡议除衙蠹，鸣锣集众，尽毁衙役家。各州县闻风而起，曰除五蠹：一曰卫蠹，谓州县吏胥皂快也；二曰府蠹，谓投献王府、武断乡曲者也；三曰豪蠹，谓民间强悍者也；四曰宦蠹，谓缙绅家豪奴恶仆也；五曰学蠹，谓生员包揽词讼、生事害人者也。或捶击死者，或糜烂于鼎釜者，或活埋于土窖者，不可胜记。惟新都令黄翊圣、金堂令程大典有善政，故民未变。若新繁、彭山等县，多蔓延不解，至发兵征讨，乃罢。成都亦揭竿拥众，呼噪城下，院司多方抚慰，不从。令都司引镇远营兵，开门击之，众溃，乃就抚。廖大亨以民变谪戍，以提学副使陈士奇巡抚四川。

癸未，十六年十一月，李自成陷陕西。汉中总兵赵光远劫瑞王入四川，关南道陈缙从至保宁，陈士奇与巡按刘之渤、上巡道葛奇祚等迎之，遣光远还汉中，而奉王驻重庆。奇祚居心宽厚，莅事精勤，每巡州县，为民兴利除害，恺恻动人，吏民有一善，必称扬之，有过则谕之使改，不遽责也。时百姓不肯迎瑞王，抑郁成病，及王入重庆，乃曰："吾事毕矣！"竟死。囊无余物，士民敛钱殓之。

十二月，张献忠由荆州复犯四川，陈士奇驻重庆以御之。先是士奇以兵饷不足，屡撤夔州十三隘守兵，至是贼众数十万，水陆并进，鲜有抗之者。刘之渤疏劾陈士奇，诏以川北道龙文光代士奇之职。

甲申，十七年（清顺治元年）二月，贼陷夔门。参将曾英守巫山县皮市隘，战败，退守涪州，断贼水路。三月，贼陷万县。四月十六日，武举人朱彝之自京师奔还成都，始知李自成已陷京师，而讹传上幸通州。二十四日，众议奉蜀王监国，以杨镛、齐琼芳、杨台、刘道贞为相。刘之渤不可，遂不果。五月，张献忠进犯重庆。所经之地，兵不留行。至酆都，恐土司秦寡妇扼险，先使人侦之，秦氏守境不敢出，乃竟向忠州。副将赵荣贵拒战，不克，退守梁山，断贼陆路。献忠使孙可望击之，战于白兔亭，荣贵复败。六月初七日，贼至涪州，曾英拒战，献忠又击破之。于是自涪州以上，如入无人之境，竟无与抗者矣。

初，李自成使马珂入川，攻陷顺庆，执知府杜某，欲杀之；赂以万金，不允。杜某有孀媳，为涂副使女，有殊色；珂妻弟某知之，求纳为妇。涂氏闻之，即自缢。杜某妻急解之，且跪请曰："勉自活，以全我一家命！”即夕成婚。珂以杜某知广安州，原任词臣江鼎镇率先降贼，青衣行酒，进美人以悦之，得不死。其他乡绅官吏俱被刑，寻死者甚多。珂奉自成年号，摇黄不能与抗，亦不附从，仍奉大明年号，设险自守。至是，马珂闻献忠将至，即弃城遁去。

新抚龙文光入顺庆时，献忠已将达重庆。重庆告急，文光檄援兵至顺庆，听点然后发行，则重庆已被围矣。十八日，贼据佛图关，陈士奇尚在重庆，援兵亦有至者。诸将请背城一战，士奇不许，曰：“若辈欲走耳！”悉令入城，使副将卞显爵驻转角楼。统兵固守。贼四面攻城，多穿地道，发城外冢，取棺板顶头上，以御矢石。一人伤，即补一人以进，稍退转即斩。地道既通，灌以火药。火药发，城立溃。二十三日，贼焚转角楼，显爵战死，城遂陷。贼既入城，士民袖手就戮，间有遁出城者，遇贼即死，或挤入水中。献忠坐操场，拘集文武各官，时各官多鱼服求生，贼悬重赏购百姓认之，各官遂无得脱者。贼遣人至瑞王府索王，王妃刘氏投井死，王被执，求水不可得。又系重庆知府王行俭，至库取钱粮。寻召士奇等，谓曰：“朝廷皆由汝等败坏，十三隘如有守兵，我迟进数日，汝等亦可预备。今如此，不剐何待！”并行俭等俱发凌迟。巴县知县王锡六言曰：“我辈应死，毋枉杀百姓！”遂皆死。贼众引瑞王入，献忠下座叹息曰：“我兵强于李自成。汝既畏自成而离汉中，亦宜知我兵至而去重庆。今安坐不动，受我显戮，岂非命乎！"亦发凌迟。令刺王喉速死，盛以棺。百姓俱斫右手，无一免者。黠者欲以左手相欺，并左手亦不免。各州县畏其暴，惟恐加兵，皆望风送款。贼即择其魁杰者，授以知县之职，发兵送之，仍行杀掠。官民之降者，仍不能免。知广安州杜某亦杀死。

定远县有米三千石，例解昭化。时昭化已为贼薮，定远令高作霖度不能达，请于龙文光，以未解顺庆，可通融销算。如以昭化远而顺庆近，则脚价当如数扣还。文光援旧例，不许，其米竟赍盗粮。献忠遣人招江津乡官刁化龙，不至。

七月初四日，献忠使刘廷举守重庆，自引兵犯成都，尽焚其舟，于泸州分三路进。龙文光自顺庆援成都，调总兵刘镇藩，并威茂道兵、董卜韩胡土兵守城。顺庆叛降献忠，献忠使张都督殷承祚守之。成都援兵四集，献忠使其众伪为援兵，混入城中，龙文光不能辨。八月初七日，贼四面攻城，较重庆更力，文光、之渤等悉发库藏，募死士，缒城下杀贼，贼攻围不辍，凡三日。贼兵内应，钟鼓楼火发，守兵惊走，贼登城。文光、镇藩皆战死。蜀王及妃嫔皆赴井死。蜀世子平某、内江王奉镭、巡按刘之渤、推官刘士斗、华阳知县沈云祚皆被执。贼封平某为太平公，既而杀之。之渤等皆不屈。贼再三慰谕，以之渤为巡抚，之渤不可，但为百姓请命，遂皆死。十一日，献忠尽驱成都军民于中园，将屠之。其党汪兆龄进曰："成都是本根基业，不宜纵杀。"乃止。十五日，献忠自称秦王，国号大西，改元大顺，即以蜀王府为宫殿，设立五府六部等衙门，以汪兆龄为东阁大学士，原任通州知州严锡命为文华殿大学士，养子张可望为平南监军，张文秀为平南先锋，张定国为前军都督，张能奇为平南将军，分兵四出掠地，全川骚动。九月，马珂尚在绵州，张能奇击之，不克。献忠自将击之，珂败走汉中，献忠还成都。十月，张定国陷保宁。张可望陷龙安，使王运行守之，自引兵犯茂州，陷之。松潘副总兵朱化龙、管粮通判万文相击走之，遂复茂州。化龙又与龙安署印同知詹天颜共复龙安，斩王运行。张能奇陷雅州。先是，雅州知州王国臣与上南兵巡道胡恒有隙。会上南守道、建昌道官皆缺，恒带两道印，从邛州过雅州，将入建昌城，边兵送之。闻献忠已陷成都，兵噪夺饷散去，国臣乃拘恒，劫其三印，遣使降献忠；又下卫指挥使阮士奇、生员洪其惠于狱。雅州生员傅元修走天全六番，说正招讨高跻泰，令出兵击国臣，跻泰许之，使高君锡、姜奇峰攻雅州，国臣遁入成都。君锡等迎恒及士奇、其惠入始阳。始阳，跻泰地也。献忠以国臣为茶马御史，与张能奇犯雅州，陷之。进攻跻泰，至飞仙关。跻泰惧，即以胡恒、士奇及朱奉鈝与贼，贼引去。三人至成都，皆被害。时建昌行营将周双桥、李俸，海棠堡守备丁如龙，越嶲卫指挥使王自明得胡恒檄，各以兵出迎，而恒已为贼所获，遂驻大渡河所，与掌印千户沈云龙、黎川安抚使马京，及蛮庄七姓谋击贼，无应之者。会四川总镇坐营参将曹勋自成都败归，众推为帅，共守荣经县。居数日，富顺镇国将军平榰间道至荣经，勋与诸将及原任南京户部员外范文光，举人刘道贞、程翔凤，生员傅元修、傅元览、张士麟、唐默、钟之绥、胡大生、洪其仁、洪其信等共立平榰为蜀王，号召义兵。勋为副总兵，统领诸将。

赧帝既立，诏故相王应熊经略川湖云贵四省军务，专办蜀寇。应熊即以文光为监军道，道贞为兵部职方司主事，翔凤为监纪推官。勋率诸将向雅州，大破贼于龙鹤山。贼退入雅州，诸将乘胜至城下，贼出战，勋败归荣经，贼复攻之。勋再败，退守大渡河所之大关山，贼攻之，不克。勋选骁骑击贼，斩首数百级。贼溃去，勋入荣经。贼复攻之，勋败，荣经陷。自是，惟守小关山。此二关，乃相公岭之险隘处也，范文光尝名为忠孝路焉。

献忠遣使四出，趋地方官员及乡绅朝见，百姓藏匿官员者凌迟，乡绅不来朝见者，亦如是。其求朱姓更急，蜀府宗支多在灌县，乃发兵围之，不论宗室细民，

皆杀之。其余降官各授以职。降贼江鼎镇复降献忠，献
忠以为礼部尚书、考试总裁，自以为荣。会迎春，贼问
出何门，贼国号西，欲其言西门，鼎镇则言出东门，
贼怫然，问出何典，曰："出《大明会典》！"贼大怒
曰："汝尚知有大明乎！"责一百棍。有门生何某者，
请代责五十。明日，飞骑提何某一家五十人与鼎镇一
门，对面就刑死。严锡命受知于贼，条陈甚多，尝言：
"陛下继嗣不广，皆由兵间所掠女子，不足以配圣德。
今有故相陈演女，才德色俱全，宜正坤位。"贼即以陈
氏为后，演子为翰林学士。一日下令云："陈娘娘欲斋
僧，大僧银十两，小僧银六两，以黄封封银柜，舁入寺
中。"诸僧皆喜。更有小儿求僧曰："我愿割发作沙
弥，得六金，当以半谢！"僧唯唯。及期，大小僧几万
人入寺领银，贼闭寺门，每十僧贯以一绳，尽杀之。一
日迎状元，仪卫甚盛，各进士迎归，鼓乐喧阗，忽取一
进士斩之。有一教谕，老年矣，加升侍郎，方扬扬得
意，自谓开国元功，不数日，仍见杀。某县令朱某亦归
顺，愿就教职，冀以免祸。及就职未期月，而全家被
戮。乡绅朝见者，并拘其家属，使同行，至则尽杀之，
不留种。又命各教官率生员来试，并命教官之妇率生员
之妇同来点验，至亦尽杀之。其大家妇女皆发娼院，复
尽杀之，并杀优人。贼将有先知此令者，尽召优娼，恣
行欢乐，方淫媾流连，而身首已异处矣。献忠尝临操场

阅兵，呼官兵为毛贼，有擒至者，即加捆缚，丢一人于
沸水大镬中，仿古鼎烹法也，余皆凌迟。所获官吏，皆
指为贪官，叱令剥皮，顷刻而全皮俱下，与肉不相黏。
稍有黏者，谓不如法，即以剥皮之人令善剥者剥之。有
乡绅为恶奴所讼，自言今日必死，当容一言。贼曰：
"不必多言，自有死法！"乃按之于地，用钉钉其手
足，以石滚轴滚之，顷刻遂成肉酱。其暴戾如此！

献忠自言亲见天神与语曰："天以万物与人，人以
一物与天。"遂刊行各州县，再续二语云："鬼神明
明，自思自量。"即以为圣谕碑。

献忠之陷重庆也，未尝留重兵守达州，守备马乾攻
拔之，贼将刘廷举走。

成都之陷，援兵多死，惟刘镇藩之兵得脱者有二千
余人，营于新津县宝山渔鼓桥，无所统属，欲得刘镇
藩之裨将而奉焉。裨将之最有名者，惟曹勋、杨展。
时二人俱为贼所擒，至中园而幸免。勋由崇庆州走大
渡河所，展由新津走嘉定。众得展，遂奉为将。展令众
从他道至叙州，自至嘉定取妻子来会，展归而嘉定已降
贼，惟罗徽堡千总廖佐与峨眉人杨世泰率堡兵及乡勇千
人守峨眉县，展与其子璟新部署兵将，进营于叙州南
岸。十二月，贼犯叙州，至东关，展欲渡江与战，众惧
而走，展不能禁。贼遂陷叙州，追展至芦卫。展谓诸将
曰："不战，则贼追我日深矣！"乃伏兵九箐以待之。

贼亦见长山大谷，恐诱之，竟引去。展营于永宁卫，而往谒王应熊于遵义。应熊仍以为参将。展于是居永宁，休养兵士。

献忠既据成都，曾英自涪州趋江津，又与建昌道刘麟长至綦江，并将刁化神之兵，号召诸少年，劫掠富绅大贾以充兵饷，穷兵投之以就食，富民亦多投之以避难，军声普振。贼将殷承祚守顺庆，素有归顺意，英使人招之，为献忠所得，叱令剥皮。使者呼曰："两国交兵，不斩来使！"贼赦之，断一手，去一耳、一目，割半鼻、半唇，给一令箭，遣还。其后顺庆竟归顺，英使熊应瑞、冯有庆守之。

乙酉，报帝弘光元年（六月以后，唐王隆武元年），正月，英引兵至重庆，一时蜂起之众，皆归之，众至数万，船千艘，难民相依，又数万人，泊于涂山一岸，重庆屹然成重镇。英取遂宁之盐以赡军，故粮足而兵盛。刘廷举之遁也，往见献忠，献忠遣兵三万犯重庆。二月，至合州，据多功城为垒。十八日，贼遣精甲出佛图关陆路，大军由合州水路，夹攻重庆。先是英闻贼至，令老弱与难民下涪州，进小江口，留锐卒于重庆待贼。及见贼两路至，急遣余大海当水路，张天相当陆路，戒勿轻战。自以轻骑五百，间道击多功城，破之。即取贼旗帜，绕出贼后，大破之于重庆亭溪，贼溃去。英威名大著。王应熊以为副总兵，非其望也。英营伍日盛，凡诸营不与同心者即并之，亦不复禀应熊号令，日与所亲议应熊长短，且多结乡绅，藉之以财通朝廷用事者，诋应熊而称己长。及唐王即位，遂骤封平寇侯，气益骄。

三月初六日，杨展自永宁攻叙州，距城五十里，营于乾溪，令守备马应试引偏师夜渡雪滩头。平明，展军至南岸，贼拒应试于头坝，应试击破之，展渡河，断贼浮桥，贼惊走。应试追之，多溺死，生擒二千余人，遂复叙州，仍营于南岸。贼将冯双礼复陷叙州，其别将屯于东江外白塔山。二十八日，展渡江，击白塔山，而令川贵参将侯天锡引苏宝猓兵击双礼。展既渡，谓将士曰："今日须以死战破贼！"乃尽焚其舟，使张滕、余朝宗攻山左贼，曹章、郭崇烈攻山右贼，姚之桢、李朝贵攻山后贼，展自当其前。曹章先登，之桢败而复胜，贼不能支，遂大溃。时猓兵为双礼所败，展乘胜又破双礼，追三十里，又复叙州。

四月，李自成部将一只虎陷太平、东乡、达州、夔州、新宁等处，寻遁入湖广。十三日，张可望复犯叙州。时原任总兵甘良臣领毛裕镇兵数百，副总兵余奎亦引兵千余人，船千余艘，自津江来，与杨展会。展遂引二千人至蔡坝，击可望，败绩。后五日，可望攻展，展复败，贼追至乾溪。展兵多从余奎船下江津，展与牙将敷百人奔永宁。可望追至永宁，陷乐英寨。寨，奢寅故穴也。展等退守仁怀县之土城，贼追至土城。展等退守小关，贼又陷小关。展等入山峡中，众饥，杀马而食。甘良臣与参将王祥谋从箐中走遵义，章与向成功、黄国美曰："我舍大队而入遵义，若大队为人所有，则我进退无据，不如间道往江津。"于是良臣、王祥入遵义，展与章窃出贼垒，渡合江，始得食。五月，至江津兔黔，遇贼军，不得进。王应熊命展入遵义，又命取永宁。会皮熊、侯天锡已取永宁，展遂驻鱼腹关。

七月，唐王以马乾巡抚四川西北，樊一蘅巡抚四川东南。一蘅衰老无能为，见诸将骄横不奉法，惟仰屋长叹而已。乾果于任事，多招勇壮御贼。然西北屡经残破，军食必取给于东南，竟莫有应者。

献忠在成都，日求人杀之。先杀卫所指挥、千户、百户，后杀僧道、工匠、医生，皆令州县解至成都，杀而投其尸于南门外大桥下。各州县怨之，多起兵自固，不奉献忠号令。时曾英屯重庆，朱化龙屯茂州，杨展屯永宁，曹勋屯大渡河所。时赵荣贵已降清，屯于龙安。其小者亦拥众诛贼官吏，而清兵又将击之，贼益忿怒，于是尽屠州县百姓。十月，贼令保宁守将刘进孝屠保宁，引兵还潼川。后数日，张能奇复屠保宁，无一噍类。

杨展大破贼将梁一训于纳溪县，溺死者无算。十一日，贼上南道郝孟旋来归。孟旋，茂州举人，为贼所执，寻授以官。孟旋有才略，尝思立功，佯为贼用，而多募兵以自卫。时曹勋、范文光守小关，孟旋欲通之，未有便。程翔凤与孟旋有旧，以书招之，孟旋大喜。雅州诸生已为献忠召入成都，未至，孟旋急使人招之，及诸生于邛州。诸生既还，孟旋遂杀贼之在雅州者，称明正朔，安慰军民，请翔凤与之盟，号其兵曰匡正营，而以雅州付文光与勋焉。行营兵久困于雅州，入城大掠，城中一空。孟旋以其众击邛州，不克；寻取花溪，为人所杀。

　　十二月十五日，献忠杀进士、举人、贡监、生员一万七千余人于成都东门外。先是贼以特科，使州县送人应试，自进士至生员，俱不得隐匿。既至，聚于玉局观，以兵卫之。有疑其变者，伪以他事逸去，亦得全一二人。既而移入城中大慈寺，至是照牌点名，出则尽杀之，投尸江中，人谓之泣魂牌。时贼兵皆聚成都，其在外者，或召入潼州，日遣心腹将领劲兵屠各州县。兵到则扬言万岁爷即至，官民皆集操场奉迎，而别遣一队入城，杀妇女婴儿，城内城外，一时俱发，男妇老幼无得脱者。其杀乡居人，则谓塘拨，亦不使一人得脱。所遣诸将以所杀之多寡为功。首级重，不可携。男子割势，妇人则刓其阴肉及乳头。有不及取者，则但以人手为验。验功之所，手积如山。

　　丙戌，唐王隆武二年（鲁监国元年、清顺治三年），清使肃王击献忠。献忠闻之，自引兵至平阳关，遇清兵；

与战，大败而还。时川西川北州县皆为贼所屠，成都百姓亦不自安，会献忠败还，益怀异志。献忠觉之，恐人图己，一昼夜易其处十二三，或潜伏寺院佛像后，或扮兵卒遍游酒肆妓院，听人私语。于是尽屠其民。一日献忠独坐食馒头，忽空中下数万手来夺馒头。一日独坐院中，忽闻琴瑟箫管之声，献忠怒，拔刀斩之，见无头女子数十人，各弄乐器。献忠大骇，昏仆于地。又成都城中，至黄昏后，辄闻人偶语，往视之，则皆空屋也。贼兵夜出，则鬼击之。献忠恶其不祥，遂出城，居东门外中园。中园者，蜀王之外囿也，中有梨花数千本。成都俗，尝以三月三日于此走马为乐。献忠既陷成都，尽伐梨树，作宫室驰道，练兵于此，号为御营，至是居焉。贼兵之樵采者，尽入城中，拆毁房屋以为薪。又发兵四出，搜各州县山野，不论老幼男女，逢人便杀，如是半载。八月，献忠毁成都城，焚蜀王宫殿，并焚未尽之民房，凡石柱亭栏，皆毁之。大不能毁者，更聚薪烧裂之。成都有大城小城，本张仪所筑，汉昭烈帝修之，甃以巨石，贯以铁絚，壮丽甲天下；宫殿之盛，亦不减京师，至是尽为瓦砾矣！献忠又令其众遍收川兵杀之，及其妻子男女，惟十岁以下者仅留一二。四川之祸：屠城，屠堡，屠山，屠野，屠全省，甚至千里无人，空如沙漠，自亘古以来，未尝有也！

献忠有子尚幼，乘醉扑杀之，谓养子可望曰："我亦一英雄，终不令幼子为人擒，尔终为世子矣！明朝三百年正统，天意必不绝之。我死，尔急归明，毋为不义！"可望顿首受命。献忠遂以可望为平东将军，张文秀为抚南将军，张定国为安西将军，张能奇为定北将军，各统兵十余万，弃成都北走。（一云，献忠末年，有道人谀之曰："陛下本天人，今当遗弃一切，仍归天上！"献忠大悦，即尽杀其妻子，既又杀其大臣。可望四人大惧，各率兵二十三万，自川南至云南，降于永明王。）时四川总兵贾登联屯中江县，贼攻破之，全军皆没，登联仅以身免。

九月，献忠犯顺庆，顺庆守将熊应瑞、冯有庆颇骁勇，每相谓曰："贼将来，不足虑也！"及献忠亲至，二人有惧色，固守三日，而城陷。知府史觐宸死之；官民五六十万人，皆为贼所屠。贼悬示城中，呼川人为蜀獠，谓朕待蜀獠最好，而蜀獠每每要反，负朕之极，故尽杀之。献忠既屠顺庆，屯于西充县全镇铺，大治舟楫，将走湖广。十一月，清兵至保宁，贼将刘进忠降之。十二月十一日，进忠为向导，引清将雅布兰觇贼。时献忠尚有兵六十万，旌旗塞野，而不知清兵已至，谍者言之，辄怒曰："摇黄贼耳！"即斩之。清兵近营，谍者又言，献忠又斩之。清兵已在前，谍者又言，献忠乃衣飞龙蟒半臂，不披甲，腰插三矢，率牙将出营觇敌，而清兵已及营门，仅隔一溪。进忠望见献忠，指曰："此即八大王也！"献忠方引弓，雅布兰射之，中献忠胁下，遂坠马死。清人大呼曰："献贼死矣！"发兵追杀，众抱贼尸以锦褥埋地中，孙可望等四人代领其众，遁去。清兵既杀献忠，复发其尸，于成都北门枭其首。献忠埋尸处，所生草，人足触之，辄生大疽。又有黑虎噬人，人不敢过其地，每从他道避行焉。其凶戾之气，死后尚如此。

初，献忠既弃成都，杨展、曹勋即引兵据其地。勋留守，展北追贼至保宁，已为清兵所据，展还成都，清使谭太追之。赵荣贵攻成都，展以成都毁坏，不可守，乃退守嘉定州，勋守雅州。

孙可望等奔重庆，临江欲渡，平寇侯曾英屯南岸，渡江击之，反为所扼。营中火发，左右营皆溃，英仅以身免，贼遂夺船渡江。英舟战，再败，急引船南下，而贼反率舟师围之。英连发数矢，杀贼数人，矢尽，溺于河。部将李占春、于大海率余众奔涪州。可望等既渡大江，休兵三日，堕重庆城，由遵义奔贵州，巡抚范爌降之。先是唐王有诏，献忠所害者，兄弟，非君父也；若降，免罪立功。而张定国、张能奇自以为贼不能成大事，尤欲归顺。及至遵义，能奇问汪兆龄曰："今老万岁已死，我等计将安出？"兆龄不知其欲降也，应曰："将军辈只照旧行事可矣！"能奇怒曰："昔老万岁在成都，汝为宰相，不能辅之治国，惟劝之杀人，以至人心危惧，不肯归从，天下俱名我辈为贼。今日皇皇无之，汝尚欲我辈复作贼耶！”即拔刀斩之，而四分献忠牙兵，同入贵州。

初，摇黄十三家各设险自固，及献忠屠戮之后，无所掠食。有仍归陕西者，有奔入湖广者，有为清兵所杀者。尊天王袁韬降清，寻复投王应熊，应熊以为都督，使屯涪州。其在川南富顺等处地方者，亦皆来降于应熊云。

丁亥，永明王永历元年（清顺治四年）正月，封王应熊长寿伯。以钱邦芑巡抚四川。四川大饥，民相食，有夫妻父子互食者。盖甲申以来，大乱三年，民皆逃窜，无人耕种，而宿粮弃废又尽，故饥荒至此。时米皆出寓司，雅州尚有大渡河所、越寓卫接济，而斗米犹十数金；嘉定州则斗米三十金；成都、重庆俱五十金；保宁则清兵运陕之米接济，然犹每斗六十金。成都人多逃入雅州，采野果而食，亦多流入土司者。死亡满路，尸才倒地，即为人割去，虽斩之不可止。良家妇女，望门而投，亦无应者，成都食人尤甚。强者聚众数百，掠人而食，若屠羊豕然。绵州大学士刘宇亮少子亦为强盗所食。清将赵荣贵围朱化龙于茂州，化龙固守三日，食尽而陷。荣贵复叛清，与化龙盟而去，屯于龙安。方茂州围时，男子肉每斤七钱，女子肉每斤八钱，冢中枯骨皆掘出为屑以食焉。

清兵将犯重庆，王应熊檄马乾趋内江。左右曰：

"清兵正在内江，何可当其锋！"乾曰："遇敌而死，吾分也！"遂趋内江，与清兵遇，力战而死，重庆遂陷。旧按臣瞿昶，守将贾登、侯天锡、邓九韶、王廷献等皆降。天锡复遣使招应熊，应熊斩其使，遁入仁怀县土城，抑郁而死。

时王祥屯遵义绥阳县，余大海、李占春屯涪州，谭文屯万县，谭宏屯夔州，谭诣屯巫山县，副将胡云凤屯忠州。云凤以舟载妻子泊于夔州，谭诣部将邓希明劫之，云凤妾投水死。云凤怒，欲报仇，而摇黄之降王应熊者，屯夔州北岸，少粮三月矣。云凤与约，于万县小溪口过渡。摇黄从之，遂过南岸，谭文奔云阳。三月，清兵至遵义，王祥固守绥阳。清兵围之，不能克。诏阁臣吕大器督师四川。大器与丁魁楚不合，故出之。

初，贺珍据汉中，清兵至，即引兵数百骑南奔至夔州，求渡，知府程大典不可。时有蜀府德阳王宗室在夔州，同知李习达欲辅之，遂潜通珍，以小舟渡之，屯于夔州之南岸。五月，一只虎从巫山县渡江，谭诣水师溃。贺珍复过北岸，居下关城；未几，一只虎南陷建始县。

六月，清兵至涪州，破袁韬于江口。韬弃辎重，走入牛皮箐；李占春、余大海亦战败，奔夔州。七月，湖南巡抚朱容藩为清兵所迫，自施州卫至建始，一只虎降之，容藩即使屯建始，自至夔州，部署李占春、余大海兵马。时川东夔州一带，与朝廷消息不通，又王应熊新丧，诸将无主，故多归容藩。清兵深入至遵义，王祥守绥阳，攻之，不克。使人招贵州总兵皮熊，又不至。降将侯天锡复归正，于是杀贾联登十余人，将还重庆。八月初九日，王祥整兵出战，清兵大败。清兵悉奔重庆，祥复遵义，军声大振。祥妻号上祖，警敏多权略，祥出攻遵义也，上祖率妇人数千皆男扮，别为一队，间道会祥。中道获敌人数十，内有平民被劫者，分别而遣之，既而曰："姑系之，俟我与元帅会而后释焉。不然，彼或以虚实告敌，敌来追我矣。"及入遵义，乃尽纵之。祥尝营宫室，使上祖观之，上祖曰："甚善！但少铁索数根。贼来，则当曳以行耳！"祥大惭。

九月，清兵水陆俱下，攻于中州无风渡。朱容藩使占春、大海以舟师御之，往来如飞。清兵不习水战，又风雨大作，山岸泥滑，马不能逞，占春、大海以步兵蹙之，清兵大溃，焚舟千余，获辎重器械无算，遂自达州小路，退入保宁。侯天锡、李正开击清兵于泸州，破之，复马湖。

十月，朱容藩督占春、大海、三谭，及摇黄呼、景、陈三家之兵，将复重庆，会原任偏沅巡抚李乾德亦与袁韬自涪州来，王祥又追清将柏永馥，俱至重庆。十五日，共击清兵，大破之，清兵悉奔保宁，遂复重庆。适冬至节拜龙亭，容藩自以宗室而功高，位在乾德上；乾德又自以国家旧臣，而容藩后起，不为下。容藩赖占春之大破清兵，而威名始著，爱之；乾德久居袁韬军中，与之昵。韬与占春复不协，勒兵相攻，占春不胜，怒回涪州，兵威大挫，而韬亦无粮，惟掠民间食以自给。

初，杨展以乏粮大兴屯田，清兵犯嘉定，展坚守五日，清兵解去。时清兵饥疲，而展军亦无粮，不能追。至是，屯田成熟，上南军民足食，展即遣杨荣芳、李一进、陈应宗、黄国美恢复成都。会全胜、万爆亦破清兵于资阳、简州。十一月，遂复成都。清将梁一训驱残民数千，北走至绵州，又尽杀之，成都人殆尽。一训本贼将降清，清以为安绵道者也。王命臣、冯启击清兵于大西桥，破之，复顺庆。

十二月，赵荣贵自龙安引兵会武大定于庆元，大破清兵，复保宁，清帅某遁去，全川皆复。以杨乔然为四川总制。武大定奉秦王四子入川，赵荣贵与之不合，秦王子以大定为靖虏将军。时兵旱累年，百姓存者百不及一，或城内外多为虎狼所居。荣昌知县张懋赏主仆八人赴任，方入城，蒿草满地，不见一人。日未暮，群虎拦至，攫食五人。

戊子，二年（清顺治五年）二月，朱容藩还夔州，李占春屯涪江，余大海屯云阳，谭诣屯巫山，谭宏、谭文屯万县天紫城，袁韬屯重庆寨山坪，杨展屯嘉定，曹勋屯雅州、荣经，赵荣贵屯龙安，朱化龙屯茂州，侯天锡屯永宁，马应试屯芦卫，王祥屯遵义，各守其地，残民少安。

六月，容藩聚兵十万，欲据蜀称王，先自立为楚王世子，加天下兵马副元帅，改忠州为大定府，号其城门为承运门，铸侯伯、将军、督抚印，遍送川中文武。关南道张京先降贼，贼败逃匿大宁，与容藩有旧，首进称帝之说，容藩大悦。吕大器至涪江，与李占春力阻之，容藩不听，即于夔州设行营，先即楚王位，旋改吴王。有进士涂原者，拜且泣。或曰："此吉事，何泣为！"原曰："中原无主，今遇真主，早正位一日，则早慰天下一日之望，吾心恳切，不觉泣耳！"人皆哂之。容藩以张京为吏部尚书，程正典为户部尚书，太子宾客刘道开为军谘祭酒。有一宗室妇，极淫荡，流寓夔门，容藩留之于内，欲以为妃，张京力劝之，众不可，乃止。容藩性忌刻，宗室流寓夔州者皆杀。时诸将自三谭外，无相从者。余大海在夔门，亦从众谒见。张京以为天子登极，诸侯不可无贡献，密谕大海，率先进贡，即为开国元勋。大海进见，高唱曰："靖海侯进宝！"鸿胪官问："何宝？"大海曰："奇货骆驼！"容藩面瘦背驼，素有骆驼之号，故以谑之。未几，杨乔然、钱邦芑等移檄诸将，共诛灭之。

杨展屯嘉定，略有川西南州县，自什邡县以西，叙州府以南，皆奉展号令。展所至得银，或于地窟，或于江中河口，不啻数百万。他人求之则无有，展甫至，则又得之。时值饥荒，展用以赈济，全活甚多，诏封华阳侯。袁韬饥，与李乾德归展；武大定既与赵荣贵不合，亦归展。九月，展使大定屯眉州，韬屯犍为县，皆给以粮。初，王祥之胜于遵义也，兵至乐英寨，寨为展次子所据，祥掠以归，既而释之。展由是怨祥，未发也。会祥攻贵州，不克而还，贵州人约展共袭之，展亦与樊一蘅谋立富顺王某，遂令长子璟新将诸将击祥。诸将皆悍，不受节制。璟新又年少不知兵，至芦卫，获马应试，杀之。至永宁，侯天锡坚守不下，攻之不克，王祥遣兵援之。一日，大雾，祥兵乘雾出战，璟新大败而还，展威名大损。展性骄矜，不假人以权。袁韬、大定、乾德皆不悦，共欲图展。展觉之，然不以为意。三人竟杀展，分据其地。

吕大器至遵义，王祥方以兵威迫胁土司，设三十六营，颇骄蹇不奉法。大器不能堪，仍还广西，郁郁殁于途。王祥以礼葬之，厚抚其孤。祥性骄奢，然亦矜名节。王应熊之丧，亦尝以礼葬之。即纵兵剽掠，每在敌境，其本方百姓，未尝以兵扰之。时永历帝远居广西，徒拥虚号，而祥独勤贡献，不敢失礼。其妻上祖亦进贡于后宫，搢绅欲赴行在者，必倾囊以赠之，朝廷封为忠国公。

初，孙可望之奔贵州也，巡抚范爌既降，群县多望风送款，遂以定番为巢穴，休兵半年，进犯云南。二年间，尽陷云南郡县。

己丑，三年（清顺治六年），孙可望自立为秦王。复引兵自贵州犯四川。时闯贼降将高必正等皆为朝廷效力，可望皆击杀之。初，容藩既败，张京投河督堵胤锡。胤锡尽削其官，乃投贺珍，伪为敕书印绶，煽惑文武。珍觉而逐之，遂投可望，称臣拜舞，首进王蜀之说。可望大喜，复其官。京又进《豳风图》曰："《豳风》王业根本，愿殿下为天子，如周家有道之长！"可望左右皆明室旧臣，皆深恶之。可望有亲信某，京时皂隶也，认为师生，藉其力以免祸。

庚寅，四年（清顺治七年），孙可望将犯遵义，先遣温总镇与王祥议和。温旧为川帅，祥曾在其麾下。今在可望营，最用事，而祥见之，倨甚，且呼可望为贼。温还，促可望进兵，祥败走，可望追之。祥曰："吾终不可辱于贼！"遂自刭。其妻上祖被擒，亦不屈，可望赐之死。上祖沐浴盛装，望阙叩拜，又拜其夫死之处，乃就缢。未绝，以手招左右曰："扣大紧，不可绝，可松其扣！"左右从之，遂死。可望又击匡国公皮熊于贵筑，破之；值艾能奇病死，可望又并其众，声势益张。

辛卯，五年（清顺治八年），可望挟永历帝入安龙所，诸将无不归命，号召川中诸将。李占春以可望杀其父，独不为下，可望使人招之，辄斩其使。有劝之降者，则骂曰："彼杀我父，幽我主，而我降之，是为不忠不孝，禽兽等矣！"可望进兵击之，占春固守涪州，力战七日而溃，与余大海走湖广，欲降清。流民从者数万，中道绝食。流民俱怨占春不早降可望，而流离至此。占春大惭，呼酒，对妻子痛饮，至夜半，单骑入华山为道士。杨乔然与李占春同心守蜀，及占春败，可望使人招乔然，乔然谒见，因请归里，可望许之。李乾德、袁韬、武大定据川南州县，可望使白文选攻之，乾德等大败，韬与大定皆降。乾德率妻子走威茂，中道被掠，妻子皆缢死。乾德至威茂，威茂人缚送文选。文选厚待之，欲引见可望。乾德曰："吾终不能向贼求生！"遂投河死，弟翼德亦同死。

壬辰，六年（清顺治九年），清使平西王吴三桂略四川，攻陷保宁，赵荣贵战败，为三桂所杀。三桂深入，至叙州，孙可望使刘文秀拒之。文秀攻拔叙州，三桂退保保宁。文秀乘胜追之，三桂按兵不动。文秀渡河索战，依山为垒，其锋甚锐。三桂以轻骑挑之，诱使下山。文秀失势，遂大败，仅以身免。四川郡县尽归清矣。

癸巳，七年（清顺治十年），可望自引兵至岔口，复败还，遂驻贵州。

丙申，十年（清顺治十三年），李定国与可望有隙，迎帝入云南府，刘文秀等皆附之。

丁酉，十一年（清顺治十四年），八月，可望誓师普定。以冯双礼守贵阳，自引兵犯云南。九月，可望溃，还至普定，守将马进忠闭门不纳，令城上发炮击之。或曰："此国主也！"进忠曰："国主誓师而出，计兵十六万，今止数十人，此必是贼！"可望大窘，急趋贵阳。冯双礼又扬言追兵已迫，促可望护家口先行，已为断后。可望遂弃城，走至宝庆，乞降于清，清封为义王。十月，刘文秀等追可望至贵阳，冯双礼迎降，遂复贵州。

戊戌，十二年（清顺治十五年），清复使吴三桂与定西将军墨勒根虾由四川一路，靖寇大将军罗托由湖广一路，征南将军赵布大由广西一路，期于二月二十五日三路进师，共取贵州。既又遣信郡王多罗，自都门趋贵州，仍分三路进取云南，罗托还驻荆州。时三桂屯汉中，由沔县、戴安、宁羌至朝天驿，顺流而下。三月四日，抵保宁，集舟舰，载军糈，以重庆水陆交冲，请增兵五千，以程廷俊为重夔总兵。七日，过南部、西充。十四日，至合州。合州有江，自阳平合瞿河而下，江面宽阔，水势汹涌，清兵跨马渡河，重庆总兵杜子香望风奔溃，清兵遂由铜梁、壁山进发。四月三日，陷重庆，使人招原任总制杨乔然，乔然服毒而死。

时川湖界中，如房、竹、归化、大昌、大宁，则有塔天保、郝摇旗、李来亨、袁忠第、党守素、贺珍；施州卫则有王光兴；长寿、万县则有刘体纯、谭诣、谭宏、谭文、向希尧；达东则有杨秉胤、徐邦定等，结连啸聚，俱未附清。清乃以严自明领重兵，镇重庆，与程廷俊协同固守，大兵遂渡黄葛江，历东溪、安稳、松坎、新站、夜郎，其间如滴溜、三坡、红关、石壶关，上摩九天，下临重渊，一夫守险，千人不得过。李定国先遣刘正国据险拒之。二十五日，清兵抵三坡，正国自水西奔云南。于是自桐梓至四渡站，守将郭李爱、刘董才、王明池、朱守全、王刘仓、王友臣等皆降清。三十日，清兵陷遵义。五月三日，进至新站、乌江。十一日，袭破杨武大于开州倒流水。于是水西宣慰司安坤、酉阳宣慰司冉奇镳、蔺州宣抚使奢保寿等皆降清；兴宁伯王兴亦降清。吴三桂赐以盔甲名马，逾于常格。

七月二日，谭诣、谭宏、谭文攻重庆，不克。诣、宏与文有隙，共杀之，请降于清。清以诣为向化侯，宏为慕义侯。吴三桂终以重庆为虞，使川抚高民瞻驻重庆，又调建昌总兵王明德赴重庆协守。檄严自明俟明德到日，即领所部赴遵义。二十八日，墨勒根虾病死，赵布大与绵国安陷独山州。多罗入贵州境，约三桂议事，三桂自遵义驰赴之。十月五日，会多罗于平越府之杨老堡，遂与经略洪承畴等共订师期。

帝赐李定国黄钺，同冯双礼等扼盘江河，据鸡公背，经营贵州。又使白文选同镇将窦民望等守七星关，进抵生界，距遵义数十里，牵制清兵，以应定国。吴三桂闻之，兼程还遵义。十一月十日，统藩十四旗，及援剿总兵沈应时、马宁等，自遵义出师。十二日，文选自生界退守七星关，关极险峻，两山壁立，水汹涌，号天生桥。三桂前在遵义，细问土人，已得其详。十二月三日，营于水西苗猓，不言所向。次日，忽由天生桥小路，抄乌撒军民府，扼七星关大路。文选大惊，弃关，走可渡桥；又焚桥，走沾益州。李定国见多罗自中路来，亦退守盘江河，连战于罗炎河、凉水井，皆败。又闻赵布大将至，遂率大军奔云南。吴三桂至乌撒，收降文选余众，设官安抚，贵州悉陷。冯双礼、狄三品等自金沙江奔四川建昌卫，三桂发檄招之，且密授三品方略，使谕川南诸将归附。王化龙守茂州，独不降清，三桂发兵攻之，力屈，被擒，竟见杀；同知唐天颜亦死之。化龙有所乘马，见化龙死，亦悲嘶跳跃而死。四川悉陷。

野史氏曰："崇祯初，流贼自秦入蜀，摇黄继之，蜀已骚动。然十七年间，贼五出五入，未为大害也。迨献忠陷成都，一二年间，屠戮川民，靡有孑遗，虽石虎、符生之残，黄巢、朱温之暴，亦不至若此之甚！曾英、王祥之徒，集乌合之众，唱义讨贼，至死不回，可谓义士。然战争之苦，未尝不为民累，况其间又有马珂之陷顺庆、容藩之帝夔州乎？戮官戮民，宗室献贼，余毒未尽，又有此以甚之，生民涂炭，于斯而极。献贼既败清兵，横行川中，王祥、李占春整兵再战，杨展、曹勋败而复胜，而马乾、李乾德辈或战死疆场，或委蛇强将之间，冀其一效，于是清兵远遁，全蜀稍宁。未几，孙可望复犯四川，王祥、占春之属相继败死，蜀中空虚，清兵乘之，遂据其地。夫蜀素称天险，自武侯治蜀以来，废兴不一，然据之者必历数十年而后败，未有一年之中，献贼、闯贼、□□、摇黄，以及乱民悍宗，相继而起，此往彼来，如今日之甚者也。岂天未厌乱，则地利亦不足恃哉！明季两京陷没，各有沦亡，而生灵之祸，蜀为尤甚，是可悲矣。贵州僻在一隅，非必争之地，然共主在滇，而乱贼在蜀，窥祭器者必由之，亦遂与蜀俱亡。悲夫！”

平吴事略

［清］南园啸客

平吴事略

顺治元年三月十七日，贼游骑之平则门，环攻九门，门外三大营悉降。贼十八日攻益急，自成驻彰义门外，遣降贼太监杜勋缒入见帝，求禅位，帝怒斥之。日暝，太监曹化淳启彰义门，贼尽入。帝出登煤山，望烽火彻天，帝叹息曰："苦我民耳！"徘徊久之，归乾清宫。皇太子二王至，犹盛服入。上曰："此何时？而不易服乎！"亟命持敝衣来，上亲为之解其衣，换之；且手系其带，告之曰："汝今日为太子，明日便为平人。在乱离之中，匿形迹，藏姓名，见年老者呼之以'翁'，见年长者呼之以'伯''叔'，万一得全，报父母仇，无忘我今日之戒也！"左右皆哭失声，命人送太子及永王、定王于戚畹周奎家。太子至，不得入，二王亦不能匿，先后拥见自成，皆不屈。自成羁之营中，封太子为宋王。

四月二十九日丙戌，自成僭帝号于武英殿。是夕，焚宫殿及九门城楼。诘日，挟太子、二王西走。

顺治二年乙酉六月乙卯，王师至苏州。豫王既定金陵，传檄各郡，征版籍，募能檄行苏州者。吴县周荃时在金陵，札御船通判，或荐崇明人前鸿胪寺少卿黄家鼎为安抚正使，而以荃副之。甫抵郡，适明监军、苏松巡抚杨文骢溃兵至，执家鼎，杀之觅渡桥下。荃逸去。戮其家人张留，并执荃友太学生顾凝远号青霞者。凝远子诸生乐胥闻父被执，仓皇赴难，愿代死，父得亡命。乐胥解军前，得释。越三日，都督李延龄、总兵土国宝露刃南下，文骢兵遁。大兵至，士民各书"顺民"二字于门，争持羊酒迎候。

迨薙发令下，时有福山副总鲁之屿者字瑟若，首先倡拒，乡兵四起，头缠白布。诸生陆世钥聚众千余屯陈湖中。有十将官者，亦屯千余人于左近，绕城而呼。民间柴斧、妇女裙幅皆为干戈旗帜，而猖狂于道。又有太湖盗赤脚张三负隅劫掠，富民从而和之。土国宝出榜晓谕，无如愚民之不从也。已而湖寇所部有被获下狱者，陈湖之师伏力士劫之，焚城楼，城内士民应之。闰六月十三日，突入葑门，一时汹汹，焚抚、按、府、长、吴五署，巡抚避入瑞光寺浮屠。官兵奋勇杀出，之屿众溃，全军歼焉。有韦志斌者，亦同时死。六门坚闭，城中人死无算。

未几，都督李公至，土国宝必欲屠城。李知西北民居稠密，与土国宝分阄，二阄俱写东南，土国宝拈得东南，遂由盘门屠至饮马桥。桥畔有关公像，民昪至桥上，冀兵畏神像而止。及至兵到，忽见关公立马桥上，人马俱跪而止。神诚护国佑民哉！李公遂封刃不杀。吴人立祠于虎丘山塘，建"德崇宇宙"坊，以志不朽。

先是，王师驻于南园，营中需水草，而民皆逃避一空。有长洲人叶茂华者，素醇谨，好为诸善事，故未去城，因与其兄茂才、兄子汝辑率先薙发，为郡民之倡，遂输刍纳荛，马赖饱腾。无何寇至，茂华、茂才、汝辑遂遇害。督抚悬示招安，周荃每左右之，全活城中人无数。诸生张悌乘乱上揭，得委署府通判事，修怨肆螫，故多以叛党立诛，人皆德荃而恨悌。土公廉知悌恶，系之狱，自以剪断喉舌死。黄家鼐以死事锡荫，而茂华等为顺民之倡，例得优恤。荃至京，授开封府知府。是时吴江进士吴易踞扰白荡，狼山总兵王佐才等攖城拒守，次第平定。

顺治二年，长兴剧盗赤脚张三揭竿肆扰，入太湖，掠横山，又掠木渎。至康熙初，湖路梗塞，未能弋获，当道莫可如何。有朱允恭，洞庭山人，富而有才，家有园亭声妓之奉。时允恭效力于巡抚辕门，中丞韩公世琦询以湖盗事宜，欲发兵剿之，允恭坚持不可，曰："赤脚张三非他可比也。渠矫健绝伦，人不敢近，然好声色，可图也。请给假五十日，得便宜行事，当缚之辕门以献。"韩公许之。允恭访得其党，好言说之曰："张君诚豪杰人也！我欲与之交欢。今以千金为寿，欲保我桑梓。"贼党携金致词，张大悦，约日到山谢，允恭乃盛设合乐以饷之。越宿，备陈女妓，阴遣勇士杂优伶中。酒酣，即席擒之，钉其手足，驰解抚辕正法，余党悉散。太湖中自此安谧也。允恭之功，岂浅鲜哉！

顺治二年，王师下江南，杨维斗先生名廷枢，屏居邓尉山中。是时太湖有盗，咸以白布缠头，胜国绅衿士庶亡命者，悉托为逋逃薮，以倡义为名，招公共事。杨曰："倡义固出忠心，但粮从何办？"湖寇曰："取之于民，不患无粮。"杨曰："若此，则为盗矣！何义之有？"誓不从。当事者恐杨之终入湖为患，遂执之，见巡抚土国宝、将军巴，曰："汝欲反乎？"杨曰："我非反也。为人臣者，国亡则与之俱亡；国存则与之俱存。今国既亡矣，吾不死何为！"土国宝劝之再三，终不屈。将军怒，命斩之。临刑，仰天叹曰："吾得死所矣！"立而受刑，死于吴江之芦墟。

顺治二年乙酉六月廿六日，破城。廿一日，有乡民十余舟出城，至南湖，天尚未明，见燐火青青，散漫水波，涨千亘万。众惧，挥之不去，抑兵死生魂豫游波上耶？廿三日，城外见城内天星乱落如雨，甲申六月初六日，北来难民严泰等报称……（此处似有阙文）。

清兵于五月初一日追贼至京，出示晓谕曰："大清国摄政王令旨，谕南朝官绅军民人等知悉：曩者我国欲与尔明和好，永享太平，屡致书通问不答。以致四次深入，期尔朝悔悟耳。岂意尔君臣坚执不从。今被流寇所灭，事属既往，不必论也。且天下者，非一人之天下，有德者居之。军民者，非一人之军民，有德者主之。我今居此，为尔朝雪君父之仇，破釜沉舟。一贼不灭，誓不返辙。所过州县地方有能削发投顺，开城纳款，即与爵禄，世守富贵。如有抗拒不遵，王师一到，玉石不分，尽行屠戮。有志之士正干功名立业之秋，如有失信，将何以服天下乎？特此通谕知之。"

顺治二年乙酉六月初九日，大清兵抵嘉兴。时马士英在杭命督府陈洪范与大清议和，过嘉兴，舟旗书"奉使清朝"。兵巡道吴克孝闻之，投水，左右救之遁去。同知朱议滨、推官孙昌祖、知县某等弃职遁去。知府钟鼎臣以城降。居民争粘"顺民"二字于门。贝勒王扎营演武场，先遣数骑进城，揭安民榜，士民有到营献策者，即承制给札，授衔随征，遇缺委补，谓之"南选"。住三日，拔营进北门，出南门，骑兵由草荡陆行，步兵舟从。漕河行军，秋毫不犯，市肆安堵。明潞王常涝同世子、官民开门迎降，随委县官署事。秀水县胡之臣先在天宁寺前卖药，人素轻贱之，因藉军需，严威胁民，怨之彻骨。更委投降总兵陈梧至郡镇守。时各官尚服明朝冠带。至闰六月初五日下令剃头，百姓哄至陈梧署中，梧云："剃头事小，徂剃后汝等妻子俱不保！"民遂沸然。

时有外邑乡绅屠象美与梧歃盟共事。初七日，聚军民于大察院，象美袖出伪诏并府道署示谕城内外二十四坊居民，每家出兵一人。民有迁避不出者，众兵钞抢其赀，书"逃民"于其房，入官。数日间，聚众三万余，无将领队伍，亦无军令约束。持木揭竿，或以寸铁缚竹杪，葛衣露体，足蹑草履，乌合喧呶，竟同儿戏。日给兵饷悉派本坊乡绅、巨族、质库。是日，众拥委署知县胡之臣至梧署，乱兵攒刺，磔尸球场。

十二日晚，东关外盘获沙船一只，询称盐寇谋为内应，于是急闭四门，搜斩党羽，市郭乡村一时传遍，搜杀甚多，各坊居民不容往来。逾界者，即亲识，立时擒杀。乡村之民亦各歃盟团结。群不逞藉称盘诘，遇逃难男女经过，或身带银赀，一概杀劫。平昔豪横辈流毒闾里者，尽为仇家报复。杀人放火，随地皆然。旬日之间，自相残戮，尸横遍野矣！

十三日，大兵次陡门，梧遣标营陆中军哨领陆兵，先锋朱大定等部水师，又率民兵继后救应，迎战于镇西。两军相接，大兵数百忽绕出郡兵后，前后夹击，郡兵大败，砍杀赴水死者大半，残兵退保入城，水军返棹鼠窜。初，象美与梧起兵时，梧轻象美是柔懦书生，且权非独握，阴有微隙，流言屠有异志。至是，象美见各县调兵出战不利，又往太湖调黄蜚兵不至，二十五日，新安水师败于麻雀墩，继而民兵被坑于姚油车，歼于石灰桥，知事渐危，聚集家将，怀宝，开北门欲遁，随被乱兵所杀。郡兵恐大兵登真如浮屠，窥城中虚实，纵火焚之。贝勒在杭发披甲三千应之，晚抵嘉兴，四鼓进薄西门外锄头坝，作浮桥，达城脚下。大炮连发，声如雷震，守城兵纷纷逃下。

二十六日，天未明，梧开东门，口称亲出犒兵，率家丁同朱大定遁走平湖，城门遂闭。黎明传大兵逾城已入，郝千户开东门，百姓喧挤出逃，践踏而死，嚣咷震天，接踵而行，首尾数十里不绝。大兵知陈梧东走，分兵赶至朝阳庙，不及而还。时城中逃出者十二三，未及出者十之七八。间有削发为僧，避于佛寺者；有自系狱中，诡称罪囚者，仅三百余人。其余尽行杀戮，血满沟渠，尸积里巷。烟焰涨天，结成赤云，障蔽日月，数日不散。郡守钟鼎臣自缢。

顺治二年乙酉四月，大兵下维扬。总兵张鹏翼与右都督徐洪瑷合兵入援，未至而江宁失守，遂从海道投监国鲁王。丙戌三月，移屯大山。鹏翼弟继劳勇冠诸军，及兵至，疾斗，力竭而死。有老僧舁其尸归，将近衢里许，道傍有旅店，忽见继劳披甲跃马从数人至店，下马，命具酒食。店民飞报入城，军中皆惊喜，急出迎之，继劳尸适至。始知向入旅店者，乃其魂也。后城陷，洪瑷、鹏翼皆死之。

八月初三日，王师抵松江。时百姓已归顺。乡官沈犹龙前总制两粤，有威望，倡义守城，募乡兵为拒敌计，势孤无援。所募皆市井白徒，金鼓一震，鸟散鼠窜，杀戮最惨。至是，果罹屠城之祸。沈公及进士李待问、孝廉章简俱死之。

李自成，陕之米脂县双泉人，祖海、父守忠葬于三峰子地方乱山中，山势险恶，林木丛杂，气概雄伟。幕府檄米脂令边大绶掘之，以泄杀气，先破海冢，骨黑如墨，头额生白毛六七寸。次至守忠冢，中蟠白蛇长一尺二寸，头角崭然，见人昂首张口，无所畏，众击杀之。守忠骨节间色如铜绿，生黄毛五六寸，其余环绕数冢，骨皆血润，亦有生毛者。大绶有记，名《虎口余生录》，载之甚详且悉。闯贼限三月十八日抵燕都，既而如期破京师。先是移檄远近，中有句云："主非甚暗，孤立而炀蔽恒多；臣尽行私，比党而公忠绝少。"逆臣周钟笔也，闻者无不扼腕。钟复献下江南之策。贼败，潜归南都，戮于市。

乙酉三月，大兵入仪封，破睢、归，进逼江北，直下淮、颍。四月，左良玉以廓清君侧为名，提兵下九江，遣靖南伯黄得功御之，上游空虚。五月初九，大兵渡江，福王走黄得功营，得功战死，槛车北辕。

顺治二年五月初八日，大兵抵江浒，九日昧爽，烟雾蔽江，乃缚刍置木筏上，顺江而下，以给京口兵，而大军潜由龙潭竹哨渡。十日，马士英犹有长江天堑之对。十一日，都城陷矣！

思文大纪

［明］佚　名

目　录

卷　一

弘光元年六月，靖虏伯郑鸿逵、礼部尚书黄道周等拟奉唐藩监国于闽省。十七日至衢州，六师聚会，王乃秉钺徇师而誓曰："嗟尔有众，咸听予言：昔有胡元，腥秽宇宙，汩尔黎民，以为被发左衽，黎民哀痛，无有甘食。天乃命我太祖高皇帝，驱而出之，还于朔漠，天下欣戴，如出昏窨而睹日月，于今二百七十八年，帝十七叶，未有失德。而寇贼乘衅，覆我二京；将复汩我黎民，以为被发左衽，幽明人鬼，咸用痛心。予自早岁惩毖是患，不惮危苦，以撄兹咎，而天未厌乱，不达鄙怀。今两京递覆，蠢尔又至，临安监国不竞，士民瞻乌。予念崇祯在御十有七年，励精图治，惟是举错拂于民心，赏不当功，罚不当罪，惩劝无章，以至今日。今诸夫子、君子闵念黎元，欲为立主，不以予不肖，俾统六师，监此函夏，亦惟是赏罚劝惩，实用有章，功不可以幸取，罪不可以幸卸。衮钺之用，兆始于今。尔夫子、君子各率多士，广乃德心，其尚桓桓，如熊如罴。恭行天讨，以光复帝室，驱逐清兵，以缵我太祖之业。其有摧坚陷阵，拘执丑众，献力自著者，皆不惜茅土，奕世带砺，盟之河山；其有私作寇攘，逾垣墙，诱臣妾，逸马牛风，俱有常刑。其夫子、君子或不念上帝及我太祖虞贰尔心，私即慆淫，自营威福，暗干名器者，天地鬼神，亦共殛之。自今以始，同力一心，以匡帝室，勖哉多士，咸听予言！”

又百官恭请监国，谕曰：“孤闻汉家再坠，大统犹系人心；唐室三丧，长安不改旧物。岂独其风俗醇固，不忘累世之泽哉？亦其忠义感愤，豪杰相激劝，使之然也。孤少遭多难，勉事诗书，长痛妖氛，遂亲戎旅，亦以我太祖驱除胡元，功在百世，方十七叶，而虏彝鸷然，睥睨神器，为子孙者，诚不忍守文自命，坐视其陵迟。二十年以来，贼寇洊惊，孤未尝兼味而食，重席而处。比方二载，两京继陷，天下藩服，委身奔窜。孤中夜卧起，涕泗纵横，诚得少康一旅之师，周平晋、郑之助，躬率天下，以受彤弓，岂忧板荡哉？今幸南安、靖虏二大将军，志切匡复，共赋舞衣；一二文臣以春陵、琅琊之义，过相推戴，登坛读誓，感动路人。呜呼！昔光武、玄德，皆起于布衣，所遭绝续，与大敌为仇，而能正名举义，躬承大统。况今神器乍倾，天命未改，孤以藩服，感愤间关，逢诸豪杰，即应投袂，知明明赫赫之际，神人叶谟，上天所眷顾，我太祖祐其子孙，犹未有艾也。《书》曰：‘与治同道者罔不兴。’《传》曰：‘得道者多助。’自今孤总六师，一切民间利病，许贤达条陈，孤将悉与维新，总其道揆，副海内喁喁之意焉。"

六月二十日，唐藩过仙霞岭，祭告渔梁镇神。其文曰："维我太祖高皇帝实起南服，廓清宇内，尔山川灵爽，亦率厥职，无有渗厉，以迄于今。迺以贼寇陆梁，覆我二京，中原腥秽，未能自波。太祖震怒在天，将率海道百神，以开云雷之屯，实诱予心，逾兹岭峤。嗟乎！以尔神灵雄伟聪睿，甲于天下，生为俊杰，子雨友风，伯虎仲熊，以驱逐胡马，靖彼犬羊，犹掇之也。予昭大义，监国于斯，将藉神灵，以匡天下。敢用玄牡，昭告所在山川，亦念曾孙间关号召，不遑启处。惟上帝眷顾，及我皇祖，是庇是辅，是报是享。勿以一隅自狃，而贰尔心。有道曾孙某某谨告。"

二十三日，唐藩至浦城县。

祖制：亲藩不得擅自起兵。唐藩以父为叔鸩，袭封后，即举兵报仇，勤王启行，以寇梗还国。崇祯九年，奉迁降之命，以越关擅毙送高墙。甲申三月十九日，北京闯贼之变，烈庙身殉。五月十五日，福藩即位金陵，诏改来年为弘光元年，随允广昌伯刘良佐奏，赦原爵唐王奉降庶人御讳聿键于凤阳高墙。十二月，赐复亲王冠带，送东粤闲住。贫无路费，自凤阳至南都，迁延时日，又回镇江，由丹阳至苏州。风闻清兵陷南京，天子蒙尘，乃避难至湖州，又至嘉兴。大总兵陈洪范、陈梧、汪硕德，吏部尚书徐石麒，淮抚钱继登，太监高起潜等面请唐藩监国，坚辞谦让，乃睿撰揭帖，倡奉潞藩，又得慈禧太后之命，潞藩遂于六月初八日监国于杭州。初十日，唐藩至杭，请朝，具本劝进，面陈方略，不允。靖虏伯郑鸿逵面请回闽取兵，亦不允。是晚，清牌至杭州，潞王从阉弁之议，甘心降清，唐藩闻而愤泣不胜。适遇靖虏伯会同礼部尚书黄道周等奏启恳请监国。十五日，清骑至杭，浙东人心震动，唐藩不得已，始勉从之。六月二十三日，进关，抵浦城县。

按，黄道周第一疏有云："天造不宁，道先立主；昌期协应，臣亦择君。两载而陷二京，河山雪涕；敷天而污左衽，人鬼恫心。非有不世出之英，莫胜大有为之任。恭遇唐王殿下伟略著于维城，玄风闻于主鬯。太祖廓清六合，有天下者还属太祖之孙；汉家再造神州，起南阳者即复汉家之业。昔当寇迫都城，殿下已请师投袂；况今祸连江左，苍生又仰屋瞻乌？荏苒则人化沙虫，栖迟则家成荆棘。琅琊先讨石勒，后渡五马之江；宛叶初会平林，遂发昆阳之绩。以今揆古，易世同符。语德则德于琅琊，语亲则亲于宛叶。所谓合晋元、光武以成殿下之身，藉猛士、谋臣以缵高皇之绪者也。矧殿下社稷为心，祖宗是念，高皇之子二十人，惟王逾于重耳；唐室之君十七叶，立国何必沙陀？伏乞俯循众望，监统六师，使黎庶有归，皇图克巩。"云云。

六月十一日，疏上，答云："览启悲恸，义不忍闻。孤藩开自高庙，十七世笃忠贞，孤罹家庭偶异，曾叨先帝殊恩。因奋血性，期图报不负君亲；敦请勤王，讨父仇为法受过。上年弘光皇上悯鉴，复赐王冠，孤受二帝深恩，誓竭迎銮雪耻。但愧微渺，徒耿赤诚。《春秋》之义：天子蒙尘，诸侯释位。孤惟遵此成规，贤序实无一称。监国之请，面谕周详，感诸先生忠爱孤身，断不敢当。共体守节真怀，不必再有陈请。"

第二疏云："日月重光，四海切黄衣之望；乾坤再辟，万方仰白水之祥。五百年必有王兴，适逢今日；十八传宜归哲后，当属仁贤。宗社凭依，臣民引领。恭惟殿下钦明天纵，玄德日升。险阻备尝，晋公子之播迁，良有以也；间阎亲历，史皇孙之艰难，岂徒然哉？兹者金瓯震缺，翠辇蒙尘，南辕之返无期，左衽之氛正炽。国不可一日无主，主不可一日非人。惟德惟贤，乃肩乃荷。克承臣仕，亲在君王。拒群工之敦请，令谕虽极冲虚；救万姓之倒悬，监国终难他奉。伏乞仰思祖宗垂创之统，下念苍黔推戴之诚，早膺负扆之朝，以肃王纲之度，使吏士有所维属，人心不至涣离。张我六师，扫清彝寇，躬行九伐，克复神京，天下幸甚，臣民幸甚。"六月十二日，疏上，答云："皇上多日出狩，臣庶迫切无君，封疆日促，狂彝日逼。监国摄政，固不可迟。但孤静淡自天，口虚非当，前谕甚明，岂饰观听？昨感所启，业已具揭，但奉潞藩监国矣。彼则以贤以序，真其人也。孤愿与诸先生共行推戴，以折彝谋，他启断不敢再闻。"

第三疏云："国步多艰，王室已深于板荡；天心厌乱，人情咸属于仁贤。兵燹之毒方殷，共球之思逾迫。恭惟唐王殿下聪明宣作，慈孝夙成。枕戈以请勤王，久树桓文之业；沥血而谢君父，独通姚妫之权。恭俭温文，廓尔宽仁之度；圣神文武，翕然海宇之归。近闻清逼武林，人无固志。贼臣有屈膝之议，举国同蒙面之羞。思高皇创业之艰，退一尺即失一尺；为中兴恢复之计，早一时即易一时。幸切宗社之图，勿固士大夫之节。神器不可以久旷，令旨不可以时稽，亟总瑶枢，以临魁柄。将义师有主，昆阳成长者之功；丑虏望风，灵武睹圣人之烈。"云云。六月十五日，疏上。时潞藩已具降书矣。令旨答云："览启，诸先生勤勤恳恳，谓皇銮既时不易返，潞藩复惧清改图。以孤勤皇雪父，大义久昭；况分国本于高皇，视孝陵情尤关切。监国必难他诿，三请词意益殷，令孤进退均难，孤将何以处此？且今人心□彝，内外沸鼎，交请敢再坚违，孤罪滋重。万不得已，将所上监国之宝，权置行舟，即谕他方官速遣专官谨守，然于出令用人，在途犹难草草。俟至闽省，面与藩镇文武诸贤共行遵守。"云云。

二十四日，令旨："谕浦城县：将孤发下旌直银五两，赐钦命禁旅勇卫水师总兵陈有功。"复谕之曰："孤览尔启，为之慨愤。自允监国之后，若一日孝陵未见，一日西北赤子未援，一统旧疆未复，即是孤负祖负民，如剑在心，如汤沃背，断不与寇盗并立于天壤。该将启内劝孤节俭爱民，足征忠悃。孤鉴千古，凡真忠臣，必明指君之过举，改正君身，天下自定；凡不言孤过者，即伪忠也。孤才至闽，见此启本，即是中兴名疏，着发此启于靖虏伯，大张榜示，见孤汲汲求贤，愿拜昌言至意。"

浦城县知县郑为虹进《大明会典》一部、县志一部；典史陈国元进《方孝孺文集》一部。

二十五日，令浦城县命工刻石置公署门外，上书："敬奉监国令谕：本县印佐迎送上司，止于郭外，敢有再行违谕迎送者，察出一体从重治罪，法在必行，决不轻贷。"盖从典史陈国元之请也。从谏如流之意，于此可见矣。

书坊送《纲鉴》一部、《续稗海》一部、《浙江通志》一部，给价银四两三钱，还之。

二十六日，朝见人民于建安，监国令谕曰："昔我太祖高皇帝扫荡胡氛，统一区宇；成祖文皇帝燕都定鼎，威震华彝。仁涵义育，累洽重熙。何期数当阳九，天降鞠凶，昔年苏北，独深蒙难之悲；此日金陵，复有北辕之恨。孤惭凉德，雪耻未遑，念切同仇，请缨有志。今尔臣民，连笺劝进，至再至三，谓：'清迫杭城，人无固志，贼臣有屈膝之议，举国同蒙面之羞。'孤览斯言，抚膺陨涕。痛统绪之几坠，怅天下之无君。不获己俯顺舆情，允从监国，谨于弘光元年六月二十八日朝见臣民于建安，收拾余烬，恢复南都。张皇六师，迎还玉辂。萃皇灵于涣散之后，出百姓于汤火之余。"云云。

令谕靖虏伯郑鸿逵出榜安民于八郡一州，曰："寡人布素一年，毫无烦扰，除下程小饭，该县官备办外，一切支应，并一切毡彩无益等事，俱各免行。当百姓剥骨见骸之时，寡人誓约己以安天下，违旨者治以不忠扰口之罪。随侍官校，不过十人，务要公买公卖，敢擅取民间根薪粒米，即时察启请究，定然捆打八十，割耳游示，决不轻饶。寡人上下费用，件件自备。生平直性实心，字字真诚。尔官一体遵依，毋负寡人拳拳至意。"

太子太保、礼部尚书、翰林院学士黄道周进誓师文、监国谕、祭告文、登极诏共四通，并缴赐劳银三两。手诏答云："所进撰文，俱能写孤意中事，且典核有体，孤心嘉悦，留至日备用。孤今昼夜焦劳，新创诸事，万盼先生速至，便议戡定战守，并监国礼仪，不可刻缓。至在途之费，上下所共需也。同艰分济，人主之本心，典非溢格，不准再辞，着即祇受，称孤恤轸至意。"

令谕靖虏伯郑鸿逵给守关兵饷二月。谕文曰："昨据先生启请关防，与中标黄将官领兵二千名，令把守仙霞岭等关，业即俞允，兼令发犒矣。孤发旨后，思念兵将跋涉之苦，孤因亲睹，今使兵将把关，必要先足其月饷，然后可责其成功。兹谕先生：'各兵将一概应支粮饷，除前欠粮未支，并先生赔捐己资代给者，并通算为欠数，俟孤到省陆续照补外，今将现今把关兵将二千名，即将浦城县现存正项银两，每先给与现今六月一月，并再预支闰六月一月，示孤轸念兵将真诚至意。其额兵二千，传谕该将：一不许兵冒领，二不许纵兵淫酗赌博等弊。抖擞精神，一意防守外，仰先生即将标下大小将领年貌籍贯履历，速造简明文册一本，并历来各将照级支饷数目，各兵行坐每名支饷数目，并今自某月欠起自今弘光元年正月至六月止各饷支过几月，通共领银数若干，现欠几月，每月欠银若干，通共支饷若干，先生赔给若干，曾那应补公家别项若干，某饷断宜急补，某宜稍缓补给，俱一一速造简明文册一本，共册二本，一二日即造进来。其发过犒银，并支过该县两月饷银，散完之后，再行造册。一面具启，一面移部，以凭开销。孤以困顿之余，宫生内长，从不谙习军旅，并军国大事，惟先生极力辅孤不逮，以全奉孤南来忠精大节之意。"云。

福宁州小民罢市激变。时闻闽广军门刘若金欲驻扎福宁以抽洋税，通州士民铺户黏贴，不容进城，恐生骚扰。

二十九日，钦命镇守福建总兵官南安伯郑芝龙进冰纱十匹、漳纱五匹、葛布五匹、永春布五匹、软纱五匹，启曰："芝龙盥手跪诵唐王殿下赐谕，如丝如纶，感高厚之恩。惟是天步艰难，并望荡平之日，幸殿下神圣，尤为中兴之主。芝龙前得胞弟鸿逵手信，慎重之过，恐武备未周，致有窥伺，故意从迁远之行。兹奉令旨谕示，芝龙即函会抚按司道，及缙绅、孝廉、贡监、生员，无不欢欣鼓舞，共庆升平。人心如此，天意可知。祸乱之作，皇天之所以开圣人也，其在斯乎！然众议亦云，只先监国而后登极，此与芝龙之愚见暗合矣。又据差官邹泰传谕，欲居贡院。察贡院系山腋，稍雨即有水，当以布政司为行殿。若布政司一时未便搬移，芝龙总兵衙门亦可驻跸，即与抚按各官议妥，不敢有烦睿虑。其谕旨赐芝龙胞弟芝豹者，因芝龙在省督船，彼在安平练兵，相去六日路程，方差人赍去，未及取启回报，统惟慈宥。芝龙一味拙直，心口如一，苟有率误，更望天涵，到底方信芝龙之无他肠也。"云云。手诏答云："自古英雄相遇，凡功业之巨细，正在相信之浅深。启内一切慎举动，择行在，识虑周详，任事坚决，孤更感激。另启所进衣着二十匹，孤即受用，以昭与卿一体之忠爱云尔。"

南安伯郑芝龙上笺劝驾监国，恢复中兴。上答云："汉唐中兴，各有成资。今仅一隅，势非昔比。况孤庸质，恐羞祖烈。惟是先生兄敬弟忠，勋猷咸著，前靖虏伯奉孤南来，实惟先生是□是倚，自孤勉允监国之后，专望先生兄弟尽忠。在朝则孤之心腹也，在边则孤之左右臂膊也。前托总督守巡之任，孤倡血诚扫彝，再复两京。孤占先生等才，不愧太祖臣子。至于诸将，则均有安危之寄。一统告庙，功成封侯，孤必不负。"

又谕南安伯郑芝龙云："把守关隘一切急务，先生业预料理有绪，孤不胜喜慰。措饷之难，其来已久，孤今惟实至俭至劳，布素外朝，以先天下。余俟监国之后，与先生等面议而行。至委先生兄弟守巡总督重任，出孤独断倚任之专，先生不可辞此官，即孤不可辞监国。万勿再辞，令孤彷徨无倚，切嘱至谕，曲体孤心。孤业于闽省监国，闰六月初一日已过建宁。一切监国事宜，俱要备于择吉之前。实期明祀再续，臣民复睹汉官。一统所基，关系甚重，勉之慎之。"

闰六月初二日，福建布、按、都三司，左布政司周汝玑，参议傅云龙、张文辉，副使、金事柴世斑、陆怀玉、李长倩、罗万爵、张夬、刘柱国、张晋徵、王芋，都司陈绩、郭轲、杨升诚，具笺迎贺。有云："分珪锡宠，宗支首重于维城；嘉纽储祥，嗣服莫先于监国。殷忧启圣，式聆基命之歌；多难兴邦，载辑景山之颂。谊既班于臣子，念敢厚于君亲。凡底云天，共增庆慰。恭惟殿下忠怀帝室，孝笃天经。国号从唐，治化顺尧天之则；藩封移秀，派演流滑水之芳。锡玉辂以□荣，执桐圭而作宝。岂谓遭家不造，俾国多艰。念主上之播迁，敷天疾首；痛臣民之流散，率土寒心。苟非白马之盟，孰系紫宸之重？爰揆神异，允叶祯符。是用师锡金同，天人交与。金枝千叶，独惟一本之向阳；玉水万流，共仰朝宗之入海。闽封虽褊，负水凭山；闽众虽屡，本忠依孝。一成一旅，少康王自有仍；三让三推，孝文来于代邸。情克励于胆尝薪卧，势务充于泉达火然。保四海而非难，王天下其再见。汝玑等涕泪余生，遭逢盛举。悲己深于集蓼，喜忽动于开熙。朝上国之麟图，翳仅有光赤社；歌高皇之龙种，行将继美朱陵。伏愿持危以虑，雪耻无忘，世德作求，永怀安辑。一新君臣上下之往辙，尝思光武中兴；亟向东西南北之人心，必奏昆阳大捷。想片时胡运，不过腐鼠孤雏；计一统皇舆，仁庆游麟巢凤。"云云。答云："孤允藩院公启，定于本月初七日驾临布政司监国矣。切望文武协恭，各捐□□，共图恢复，仰慰高庙。彝典酬功，孤必不靳。"

闰六月初三日，御舟次水口驿。驿乃古田县地，为入省之咽喉。先是驿递具有坐驾大船，祗候延建水次，上却不用，惟乘民间所用之船仅载数人者，宫眷咸随在焉。不张彩幔，不设鼓吹。岸旁观者，皆举手加额，以为圣德之俭素如此，则一意休养，吾民其有瘳乎！

太子太师南安伯郑芝龙迎上于舟次，赐接见，传谕各官，俱候登驿朝参。

上登驿，召见在任在籍臣二十人，赐坐赐茶。时驾临该驿，各官恭迎道左，至驿阶下，行四拜礼。唐藩谦抑，赐答两拜。传谕各官暂退，仍御标二十员名进。在东者：南安伯臣郑芝龙，靖虏伯臣郑鸿逵，巡抚都察院佥都御史臣张肯堂，闽广督抚臣刘若金，巡按监察御史臣吴春枝，屯盐道臣罗万爵，福兵备道臣张夬，分巡道臣王芋，都司金书臣陈缵、臣王承恩；在西者：户部侍郎臣何楷，大理寺卿臣郑瑄，通政司左通政臣马思理，光禄寺少卿臣林铭鼎，尚宝司少卿臣郑昆贞，四川按察司按察使臣曹学佺，科臣陈燕翼，臣张利民，道臣郭贞一、黄锡衮。时郑瑄、马思理、曹学佺俱在籍，穿吉服；何楷等俱自南京来，穿素服待罪。皇上宽仁，怜其不得已之故，有旨勿问，且欲亟用之云。

面谕：省城行在闻择在布政司，但一时官吏搬移并修理未能猝办，暂于总兵府驻跸，各宜仍旧，勿得营造，致滋劳费。随谕跟役捧出御用剩银一百五十两，除在途犒赏买办外，即充修葺丹垩之施，勿取诸民间可也。

时有议派修理王宫，大县银四百两，小县银三百两者。曹学佺对南安伯郑芝龙言："仁声仁闻，王政之先，岂有睿驾未临，而先派多金修理，是播侈风于下里也。不肖有司藉此而括库藏、科百姓，增美之谓何？而彰其过乎？"芝龙以为然，给示禁止之。

首以何楷为户部尚书。同日奉令谕："守关进取，决不可无兵；有兵决不可无饷。饷出之民，有民而后有饷；安民以裕饷，必须户部尚书得人。兹众卿在廷，即金择其可者。"于是咸举臣楷，楷力辞曰："臣尚负罪，俟明法诛戮，奚敢肩此重任？"叩头恳避贤者。皇上以举出诸公，俯答其拜，而坚欲用之。又曰："吏部都察院堂上官、吏科都给事中、河南道等官，俱属要紧，可即推之。"上谕吏部曰："天步方艰，饷为兵命。户部重任，得人甚难。兹特面允在籍文武公举户部左侍郎楷，廉而能计，巨以识微。孤于崇祯乙亥，亲阅邸报，亦服其侃侃披垣。危难仗义之人，必于直言敢谏中求之，古人成说，孤奉为范。摄署既不可责成，今又时刻难待，不可拘定。俟于监国之后，何楷升户部尚书，即日到任理事，不可刻缓。慎勿再辞，致耽急务。该部即会同何尚书确议择推，先设福建清吏司郎中一员，以便呈堂行事，余俟再议；并该部即推摄文选司郎中一员。此吏户两司印，速铸；户部堂上官印，尤为紧要。"

命巡抚都御史张肯堂速铸大小衙门印文，俱以"行在"二字置上。

以浦城训导王兆熊为翰林院待诏，专理睿览书籍事务。兆熊字念葛，福宁州人，岁贡，任浦城训导。圣驾入关，即为扈从，后出使温、台。上称其"真忠如金石，真清如冰玉"云。

是晚，上命于水口驿下关泰山庙议推各要紧衙门职员，亦有未及闻而不与者。次早至芋原驿始定，具疏以闻。

初四日午时，御舟次洪塘，登岸，择吉入城。监国乃暂憩民家，庭无铺设，市不易肆，人皆以为天子来更静于县官云。

戌时，奉令旨云："孤今监国闽省，遵照祖制，举用阁部等官，虚心听纳，惟慎惟公。除不忠先帝皇上负国害民者概不敢用外，藩院诸衙门，既会议确当，即允所启，分别摄事还职。何楷先资升授，另有旨了。计开：内阁（旧）何吾驺、蒋德璟、黄景昉；（新）黄道周、朱继祚、丁魁楚。户部尚书何楷，掌礼部右侍郎刘若金，兵部右侍郎张肯堂、李永茂，协理戎政右侍郎陈洪谧、卢若腾，刑部左侍郎郑瑄、曾樱，工部右侍郎周汝玑，都察院左副都御史掌院事张肯堂、徐世荫，太常寺少卿掌河南道御史吴春枝，浙江道御史黄锡衮，云南道御史郭贞一，通政司通政使马思理、陆怀玉，吏科都给事中陈燕翼，兵科右给事中张利民，太常寺少卿曹学佺，光禄寺卿林铭鼎，钦天监博士谢坚、黄汉白、吴太音，鸿胪寺序班杨廷瑞。"

初五日，敕司礼监传谕：天气炎暑，公件紧极，各启朝者，不忍违其葵诚，但必概从简便，大小乡绅并在任文武，俱作一起，先见；举贡生员百姓，作一起，后见。俱止行一拜三叩头礼，续到者免朝。

福州府知府熊经奉启恭请冕旒衮龙各式。谕司礼监察发龙袍衮服尺寸，速造；冕冠着照依《会典》。

令谕司礼监："帝王御用，袍膳为先，内监乏员，辅官必备。随驾承奉官邓全着升尚衣监右少监，管理冠袍带履等事；奉御罗奇着升尚膳监右少监，管理上用生熟膳羞等事务，兼理行宫杂事，并承旨。传外衙门知道。"

令谕司礼监："今定行宫门外，承旨传事官四员：张鸣凤、张玄度，该监再将随行忠实可用之官，再定二员，并接本官四员，尽与闲散官衔。吏部议启，即日受事，勿误。"

太常寺少卿臣曹学佺朝见，进启一通，上目之曰：

"此海内宿儒也！孤在唐国，闻名久矣。兹幸在此得见，以慰数十年景慕之意。"因赐坐赐茶。

　　按：学佺启内三款：一为福建解京钱粮，俱宜属兵饷项下，祈勿他用，恐防不继；一为礼成之后，即宜遣靖虏伯郑鸿逵抵关，相度防守进取事宜以闻；一禁戢逃兵沿途抢掠害民，似宜急谕逃将，令其识认部下之兵，收拾入伍，示以赦辜复用之意，暂纾民患。三者皆实着可行，故特隆眷顾云。

上传礼部：初七日入城，监国先祭告天地、太庙、唐国宗庙，俱用太牢，陈设簠簋笾豆如礼。仍拟恭代祭文三篇，摄礼部臣刘若金照会太常寺少卿署寺事臣曹学佺，撰述陈设，俱遵旨行。

初六日，令谕布政司，速造诸神牌位，设立太庙。令谕曰："自古忠臣孝子未备居室，宗庙为先。令孤仰瞻孝陵，不胜愤痛。既议监国于兹，必先祭祖，方敢摄政。速于该省择一公所，匾曰'行在太庙'，以备届时行礼。"

　　谨按，《周易》云："享于帝，立庙，《萃》《涣》之义也。"此举关系不小。

初七日，驾入城，暂以南安伯府为行宫，百官庆贺如礼，百姓焚香恭迎，欢声载道。

特授贡生薛瑞泰司经局正字职衔。瑞泰字幼安，侯官人，熟于掌故，大中丞鸣宇公仲子也。知上稽古右文，以家藏《御览》《玉海》《太平广记》《资治通鉴》各书，疏献之，敕授此官。旋以年老不愿仕进辞，温旨答之，云："瑞泰以乔木世臣之家，敦礼义廉耻之节，在闽巍然如鲁殿灵光。所进书籍，雅体孤心。如此京职，原敦□劝，不准辞。仍候登极后，即行召对，全孤爱重老成之意。"后特简颁诏书于福宁州。回，值兵饷不足，又捐助五百金，复进翰林院五经博士，亦异数也。

睿制《缙绅》《戎政》《儒林》三《便览》序。

《戎政》文曰："孤惟人君能以至公待天下，方可责人臣以无私；苟苴不入司马门，天子始得真将之用。真将得，六军之命安矣。盖文武，一刚柔也；刚柔，一动静也。譬之身，文筋而武骨也，文背而武胸也。分则体用，合则一身。文蔑武，武蔑文，亦必不能独立矣。孤故曰：文蔑武，为自蔑。盖国家之治，必文武和于上，始民兵和于下。不然，立败之道也。文之蔑武，而弊曰贿、曰凌。贿曰贤才也，凌曰节制也，皆大误也，皆太祖所必诛也。抑文之节武，宜也，非过也。然必节以廉、制以礼。廉服其猛心，礼驭其悍气也，自寻常之将言耳。若夫唐之郭、李，宋之岳、韩，我明之徐、常，今奉孤之两郑，皆大将也。将大不待节制，相大不妨专擅。不妨不待，皆能自师其心，此天地间之间气，必有为而生也。余则必待节制而为用，令其心服，节制斯在。不然，激而决裂之，祖宗宗社危矣。目今札弁满天下，上失主权，下戕民生，奸臣之肉，其足食乎！孤真伪严而真是求，真大将，孤不难亲拜而授钺者。立见孝陵，复东南泽国，为半功；再复西北一统，报我烈庙深仇，为全功。半则以徐魏国报之，全则以郭汾阳酬之。王公豫待立功之全半，诏列甚明，惟我天下英雄，速图自奋。《戎政》刻布，文武吉甫，即副孤之切望，成孤中兴之烈也。"

《缙绅》文曰："孤惟帝王之御世也，必本祖法而出治。治不独出于帝王，必与文武之贤者共之，始于得贤将相，终于得贤百职，四海兆民，方有攸赖。民安则华强彝服矣。然历稽世道之污隆，机握于帝王之宇量。宇量必包乎天下，始可以总统乎千官。千官当而民治，民大治而帝王安矣。帝王量狭，一统必割据；帝王量大，割据必一统。孤故曰：量，神物也，狭大之间，安危决矣，可不慎哉？量既容，始能用，彼声色货利，固帝王奔走天下之大用，而不可自溺。所谓容也，量也。汉不能容，王终于霸；宋不能容，强终于弱。然必识在容中，如日月之行乎天上。不容则无天，日月何出乎？

孤故曰：帝王量大，则识必高；识高，必用舍公明。又何有乎东林门户、魏党马党之纷纷哉？呜呼！三党成，偏安矣；四党成，一隅矣！自今孝陵夷践，孤心泪血千石。监国闽省，创设百司，约率众而本己，官不备以惟人。焦劳昕夜，惟贤是求。卧薪而望孝陵，尝胆以图一统，真量真识，四方共鉴，盖洪武廿四年分封唐国，祖训命名诗曰‘嘉历协铭图’，往时未详，于今有悟。我天我祖，既预兆之，敢不孜孜，敬天法祖，与我文武，誓复旧疆，仰答我上帝之麻命乎！《缙绅》刻布，一哉王心，万国臣民，愿来协助。彝典酬功，信如皎日。语意神涵，天下亮之。”

命参将金锜赍捧监国赦款诏书，宣谕金、衢。

敕谕吏、兵二部，起大学士蒋德璟于泉州。敕曰：“今中兴伊始，朕志切亲征，密勿必得匡赞之臣，始可或从行，或分任居守爕理之重务。原任辅臣蒋德璟，简重于先帝，久饫其经纶。况学博古今，度具忠亮，着以原官起用佐理。着新授行人张廷榜星速敦聘，即来行在，与朕分劳。”云。德璟以足疾辞。复答云：“卿宏才伟度，海内具瞻。朕昔奉藩，闻之国仪方广德尤悉。先帝简任既至，朕实眷倚旧臣。南京之召未起，是卿进退节全。朕虽莫当明主，坚志自信，清我庙陵。焦劳彷徨，盼卿如渴。昨虚传卿奉召至，朕喜而不寐。随谕侍臣，不必拘套，即着速至便殿召对。既而寂杳，朕心惘然。朕望卿之切如此，乃复往还，动淹旬月。辞奏一到，大恐朕心。足恙未痊，自有体裁之法。经济名臣，坚不朕顾。朕诚薄德，还念高皇，定不准辞。十日之内，断望卿到，慰朕至怀。"

卷　二

中外文武臣僚恭劝登极，乃于闰六月二十七日即皇帝位于南郊。诏曰："朕以天步多艰，皇家末造，忧劳监国，又阅月于兹矣。天下勤王之师，既以渐集；向义之心，亦以渐起；匡复之谋，亦渐有次第。朕方亲从行间，鼓舞率励，以观厥成。而文武臣僚，咸称《萃》《涣》之义，贵于立君；宠绥之方，本于天作。时哉弗可失，天定靡不胜。朕自顾缺然，未有丕绩，以仰对上帝，克慰祖宗。而临安委瞀，尊攘无期，大小泛泛如河中之水，朕敢不黾勉以副众志而慰群望！朕稽载籍，汉光武闻子婴之信，以六月即位鄗南，即以是为建武元年，诞膺天命。昭烈闻山阳之信，以四月即位汉中，即以是年为章武元年，立宗庙社稷。艰危之中，岂利大宝？亦惟是兴义执言，系我臣庶之故也。以今揆古，即以是年为元年，其承天翊运定难功臣，悉以次第进爵行赏，分茅胙土，稍俟恢复，以勒勋庸。其翊运宣猷守正文臣，亦以次进级。别需表章孝秀耆宿军民人等，俱依前谕优给。行在所有山川鬼神，除淫祠外，皆遣正官精禋祭告，以示朕缵绪为天下请命之意焉。"

　　以是年为隆武元年，颁诏于八府一州，有一十八款，时于行在午门外，宣议诏书，臣民跪听者数千人。先是五鼓，圣驾自督府移入布政司，灯烛辉煌，军容壮丽，各官咸以次入，观者如堵。平彝郑芝龙戎装骑马行于驾前，定清郑鸿逵率禁军殿其后，至司，即入行宫，百官鹄立，始闻环佩之声。寅时，上用衮冕玄服，升殿受朝贺，初行五拜二叩头礼，继又行廿四拜焉，亦海滨一旷观也。

　　改布政司为行殿，匾鼓楼门为"行在大明门"。

　　谥唐国高曾祖考四代，亲上洪号。

　　以按察司为平彝侯府，都司为锦衣卫，盐运司为通政司，巡抚衙门为吏部，海道衙门为户部，提学道衙门为都察院，税课司为南察院，余各官皆租民房受事。一时创制，耳目更新。

　　改福州府为天兴府，以少卿衔摄知府事，盖以龙飞首郡，比顺天、应天、承天之例，故改为天兴，从吏部主事余扬之请也。

　　七月初六日，诛清使马得厂。

　　改天兴府学为国子监。先是，辛巳，飓风坏学宫，郡人马思理与诸生郑泽等谋重修，兹始落成，似有待圣天子崇祀先师，为中兴国学。郑泽等准贡入监，马思理加升一级有差。设五城东西南北中巡视御史，兵马司如之。

旌表钱塘县知县顾咸建死节。

谕司经局正字薛瑞泰：搜访遗书，不论新旧批点蓝朱，至十六朝实录，尤为要典。着尔留□，孤不负此忠款。

敕谕文武臣民曰："朕今痛念祖陵，痛惜百性。狂彝污我宗庙，害我子民，淫掠剃头，如在水火。朕今诛清使、旌忠臣外，誓择于八月十八日午时，朕亲统御营中军平彝侯郑芝龙、御营左先锋定清侯郑鸿逵，统率六师，御驾亲征，尚赖文武臣民，勇效智力，谋富才能，同报祖宗，以救百姓。有功者，朕必重报，再无食言。特谕。"

同日发出安民告示一通，司礼监太监庞天寿传谕："行在各用物件，惟以俭朴为本，有司官不得违旨阿奉，以害民生。"

敕谕："行宫中不许备办金银玉各器皿，止用磁瓦铜锡等件，并不许用锦绣洒线绒花帐幔被褥，止用寻常布帛，件件俱从减省，成孤恬澹爱民至意，违者即以不忠不敬治罪。"上长斋布素，日与大臣讲求政治于便殿，复性喜书籍，搜阅不□，丙夜不休。

御书自叙云："朕始祖唐定王，高皇帝二十二子，母李贤妃出，洪武三十四年受封，永乐六年之国。传子靖王，早逝无嗣，弟继为宪王。王长子悼简世子，早薨，次夭，第三子舞阳王习，封为庄王。王子成王以颍昌王进封世子，袭王，无子。二弟浙阳王亦绝，三弟文城恭靖王，长子入继为敬王，追封恭靖为唐恭王。王继统三十余年，寿七十一岁，蒙世庙存问。子顺王。顺王子端王。端王子追封裕王。裕王万历二十二年封世子，长子即朕也。家庭多难，端不悦裕，在内官宅。母毛娘，生朕于万历三十年四月初五日申时。先有云神拥送之兆，后有遍身麟锦之祥。祖不悦，而生祖之母为曾祖母魏，悦之。八岁延师，仅辨句读。十二岁，曾祖母薨，祖即将朕与父入禁，篝佛灯，日夜苦读。禁十六年，朕二十八岁，尚未报生焉。崇祯二年二月，父为叔鸩，朕誓报仇。赖有司之持公，天启心于祖考，请于烈庙，奉敕准封。本年十二月十二日，祖考亦薨，朕乃奉藩。五年六月初二日，受封。九年六月初一日，请觐。七月初一日，报仇。二十日，请勤王。八月初一日，起行。十一日，见部咨，寇梗回国。十一月二十一日，奉降迁之命，责朕以越关擅毙。十年三月二十二日，到凤阳高墙。五月，大病，中宫割股。十二年，朱大典请宥。十四年，韩赞周请宥。十六年，路振飞请宥更切。十七年二月十三日，奉旨：该部即与议覆。而有三月十九日之事，不及全受先帝之恩矣，痛哉！今朕四十四岁，共分四节：一节二十八岁，为家难；二节自二十八岁十二月至三十五岁，为治国；七年十一月奉谴，三十六岁至四十三岁八月，皆高墙囚禁八年事，为三节；四节则上年至今年事也。”

礼部尚书、翰林院学士黄道周至自衢州。上欢然，即日召对便殿，谈恢复事宜，称旨，誉之曰：“真朕中兴名相也！”随即拜大学士，入阁赞助机务。

永定土寇王叔光、王中庆、王凤来窃发。时因南京国变，劣生叔光等遂集亡命数千，往攻大埔等县，回屯锦风窑地方，去城三十里而阵，又闻武平失守，势益鸥张，知县徐可久练乡勇，严保甲，用间设奇，直捣其巢，擒斩二百，余党解散，叔光仅以身免。

汀州大旱，斗米三钱。

敕下阁部大臣及府州县各官属，凡有“清”字，俱去其点，概用“青”字。以清国号大清，上不特恶其人，亦且不欲见其字，雪耻复仇之意，于兹可见。

广东大埔县流贼万人攻围永定县。七日，以知县徐可久有备，乃引去。

敕禁各关兵将，毋得放逆辅马士英入关。士英在金陵，卖官纳贿，颠倒贤奸，三尺童子咸唾骂。清至金陵，奉圣安驾同行，势逼不能顾，弃之。又奉慈禧太后之杭，杭人不相容，势逼又弃去。独拥辎重，与部下将士数千奔逃各处。方国安、朱大典咸数其误国之罪，而驱逐之。闻今上即位闽海，又谋入关。平彝侯郑芝龙素与士英善，以其不即降清，而亟亟求太祖子孙而立之，一念可嘉，上下其议于庙堂，议云：“士英蠹国偾师，祸延宗社，擅权纳贿，怨结生灵。眷私兵以致寇，为凶暴于国门。拥天子以出居，遂卖君于中道。由昔言之，误我圣安皇帝，误我慈禧太后，蒙尘播迁，罪在天下，当为天下之所共诛。由今言之：不奉隆武之朔，不请藁街之辜，矫虔狠戾，罪在兴朝，当为兴朝之所共讨。今江右有马兵、象兵，皆云滇南遗孽；湖东有惠登相、金声桓，亦旧与奸辅关通。士英若能图功自赎，以黔人收滇兵，为功甚易；以马兵收众贼，奏效非难。倘有桑榆之勋，略宽衔橛之路，亦诸臣所以曲体天心、弘开法纲者也。"上以为然，故行文于各关，凛奉确遵。

以李世奇为左春坊左庶子，赖垓为右春坊右庶子，俱兼翰林院待讲。

十二日，召对永胜伯郑彩于便殿。

以唐王某为监国，邓王某为协守。改都察院为唐王府，察院为邓王府。

命工部造御前令箭三十枝，备亲征用。

亲征，驾出芋江，以父老遮道恳留，不得已复返乘舆。议者咸为国家之失，在此一着。盖江浙二省，仰望王师，急如拯溺救焚，迟出关一日，则人心一日瓦解，惜哉！

特设储贤馆，以苏观生为翰林院学士，专理其事。皇上求贤若渴之念，始见于此。虽馆中考课无虚日，而碔砆似玉，鱼目混珠，所收者多羊质虎皮。可慨也。

杀贪酷浦城知县施爌。（中有罗织之故，兼以问官挟隙，遂至极刑，或有冤之者。）

以副总兵施福守崇安关。

十九日，广寇攻破武平。时城南西街犹在演戏，有奸细打口号三声，贼遂攻入，百姓自相践踏而死者不计其数。

江西广信府永丰县原任大理寺左少卿詹兆恒、上饶县原任广西南宁府知府杨闻中，上贺表推戴，温旨答之。

二十二日，以大学士黄道周联络江西，救徽援衢。

按，辅臣海内人望，众所皈依，清节忠猷，天下无两。当其抗疏责杨嗣昌时，已挟两间正气，惜朝廷未大用之。兹虽有推戴之功，宵小用权，议论多舛，未能一日身安庙堂之上。适江西义旅响应，故有是命。虽所以重之，实思所以去之也。辅臣慨然自任，曰："立君以救民，吾之素志如是！今皇上亲征在即，分道而进，灭奴复仇，机会难失。我为大臣，宁惜以身先之！庶人心有知，不至泄泄也。"当时兵饷缺乏，仅办一月之粮而往，欲藉辅臣重望，鼓舞天下有心豪杰，识者早知时势之难，一出必不复返矣。

加鸿胪寺序班赵士超兵部职方司主事，赴黄辅臣军前监纪。士超字玄卿，闽县人。祖荣，正统初，荐授中书。英宗北狩，两使沙漠，历任工部尚书，复以讨曹贼功，荫一子世袭，实世怀忠义之心者。士超虽为诸生，夙有才干，辅臣一见，深相器重，故特疏荐之。士超见兵饷寡少，遂倾余囊得千金，募壮士百余人，偕行。其父璧，官防海参戎，极力赞成，不违其志，亦足嘉也。

八月初一日，命工部，所颁元殿乐器如式造用，限十五日完奏。工部尚书郑瑄上言："乐器繁多，钱粮缺乏。闽南匠拙，难以猝办，乞照册立亲征仪仗三分之内，酌用其一，以仰体皇上撙节德意。"敕从之。

初二日，天坛斋宫享殿。择吉上梁。

初四日，颁新刻《皇明祖训》及御制登极、亲征、监国三诏于各郡王、镇国将军以上，赐白金十两。

初五日，令天兴府铸户部十三司印信。重铸福建等处承宣布政使司之印。原重七十七两，该司职专钱粮，印务繁多，篆文用久，朦糊失真，故命礼部重铸，多一两四钱五分。

初六日，命中书颁敕书一道、旗牌八面于前军都督府左都督郑芝豹。

命礼部颁祖训五十七本于内阁六部科道诸臣工，务令熟记遵行，俾圣谟远播遐迩，再新一统河山，始不负朕恭刻祖训之至意。

按，大学士林欲楫等谢表有云："圣祖开天，方策轶鼎彝之重；神孙继统，羹墙凭琬琰之垂。用孝作忠，昭哉嗣服；以守作创，允矣中兴。恭惟皇帝陛下天符握赤，圣略凝玄。炼五色石而补鳌巅，白水启宛城之驾；起半壁天以息龙火，黄衣耀闽海之祥。世统上缵高皇，并道统亦同一揆；治法远绍开代，即心法可以万年。刻成《祖训》一书，遍赐臣工百职。或治内，或制外，篇篇芝笈琅函；若纬武，若经文，字字禹图轩鼎。宣威布德，自官禁以逮彝蛮；杜渐防微，由藩封而及政府。煌煌大册，晔晔宏谟。九重万且率祖以攸行，多士亦用秉文而觐德。此真凝兴朝之永命，而肇一统之洪庥者也。臣等念切宪章，身惭文献。图呈金镜，欲勒《贞观政要》之编；名企玉书，窃陋《汾水》《大风》之制。伏愿圣不自圣，新又日新。因时制宜，声为律而身为度；德意忘象，口成文而笔成书。则训行且遍臣民，而显承益光谟烈矣。"云云。

敕锦衣卫堂上官：国家新创，禁门启闭，一以更定漏尽为期。朝日，大臣许带三人，小臣许带一人。其直科抄疏诸臣许各带十人。钟鸣之时，俱于午门外伺候，如有青衣小帽，杂于班联之后，或借用僭戴冠帽者，即行拿究；各官护短争执者并究。各官应带牙牌，工部察究。敕工部修理殿后垣墙低缺处，以肃清禁地。

赐靖虏伯黄蜚银印。时浙江塘报：蜚在湖州屡破逆寇。故以五军府印未合式，即改造赐之，文曰"靖虏伯印"。

发恤民库银三百两，再铸随征六部都察院印七颗，着中书分颁，换回旧印。

初八日，丁祭。先期命太常寺卿曹学佺诣文庙供办陈设各项事宜，恭进祝版，候填御名，至期遣大学士行礼。通政司左通政周汝玑恭进二祖圣容。暨勋臣文人真像，温旨答之。

秋八月戊子，礼部请例应致祭于大社大稷，异坛同埠。大社以后土勾龙氏配，大稷以后稷氏配。太常寺恭进祝版，亲填御名。祝文曰："嗣天子某敢昭告于大社之神，大稷之神：惟神赞辅皇祇，发生嘉谷，粒我蒸民，万世永赖。时当仲秋，礼严报谢，谨以玉帛牲牷粢盛庶品，备兹瘗祭，以后土勾龙氏后稷配，神其尚飨！"一乐章：迎神，《广和》之曲："予惟土谷兮造化功，为民主命兮当报崇。民歌且舞兮朝雍雍，备筵率职兮候迓迎。想神之来兮祥风生，钦当稽首兮拜年丰。"初献，《寿和》之曲："氤氲气合兮物远蒙，民之立命兮荷阴功。予将玉帛兮献微衷，初辞礼荐兮民福洪"。亚献，《豫和》之曲："予今乐舞兮再捧觞，愿神昭格兮军民康，思必穆穆兮灵洋洋，感恩厚兮拜祥光。"终献，《熙和》之曲："粗陈微礼兮神喜将，琅然丝竹兮乐舞裼。愿祥普降兮遐迩方，臣民率土兮尽安康。"送神，《安和》之曲："氤氲氤氲兮祥光张，龙车凤辇兮驾飞扬。遥瞻稽首兮去何方？民福留兮时雨旸。"望瘗，《时和》之曲："捧肴羞兮诣瘗方，鸣銮率舞兮声铿锵。思神纳兮民福昂，予今稽首兮谢恩光。"时以大雨故，祇具翼善冠服，宫中遥拜，命定清侯郑鸿逵恭行摄代于外。

太常寺奉圣谕于宫门设鼓，一如遇祭期，鸣鼓三通，以示诸臣齐集排班。

钦天监恭择十八日丁酉，与圣诞壬寅、乙巳、丙申、丙申，丁与己合，乙丙丁相会为日月星三奇照耀大明之象，允宜圣驾亲征，大张九伐。

着礼科给事中陈履贞去郊外，亲迎平彝侯郑芝龙，问其途中劳苦，准休沐一日，即来勤政殿召对。

令礼部造承旨发行科部条记一颗，与锦衣卫正千户世加一级承旨房办事张鸣凤。盖以发本承旨，慎密所宜，木记原不足用也。

以兵部右侍郎唐显悦协理戎政，给以敕谕关防。

钦天监奏进隆武新历，敕下礼部速刻颁行。

旧例以二月进历，十月颁朔。

惠州流贼袁王总残破武平、上杭二邑，檄平彝侯标下将官黄延等领官兵二千八百名前往协剿，仍敕抚臣刘柱国相机调度，毋致蔓延。事平之日，破格酬功。

十一日，原太子少保、礼部尚书翁正春孙男进伊祖所藏《国朝实录》一部，自高皇帝起，至穆宗庄皇帝止，计一十二朝。

御门亲饯太子太师、肃虏伯黄斌卿，授以印剑旗牌敕书，复赐以银币。一时文武罗列郊外饯送，军容整肃，观者夹道。复御制诗送之，曰："朕今伸大义，卿任董恢征。寸心达圣祖，一德壮神京。将廉天地祐，恩遍事功成。终始封劳报，君臣共治平。"如此隆眷，一时罕比，信矣君能将将，不知将何如将兵也！

　　按：敕书有云："一统不全，即朕不孝；三吴未复，即卿不忠。盼望我孝陵，羹墙如见；可怜我百姓，汤火曷归！"其所以期望于斌卿者至矣。

　　又按：斌卿候饯午门时，定清侯郑鸿逵解所束玉带赠之。不负君父、不负朋友者，其在斯乎！

差官赍钦褒银牌敕书，一赏泉州府推官张若羲，一赏福宁州知州徐丙晋。

发手敕与吴松江县生员孙久中，往访旧漕抚督路振飞。

　　按，诏内第十二款："有守困恩官路振飞，访察莫遇，日夜思念，非仅一时豆粥麦饭之感。"故久中以昔曾闻其寓于洞庭，踪迹可据，愿往访之。

汀州府瘟疫盛行，又值兵荒，诏道臣府臣抚恤之。

十二日，上命锦衣卫堂上佥书陈绩选大汉将军二十人以备郊天大礼用，月给米三石，红盔、红甲、快靴服色，铜金瓜锤仪仗，俱着工部制造。

十三日，册立皇后曾氏。诏曰："朕惟乾坤合德，风化之方圆攸在；日月丽体，生物之健顺斯彰。自古君必立后，所以承祖庙，裕后昆，建极于万方者也。朕赖文武臣民，不忘我高皇圣泽，劝进绍统中兴，于前闰六月二十七日卯时即皇帝位于天兴府南郊，恭即祭告祖宗，谥唐国高曾祖考四代。亲上洪号后，即于是日谨遵祖制，钦命朕元妃曾氏为皇后于宫中。顾念时事倥偬，册宝冠服未备，同朕登极之日，仅加中宫之称。然立后大典，朕亦何敢草率而行？于是申令礼部，爰稽旧章，择吉日于今日辰时，朕亲御冕衮，祭告天地祖宗，御殿遣差勋辅大臣平彝侯郑芝龙，持节定清侯郑鸿逵，内阁辅臣苏观生、朱继祚，各捧册宝冠服，立元妃曾氏为皇后。即于是日追封后父江西南昌府府学廪膳生员曾文彦为吉水伯，后母何氏为吉水伯夫人。皇后自十九龄作配朕躬，荷蒙毅宗皇帝于崇祯五年六月初三日遣官阳武侯薛濂、兵科左给事中许世荩，持节捧宝册，封朕为唐王，封皇后为王妃，同日拜命。十余年，皇后忠谨贞淑，与朕同善修行。朕性时有过刚，皇后婉赞，补益弘多。至同困苦八年，割股再延朕命。皇后之贤，远不愧高、曹、向、孟，近无忝于孝慈祖后。朕今恭承天序，明运中兴，朕为天下报祖之君父，皇后为天下忠君之母仪。朕托内助于法宫，并示懿范于亿兆。《传》不云乎：'阴阳和而雨泽降，夫妇和而家道成。'大臣其明敷五教，播训三从，四海同臻王化，万国共仰王风。华彝随唱，称朕意焉。布告天下，咸使闻知。"

十四日，百官进贺中宫表。百官命妇进贺中宫，司礼监着内臣礼官引进，在行宫外，候皇上到凤辉堂升座，请旨，乃允进宫。于内勤政殿，依序行一拜三叩头礼，名曰拜殿，才到内太和殿，朝见中宫，一品二品赐宴，三品赐茶，四品以下免侍。

命拟赍捧远差恩命官衔十四员，吏、兵二部照衔速当题授。

赐平彝侯郑芝龙长子成功姓朱氏，以驸马体统行事。

下邵武府知府吴文炜、推官朱健于狱。初，上未至闽，建昌警报危疑，朱、吴移家眷出署后，彼此不和，相揭出。上以其为守土之官，不能安辑讹言，反至倡乱，罪不可原，吴杀而朱绞。

广信府知府解立敬碎牌拒敌，铅山县典史周寅生死守孤城，咸有劳绩，加级衔以宠异之。

谥榆林金事郭应响为忠烈，再赠太常卿，附祠西郊二周忠烈祠。

敕礼部造靖彝伯印一颗，赐方国安。

追谥学士陶安为文端，少卿李习为忠恪。从内阁中书舍人陶光翔之请也。

午时，勤政殿召对澹溪王并诸子，及奉新王四侄。

议行保甲法。闽县一百零八铺，侯官一百三十二铺，令各家自备利器，以戒不虞。并互察奸宄，逐铺换补栅隘。十家设一储水具，以防火患。张肯堂为巡抚时，尝行是法，兹再重申之也。

给监军兵科给事中陈履贞旗牌敕书。

工部营缮司造宝纛一座，中绣文曰"天子之命"。

敕上游抚臣吴春枝速移驻邵武，以确探虏中消息。时传虏抚李永茂先具一舟，搬移家眷，暂住粤东境内，且与军民不能相安，讹横日闻，宣言贼至之日，返戈相向。阁臣林欲楫、朱继祚、苏观生密以为言，令吏、户、兵、工四部会议虏事。吏部尚书张肯堂上疏救之，寻得温旨。

着文昌王府教授叶人龙赍榜文往浙直等处便道晓谕，仍锡以钦差职衔。

令兵部马上差官星夜催永胜伯郑彩来，作速督兵赴虏，万不可刻缓。（时议由漳州上汀州出南赣，以抵江右。）

钦□部札，准如数给与永胜伯郑彩部下将官大小共计九十员名。

台州府鲁藩不受诏，相见陈兵。

敕谕锦衣卫："卫有军有尉，军则其中先选旗尉二千五百名，为擎捧卤簿，所谓王之爪牙，务要人人精壮，其衣帽俱察照两京制度，并分中前后左右五所，每所五百名。每所设正副千户二员，每百名设管事百户一员，候差百户三员。其南北镇抚等官，定清侯察照两京全设定制条奏。郑芝豹挑选四千名，督练成一劲旅，名曰'锦衣卫禁军'。凡朕亲祭坛庙，一切出郊远近，分守宫城等处，督捕。更分作五营，每营八百，设正亚营将指挥二员，设千户四员，每员管军二百；百户八员，每员管军一百。再另定名目曰大管旗，每旗管五十名，又曰小管旗，每旗管二十五名。五名中立一伍长，以次统率，总于郑芝豹。郑广英督陈佐练之官，该卫捕官及十堂专管，止任旗尉之事。其禁军四千，止令于各堂官行属礼。惟有锦衣卫印官，则兼管锦衣军尉。其佐练之官，则又管军不管尉也。其五营，名曰'锦衣卫天武中前后左右营'。每营正将给与关防，正千户给与条记，其文曰'锦衣天武中等营关防'，曰'锦衣天武中等营一威二威以至八威等条记'。一百户之军，名之曰一威。旗尉千户，亦并给与关防。其礼部造关防，自隆武元年八月初三日起，亦定天地人三字号。天字号关防：文武一品二品用之；宽一寸五分，长四寸六分，厚一寸。文用凤头直柱纽，武用狮头直柱纽，纽长四寸。地字号关防：纽长三寸五分，文武三品四品用之；宽二寸，长四寸，厚八分。文用如意头直柱纽，武用剑头直柱纽。人字号关防：文武五品六品用之；文用圆头直纽，武用方头直纽，宽一寸六分，长三寸五分，厚六分，纽长三寸。自七品以下则俱止许给条记。条记之式亦分天地人三等。每等纽子及长阔厚，俱比关防递减二分。此后礼部铸造，永为定规，著为令。大小文武内外衙门，切切钦遵。有逾尺寸分者，定以违制论罪。"

派卫军守禁城七门，西南二门紧要处，各派七十五名；东北二门，各派六十二名；井楼、汤水部三门，各派六十名。每门各设一百户督之，而以中左右三卫指挥，轮季统辖，务令昼夜严防。至不时察核巡观，委之巡城御史，如国初差御史，给事中往来巡视例。

徽州绅衿起义师御清。都司林栋请督自练乡兵五百名往援其弟同知林贞。奉旨："提兵援徽，亦见急难。近闻徽郡有金声等，军声已振，林栋所募乡勇，果否精壮，着兵部察实，议给粮饷衣仗。"

敕谕肃虏伯黄斌卿："君臣孚信若真，则在近有如父子天伦之喜，在远更有举目身遐之感。卿今远出，朕亦必取卿之亲人，近朕左右。功成带砺，茅土之是酬，乃先朝应与之恩荫，而不与卿乎？卿两弟准即借袭金

吾；卿子二人，朕为改与钦名，长曰'世爵'，次曰
'世勋'，以兆卿家世世昌盛，为我中兴世臣之意。"

按，斌卿，莆人，先以倭功叨世荫，旋以水师
战功，又叨世荫，兹赐上方剑，令统水师，八月初
二从福宁出宁、绍、金、衢等处，合兵进剿，恢复
南都。因其恳请移荫，故有此谕。

敕汀州副总兵陈秀援南赣、建昌，加兵二千五百
名，以汀库现在银一万两准给陈秀召募。务令兵精饷节，
以益金汤。檄参将周之藩领兵一千五百名，即日到汀受
事，进剿武平。加陈秀总兵官，督镇江西，仍从定清侯。
差官催郭熺速到，准以原衔加一级，与陈秀协剿。

给敕书一道、旗牌八面与挂□海将军印左都督陈
豹。豹时镇漳、泉、兴、汀、惠、潮六府，戮力行
间，非此无以重事权，而联臂指，盖定清侯郑鸿逵为之
□□也。

以兵科给事中张家玉监永胜伯郑彩军，复命兵部
多发札付，以为家玉鼓舞人才之用。"不宜吝，亦不
宜滥。滥则人视之太轻，弊且有甚于吝。"真煌煌天
语也！

二十八日，先发御营右先锋永胜伯郑彩，统领大
兵，由杉关接应虔抚，收拾抚、建等处，为恢复要着，

以彰天讨。时益藩溃围而出，因象兵之□，恬不知怪，建昌遂为贼有，南丰、广昌亦献策投降，抚臣具疏认罪，且言："楚督何腾蛟集兵三十万，拓地数千里，已至荆岳，怜臣夙昔之交、联络之义，以见地见兵待陛下之用。然陛下之所以用腾蛟者，必由建、赣始达星沙。若不急出劲兵，救还建、赣，为通达湘楚之路，使贼得袭二郡而据之，则腾蛟隔在异域，即有强兵壮马、广地丰粮，声教不及，何由为陛下用乎？一丝千钧，所关极重，惟勿以臣言之渎，遂弃天下之重也。"故决意师出杉关。

派定执驾官员三十名，仍令工部多添石青翠色于天层上，始称翠华之名。

原任巡抚镇常苏松沿海地方、督理粮饷、赞理靖虏军务、都察院右佥都御史臣杨文骢庆贺表有云："一人有庆，新开一统之祥；八郡无疆，大普八纮之瑞。正直隆华之伊始，宁云劫运之方终？庆洽华彝，欢腾朝野。盖自统肇神尧，必以陶唐为祖；功开神禹，还从明德兴基。淮水戈横，宝剑直开新日月；滁阳鞭指，铁衣重换旧江山。扫电轰雷，当年奏捷；栉风沐雨，屡世辛勤。三百年德泽在人心，比于商周，咸谓过矣；十三宗太阿由己手，贤于尧舜，不亦远乎？兵农礼乐，本朝之轨则实详；内外华彝，大明之疆界自整。时当末季，边防撤而胡马渡彼阴山；祸至近郊，朝政浊而蛇虺噬乎上国。

抱有君无臣之痛，三策何人！深出主入奴之悲，两京胥贼。王纲扫地，帝统在天，兹盖伏遇皇帝陛下乘乾御宇，拨乱救民。万载瞻依，兆协白水真人之地；六龙骖服，祥起赤符帝子之灵。日生沧海浴玻璃，九万里而神龙出；云幕武夷开锦绣，五百年而王者兴。地裂天崩翻圣水，几至于六宇无民；云兴霞蔚过钱塘，因之而八方得主。克勤克俭，大禹之无间然；至孝至仁，周文之有敬止。似三犁倏清彝穴，向北挥鞭；如百川争赴谷王，在东立极。黄龙痛饮，腥膻扫净，比周武王之甲子，更自昭明；白凤鸣岐，肃穆重临，想汉光武之乙酉，于今为烈。臣质本驽骀之贱，谬司虎豹之关。然志本报韩，子房之椎未坠；奈天不祚汉，曹沫之耻空存。念此膝一屈不复伸，敢斩贼头南走越；虽寸心既枯犹不死，愿随马足北吞胡。况春从天上，衮衣曾锡翠云裘，香自日边，琼食共分青玉案？当兹弥天负罪，赖龙文待以不死之科；若使随地自全，俾羊裘得遂再生之日。感极而十行俱下，喜深而五体齐捐。伏愿乾坤再造，水犀百万下蛟门；南北并收，罴虎一声还凤阙。《采薇》作诵，庆中国之有圣人；《天保》兴歌，即外彝知戴天子。卜年卜世，从兹为有道之长；永福永康，自此贺无穷之历矣。"云云。

卷　三

十五日，上于午门外，以亲征事祭告天地。驾回，升殿，行常朝礼。

十六日，祭告太庙。

十七日，祃祭。

命工部造大银钺斧四把，柄上龙头，柄末龙尾，钺上龙吞口，朱柄画金龙缠柄，长五尺。

十八日，驾出洪山桥，饯正先锋郑鸿逵、副先锋郑彩。登坛授钺。工部先期于洪山桥之阳，搭一木台，高一丈，方一丈，四围木栏，上设上帝牌一位，太祖牌一位，上先御翼善冠，至台所。百官吉服。行一拜三叩头礼，左右侍班；武臣各戎装，侍卫先锋吉服入。就位，行四拜礼；毕，趋出，易戎衣。上服武弁服，升台，先于神牌前行五拜礼，毕，上立于神牌位之西稍前，南面。鸿胪官赞授钺，御先锋北西跪，兵部官取钺跪。上命授钺兵部官承旨，立于御先锋之东，以钺授御先锋，先锋以钺授执事者，退立于西，鸿胪官赞："叩头，兴！"上东向揖御先锋，赐饯，光禄官及内员传赐饯酒，御先锋跪受饯，候上诚劳军毕，赞："叩头谢恩，

182

兴！"趋立台下之左以俟。上亲御甲胄于台上，号令出征将士，御先锋率诸将士跪听号令。叩头毕，遂按部伍，建旌旗，鸣金鼓，扬兵就道，执钺官奉钺在御先锋前行。上解甲胄，仍御翼善冠袍回銮。

　　按，是日风雨晦冥，几不成礼，太祖神牌吹倒，御先锋又有坠马之患，识者知为不祥之兆云。

敕谕行在勋部等衙门："同出征兵部侍郎吴震交、户部侍郎王观光，既各有选用府州县官催粮之责，各准以原官同带吏礼之衔，兵更兼户，户亦兼兵，俱各遵敕行事。吴震交以出征兵部侍郎带管出征吏户礼三侍郎事，王观光以出征户部侍郎带管吏兵礼三侍郎事，张家玉以出征兵给事带管出征吏户礼三科事，陈履贞亦改出征兵给事带管出征吏户礼三科事。盖军中事必便宜，难以千里请旨。出征吏部科衔者，取其便于府县官。无官补官，有贪必惩，有廉必举也。出征户部科衔者，取其便为两勋到处催饷，令兵不饥寒也。出征兵部科衔者，取其军中令知国法，不许一切害民冒功等事也。出征礼部科衔者，取其若有叛逃误国之人，真愿悔过，立功赎死，即许以实杀真寇，实取陷城，即准便宜赦罪录功；并直省忠臣孝子义夫节妇，俱得先行旌表，复奏恤恩，并遵'有发为顺民，无发为难民'之敕命也。内阁即以此意各给敕书四道与之。"

中宫懿旨命司礼监觅女厨十名，务要选备精洁妇女，用价平买，不许勒骗。上竟却之，曰："不可轻选，失朕大信，朕宁自苦，以慰民心！"

十九日，遣平彝侯郑芝龙恭诣太庙宗庙行礼。

> 按，《会典》：皇后将谒宗庙，致斋三日，斋满，皇帝先遣官用牲牢行事，告以皇后将祗见之意，兹立后已五日矣。

二十日，皇后庙见，内外执事，俱着太常寺备行，以内官人数不多，且皆不谙大礼也。

二十七日，丙午，大祀天于南郊。先是，太常寺奏致斋，进铜人，上具皮弁服出，升座传制：以□日大祀天地于南郊，尔文武百官咸致斋三日，太常寺光禄寺官奏省牲祭，分为一十四坛。内丹墀四坛，日一坛（居东向西），月一坛（居东向西），星一坛（居东向西），辰一坛（居西向东），东五坛，五岳一坛，五镇一坛，风云雷雨一坛，太岁一坛，陵寝诸山一坛，天下神祇一坛，仍定分献官一十四员。严禁水口驿立膳夫名目令居民津贴。

命阁部朱继祚、苏观生监试考选推官臣赵最、周之夔等五员，内臣鲁奇、王进朝专供笔砚，上亲临轩策之。

　　策题曰："朕逖稽皇王之道，深慨后世之君臣，一自悍秦尽扫古制，世道人心，为之递降。历代之受患，莫过于群臣朋党之最大，于今两京之覆，二帝之伤，皆此故也。前汉之党，肇于弘、石，驯成于谷、杜，以文饰欺；及四十八万之颂，致开新莽之奸，党害亦已甚烈矣。后汉之党，起于细微，清浊分镳，遂有桓灵之祸。然俊厨顾及之标，是非损益，可得而论欤？西汉之党，同欤否欤？唐党始于宪宗，究竟牛李何别欤？岂河北贼更易于党贼欤？唐太宗之言，是欤非欤？末流至南牙北牙，各结强镇以亡唐，其可为龟鉴者，可得其概欤？宋之分党，本于熙宁，成于元祐，极于哲徽之季，然仁宗年亦有戒朋党论，朋党之纷纭，何以其时称治欤？大明开天党，肇于神庙之季，东林魏党，门户马党，交激递变，而有如此之痛效矣。朕今志在荡平，尽去诸党之名，惟在廷严说谎之条，在外正贪婪之罚。盖人主之心隐，即人臣之党符也。迩日在廷，似犹有不醒之迷，欲启水火之战，朕甚惧焉。何道可底太平大公，令文武真和衷而共济乎？且魏□之狠贪横恶，是其本罪，名之以逆，甚不称情。乃其党亦快指东林而泄愤，始于忿友，终于怨君。一隅若复中兴，必此肺肠尽去，去之之道何由，标本以何为治？朕今亦曰：'去寇易，去党难。'然党不去，寇不驱也，审矣。尔等胸中成说久著，此其倾忠之日也。其慷慨直陈，以观猷荩。寸晷之际，上帝临汝矣。肫肫待尔，其恭承朕命焉。"又赋诗一首云："西风间天地，山巅眺素云。物外何所有，顺此希夷心。出处一故我，四海彻冲襟。啸歌亦帝籍，溪面吹沄沄。空洞千万古，总如寸一真。善听呦呦鹿，远调在疏林。我思将可见，画易有同心。秋日山居信笔。"

谕储贤馆：钦选贤才之号，惟召对过，然后该提督官具本，请明某人准用此号，入馆不得滥用。

下天兴府通判周缵祖于狱。

准内阁撰敕书各一道，礼部铸关防各一颗，与抚臣杨文骢父子。杨文骢文曰："恢复南京联络浙直部院关防"，杨鼎卿文曰："协复南京整理浙兵督镇关防。"杨文骢给与钦令官衔曰："钦命恢京剿清，联合直浙，提督军务，兼理粮饷，协同御营左右先锋、招讨勋镇，合济中兴，兵部右侍郎，都察院右金都御史。"杨鼎卿衔曰："钦差恢复南京，协理直浙军饷，太子太傅，左军都督府左都督。"时肃虏伯黄斌卿途遇文骢庆贺登极章疏，并缴镇东伯方国安、总督朱大典、东阳县生员赵忠祯各礼与文骢者，斌卿为上之，故有是命。

敕谕文骢曰："尔夙负英才，博综多艺，朕在京口，屡相接对，深所面识。数月以来，顿成奇变。朕在嘉兴，闻尔在苏杀寇于群心溃散之时，朕曾叹赏，不负识鉴。靖虏奉朕，间关至闽，监国登极，力肩危统。

誓惟勤民雪祖，焦劳昼夜不遑，钱塘遇鼎卿，朕以故人之子待之。元勋鸿逵前后奏朕，浙东赖尔先弭未萌之隐害，复振久泛之人心，朕大悦慰，业即钦授尔以兵部侍郎，职理浙东，鼎卿亦进官衔。今览奏贺，并详叙吴越情形，则尔父子即朕之大耿小耿矣。云龙风虎，各有其时；丈夫相厚，岂有已乎？其益懋厥绩，协同勋辅，先清东浙之尘，继扫临安之寇。朕若早见孝陵，定许破格酬报！"云。

特恩迎驾劝进各学生员，廪准贡，增准廪，附准增。时劝进有数十笺，亦有混奏冒名者。左都署礼部事何楷奏请大内当日所收表笺，以凭验对廪、增、附来历，庶酬忠抑竞，于大典为有光矣。后又有以童生而入泮者。

副总兵杨武烈、守备元体中等，恢复新城，获从逆新卢两伪令，奉旨各加职衔一级，以见将士用命之效。

命礼部察议旌表闽县永南里民女林楚玉，以未嫁室女殉夫，足励薄俗。南北进贤冠之叩献彝寇者，闻之当汗颜。

准辽藩长阳王移入福宁州公馆，暂安宫眷。其一切廪给，着道臣王芋、州臣徐丙晋酌议具奏。国储匮乏，虽不能厚，亦不可缺。黄斌卿至福宁上疏，道王穷困之状、贤能之声，故准移入。

户部侍郎李长倩参其委署侯邑，封印不开，竟往水口掣盐，以致百姓输纳粮饷，无柜可投。后又申救，不允，竟坐赃银二百两。

命浙江道试监察御史林之蕃联络嘉兴，并赍敕谕二旧辅臣钱士升，冢臣徐石麒。

监察御史吴春枝纠劾不职邵武通判陈主谟，古田知县吴士燿，汀州知府王国冕。奉旨："各官赃私可恨，皆纱帽下虎狼也。若不严惩，民生何赖？都革了职，该抚速解来京，究问追赃充饷！"

令兵部主事徐州彦颁诏于四川。州彦，重庆人，初为光泽令，以墨声下狱，登极宥罪，授以驾前职衔，捧诏于役。

赠四川抚臣陈士奇兵部左侍郎，荫一子入监读书。士奇，漳浦人，字兮甫，号平人，富于文艺，言论侃侃。天启乙丑成进士。当成都破时，士奇已交代出居，犹骂贼不屈，身被百创，磔死阶前，与蜀王同日被难，足见其平日之所学云。或有尤其雅好讲道，疏于军旅者。

建宁府浦城县四区三十二里百姓保留本县知县郑为虹，加监察御史衔久任，以造福浦民，有《十不可去浦》之疏。上命吏部察议，后以御史巡仙霞关。

诏授晋江县学生员苏峡为翰林院待诏，恳辞不受。

敕行在吏部："方今中兴事重，政务繁多，惟旧辅臣黄景昉，受简先帝，敏慎弘亮，才堪救时；旧辅臣高弘图，直道壮节，望重具瞻。即着吏部补本起用，仍着中书舍人陈翔遵旨前去晋江，敦聘二辅臣来。"

命太仆寺少卿监察御史林兰友巡按江西，兼赍敕谕往江西，联络倡义之师，并詹事刘同升兵部右侍郎敕书关防。复谕之曰："尔此行着显破情面，明竖担当，大展忠猷，令人指日。如此行事，方是中兴之骢马；如此激扬，方是天子之法臣。尔是朕亲简之人，尔之不善，即朕不明；尔之有为，亦朕善用。江民憔悴于贪政久矣，切切以朕'先教后刑，先请后发'八字行之，又八字曰：'小贪必杖，大贪必杀。'真能代朕行此十六字，始不负人君耳目之寄，根心而行，休说谎话！至谕切谕，想着记着！"

敕谕内阁："陈燕翼既改翰苑，朕自登极，监国两月，政令全无记载，后世何征？即着燕翼专理中兴史职，准同协理史事刘以修轮值和衷堂，与闻机务，以便编摩。即日传行入直。"又赋诗一绝："上帝文章在日新，玉堂秋粉启词臣。直流千载乾坤纵，方见儒天自有真。"其笃好斯文、出于天性如此。

吏部左侍郎王志道进本朝实录。

发银牌一面，令吏科都给事中陈燕翼颁与本科添设给事中掌印朱作楫，旌其直言。

以何九云为翰林院编修。九云，字□悌，晋江人，癸未进士庶吉士，大司空乔远子，文行俱优。王兆熊劾其从逆，冢臣曾樱疏荐之。有旨云："九云名家子弟，有品有学，两京日期甚明，何得一概牵诋？即着湔洗冤情，速令前来供职，纂修威庙实录；不得再有托陈，不许人言再为诬蔑。"

上定马士英为罪辅，为逆辅。时士英欲入关，有为左袒赞成者，廷议依违。礼部尚书黄锦以为言，故定其罪为逆。

按，太常寺卿曹学佺著有罪辅不可入关公揭，曲尽其议，故尔中止；只许其图功自赎。

上游巡抚吴闻礼缉获奸细一名周元章，解京正法。敕守关将士，毋得盘诘失时，致生奸宄。给各守关兵十一月饷。

敕上下游巡抚选练精兵四千以备亲征用。视兵精脆为该抚功过，钱粮即于所属调用，不得套视。

召对闽县八十五岁老人周良屏于便殿，访地方利病，称旨。

以考选推官周之夔为翰林院编修。御批对策云："之夔此作，毕竟是老作家，学识两到，允堪词令之选。"

以太常寺卿曹学佺为礼部右侍郎，署翰林院事，特敕纂修威庙实录国史总裁，专设兰台馆以处之。

吏部主事王兆熊亟举十义士：林化熙、张纶、黄弘光、姚毓灵、梁春晖、张伯彦、姚毓震、薛滨、郑邦良、陈鸿谟等，往富室大家，倡义劝输。上以国用不足，从之，并谕十人："当体王兆熊为国真诚，超卓清品，矢慎矢公，不得一毫错负。功成日，从优议叙！"

赠原四川巡抚都御史邵捷春兵部左侍郎，予祭二坛，减半造葬。公字肇复，号剑津，侯官人，万历己未进士。官吏部员外郎，清通简要。有嫉之者，出参四川行省，有功于蜀，再起四川副使。时草寇张献忠作乱，省城谋内应，公缉获奸细宗人某某，保全阖省，蜀王疏荐之，遂超转巡抚，真有锁钥北门非准不可者。适与同年督臣杨嗣昌议论不合，需索兵饷，不遗余力，公答曰："吾兵吾饷，仅足办蜀，不堪逢迎！"遂失嗣昌意。值二邑失事，嗣昌特疏纠之，缇骑入蜀，蜀民泣拥，不与开读者一月余；复率百余人伏阙，蜀王公疏继之。公日谕百姓："岂有王命而可以私意请者？尔辈为此，吾罪愈大矣！"乃与缇骑谋约私遁，至半路，始得开读就逮，缇骑亦怜其冤。抵京下狱，遂饮药卒。长子鸣俊上疏鸣情，遂有是命。鸣俊因而助饷银三千两。上赐以金匾曰"义冠闽臣"，复官武选郎云。谕吏部曰："公道，天地之元气，无时不流注于两间。惟在朝廷则治，在草野则乱。好恶合则安，是非分则危。朕览邵捷春抚蜀，群情号呼事节，为之怆然。虽近来饰说纷纭，究竟真假难昧。朕今运启中兴，惟在大明公道。奏内捐助三千，并求雪父冤，虽孝子之用心，岂古今之通义？邵捷春若情真罪当，则虽百万赤金，岂可翻易一事？若实蒙冤，则朕为天地神人之主，前后百世之公道，亦朕分所当明，况近事乎？况明臣乎？"云云。

加升吏科都给事中陈燕翼一级，以为直言者劝。时燕翼因赐旌直银牌于朱作楫，遂陈十事。上答之云："所奏十事，国是人心，无不洞悉，真中兴第一名疏也！朕录一通，置之座右，朝夕省览。关朕躬的，朕自省察；关于文武各衙门的，着实举行。陈燕翼昌言不讳，着加升一级，以劝直言者。"

疏曰："臣以崇祯甲戌进士，筮仕广东程乡县，六年行取，苦乏资斧，不得抵京。不得已，乃乞丐于一二同事故人，逡巡后至，遂稽初次考期。壬午十一月，□□都门，始获先帝烈皇帝召对于德政殿。寒月霜夜，灯烛荧煌，遭遇先帝耸身案外，视臣者再，问臣者二，果脯茗酪，捧出内家，至今念言，五情空热！然犹为权力所厄，仅循次补臣工垣。时周延儒柄政，爵列恩幸，咸出其门。臣嫉其所为，自春徂冬，不肯投刺一谒其面，入垣即极言其卖官鬻爵，并羁縻蓟督，阴脱门生范志完纵虏入口之罪，同列咋舌。闻诸阁臣：先帝日置臣疏于袖中，经不发票，其念臣至此。其得不与熊开元杖者，开元言显而臣言隐耳。然终以建言决汴不应叙功，力驳台臣黄澍之疏，票拟处分。计臣尔时在垣，不满五月，然臣虽谪，而先帝犹手臣疏，目视延儒。尔时阁臣吴甡等、冢臣郑三俊、宪臣刘宗周等，咸是臣议，或有谓其慷慨陈言、亟据忠愤者，或有谓其真孤凤之鸣、胜读出师表者。臣奉使抵家，塞胸直气。道路荣之。无何里中缙绅之祸起，通国缩朒。臣以谏垣余气，折衷直言，几遭捃摭。今愿瞻里中，尚不免谈虎变色，是臣之直言所不敢行于臣里者，一也。

"臣以癸未仲冬抵里，甲申之役，天地反覆，岂意自全？无何，南中台省祁彪佳、李沾等交章荐臣，荷圣安皇帝起臣原官，赐臣环于七月，入朝于十一月。先后局面，判若隔世。遥想当年论澍，偶出一时意气，岂复意澍后来有借题翻身、回心皈正、抗阻王命一事？前后公案，各分两重。闻今几举兵东下，过师池阳，搜索旧铨郑三俊不遗余力。盖三俊亦尝劾澍者，观其搜索三俊，计必不肯忘臣。言官论人，自其职掌。当年殿上之争，遂贻后来舟中之敌。亲识家族，相持为戒，是臣之直言所不敢行于朝廷者，二也。

"陛下龙飞海甸，每事留意，臣科凡奉'该科记着，并会核议'之旨者屡矣。臣虽顽钝，人非木石，宁不感奋？然其所建者，率强半臣里中人，官情如火，燥进如饴，片言弹驳，即恨深寇仇者也。犹忆赍捧之后，陛下欲核用一人，臣饷凭部议，半字未加。迩来蒙恩，得意之后，遽修前郄。扯臣殿廷，裂带批颊。臣于此举，未着片字，犹横遭侮辱若此！若真言之，祸起旋踵，是臣之直气所不敢行于朝廷者，三也。

"然虽如是，臣窃观陛下两月来用人行政，臣未尝顷刻不忧心及之。出王游衍，未尝一刻不在陛下左右，而冀效忠于万一也。臣犹忆宋臣苏轼之告其君曰：'陛下求治太急，听言太广，用人太骤。'臣少学于苏氏，师其忠鲠，窃不揣，亦以此言进。陛下精神意量，可以囊括海内；学问文章，可以灌注百王；机权驱驾，可以罗络高光。所愿少进者，'重'之一字耳。《中庸》曰：'王天下有三重焉，其寡过矣乎？'《论语》曰：'君子不重则不威，学则不固。'老氏亦言'重为轻根，静为躁君。君子终日行不离辎重，虽有荣观，燕处超然。'《周易》曰：'君不密则失臣；臣不密则失身；机事不密则害成。君子知微知新，知柔知刚，万夫之望。'凡若是者，言皆不贵示人以太尽。而使邪佞辈为可测也。

"陛下抚有六合，权借闽中为汉中耳。普天推戴，悉主悉臣，何分厚薄？何论远近先后？凡为人臣斤斤道此者，为梯荣计耳。君子薄之。臣窃意此后凡拥戴与同盟等字面，虽陛下厚恩，不忘故人私语，然规格已狭，且近文士习气，不宜数出帝王口中，是臣之直言所欲效忠者一也。

"定清勋侯，一见决策，奉驾来闽，使明朝再造，海国奠安，不受兵革，功在社稷，伊谁之力？然尚余后来一步，为恢疆复仇之举，始觉竿头更进，圆满无憾。今日报功，自当稍留余地，微寓持盈保泰之意，使延世余臣，有百年亿世之量，而后气局悠长，可与带砺同久。是臣之直言所欲效忠者二也。（按，以下似缺'臣之直言所欲效忠者三也。'）

"祖宗用人，从来铨部反觉无权。一人之身，倏用倏舍，倏重倏轻，莫可凭信。夫人之材质，生下已定，非有里背旁侧，可任人那移涂改之理。今一官安顿，或至数易，果其为人择官，抑真如不得已。使营进者咸怀躁心，而抡材者转无持操。遐迩观听，仰窥圣意，直欲三五盛王数百年中所不及措手大业，而数月了之，其抟捖规局，真可谓目空古今。然时会机缘，缓急先后，讵能一一应手？如一事未当，多益为累。是臣之直言所欲效忠者四也。

"在昔光武起事南阳，肃宗即位灵武，虑皆于草莽中立国。惟是君臣上下，抟心戢志，专意治兵，度于他务，亦皆不暇旁及。今漫漶数时，若似皆以升官杂务耗其专营，而于用兵吃紧时日，反坐无事。表里匪颁，物力亦为裁汰。是臣之直言所欲效忠者五也。

"先帝励精十七年，值彝寇交讧，中外多故，属望廷臣，鲜有当意者，于是不得已而旁求之。保举换授特用副榜等科，明经选举，几半天下。钦授破格，差拟国初。而究竟边腹行间，赐剑秉钺、俄顷骤贵之徒，迄未有半人只士，出手奇杰，如古班超、陈汤等辈，翻空绝域、塞应明诏者，而反以苦心轻信之过，为人所用。方面大耳、美髯丰下者，即为将材；舌滑唇油、走空如鹜者，即为边材。金缯显列，糜费无算，言之痛心！陛下试观从古皇皇汲汲、乞官营进之中，岂有真品？南阳高卧，惟恐人知；东山捉鼻，相戒不免。尚能勉强一出，差有所立。今流品混淆，搅同油面，辨析穷研，如镂空影。无已，亦惟择精良无伪、踏实硬做者，假以岁月，宽以文纲，庶几积久，自见成功。其纸上铺张、口中夸大者，悉不可听。是臣之直言所欲效忠者六也。

"吏道以贪廉为归，臣节以顺逆为案。计典间杂私怨是矣，而祖宗深意，岂因以一二概许全翻？北案或有传闻疑似，而先帝精爽，决不忍以贼孽重污圣化，近日南都马士英、阮大铖、陈鉴、张振、刘应宾辈，借四镇以挟制朝廷，翻尽计典，用尽从逆者，而国随之。当时臣具有'中兴政自可为，人心不容坏尽'一疏，丑诋已甚，而若辈掩耳盗铃不恤也。已事无及，可为哽噎！若是者，非欲陛下诛既往，但欲慎将来耳。不然，是乾坤之两番改易倒置，而祇为群诸不逞者燃灰起用之地也。无怪乎有识者痛恨，谓南北两陷，皆诸奸党怨望失职，利其深入，以为自己出头伸眉之日，非过论也。是臣之直言所欲效忠者七也。

"自五月逆寇渡江以来，虽所在蹂躏，而直浙江右等处，士绅百姓，亦皆各有义声慎发破产募兵举动，差足振醒群情，倡激忠义，而闽之乘舆所在，自二勋、二伯、阁部先声之外，别无一旅足以佐发，中军一锱一颗，动皆仰给朝廷，简发而栉，数米而炊，几成市道。夫江右之与两越，譬之人身，则亦行在京师之两臂也。一臂痿痹，则置之而若罔闻；一臂灵活，则用之而惟恐不敌。万一右臂不仁，左臂其能起乎？且安知无天功可贪，而徘徊观望于一试者？臣窃以为今日团练乡兵一着，在在郡县，所宜专责一人，着实举行，而上游与近京城乡，尤宜全力饬治，以官兵不及。凡所在街巷村落，责令公举一头目人，自连结布置，如捍怨敌，庶几先声可夺奸魄。不然，徒贪目前官爵近便之可乐，乡居室家三窟之可恋，而先后糜烂，究竟同观，淫掠焚屠，遐迩不免。此在眉睫，顾诸臣不察耳。先臣董应举有云：'杀运将至，人心先愚，惟大圣人起而救之。'是臣之直言所欲效忠者八也。

"桐江一丝，系汉九鼎。计其初时，高风未播，亦不过富春一钓徒耳。试之以事，安知不与樊英、殷浩同讥？惟尔时汉帝容之，列诸外臣，使之高睇千仞，以隐助王化。夫以帝王之势，屈官一故□人，何啻□□□，而孰知东汉之所得者为已多乎？方今废籍白丁，所在城市，乞墦登垅，投拜门墙。苟负人形，粗识句读，或能雇倩代笔上疏者，咸思撙掇做官。一隅几何，堪此横溢？即如中书舍人，唐制以为宰相宣麻先兆，何等贵重？而今若贩夫佣竖，皆得随意滥叨。诸如此类，不可枚举。尔来南京有'都督量成斗，职方地下走'之谣，可为痛戒！夫栅垆之内，岂有鸾凤？□□之旁，安□日月？士人惟负此一具气骨，顶立天地。若其平居，不能自胜于利禄富贵，又何怪其一遇贼寇，靡然屈膝？目今开国之初，承两朝末流廉耻颓丧之后，但宜首以濯磨士大夫气骨为复仇先务。不然，未有不能有耻而能不辱者。是臣之直言所欲效忠者九也。

"我朝立法，所由远过汉唐，度越前世者，其最大莫如尊礼孔孟一事。使人缘帖括之陋，以亲见圣贤，阶制科之荣，以荷担学脉，所以列圣真儒辈出，如河东、崇仁、余干、新会、姚江、泰州、盱江、吉水诸贤，间出于时，鼓吹休明，扬扢圣化。故其一时门墙派衍，泉流末口，人皆晓然知心性之所自来，名教之必可乐。其服官居乡，一切不苟，而超然能自胜于尘垢之外，出处穷达，各成本领。神祖中叶以后，学脉寝微，然犹若晓焰晨星，耿然未散。自魏忠贤焚叶书院之后，贤士大夫，相戒不谈，而断然不濡首利欲，为安心立命之奥。其高者乃以气魄闻见，空慧杂毒当之。然施之经济，世道人心，远不相中。臣窃观陛下洞达昭融，毫无粉饰，澹泊确苦，安若穷士，宜有得于光明缉熙之学识，诚千古道学宗主，□因此时会所急，急出一剂疗之。以臣久阅人间机械，沉溺蔽锢已深，一旦骤□之证颜思之传，格格难入。第一于孟子浩然、曾子反身处指其入路，而揭之以一诚，庶有救正。昔刘安世学于司马，张九成致于孝宗，惟此一字，朱熹亦云：‘吾平生所学，惟“正心诚意”四字，岂隐默不以告君？’后世迂之。然当时张德远辈实用四字不着。嗟乎！今日君臣上下，皆能克去己私，实实体此四字，而有不能灭贼破逆者，臣不信也。是臣之直言所欲效忠者十也。

“凡此十事，皆臣怀之。两月来积诚欲献，徒以日不暇给，愤郁至今。兹因陛下旌直之举，内愧不安，集而上之，然视臣同官朱作楫三年鲠切，臣又觉泛而无当矣。臣之直，愧不如作楫直。当赏以臣官，而臣当拜疏让贤之余，又复蒙恩改臣翰讲，臣复何官可让？则亦惟有内愧而已！伏惟陛下赦而原之，并赦臣字数逾格冗长之罪。”云云。

十二月初六日，御驾亲征。上自戎服登舟，百官鳞集，号令严明，泊芋江对面沙洲者五晨夕，宫眷咸在。复命行在工部，造御营大明门一座，午门一座，奉天门一座，两边通着，黄绳为约栏。奉天门外，细乐一起，午门外单大乐一起，大明门外，双大乐一起。早晨大锣一下，御营管事牌子跪请御令箭一枝，先开奉天门，用大锣一声，奏细乐一次。又锣一下，听大锣二下，御前管事又跪请令箭一枝，开午朝门；听大锣二下，御前管事跪请令箭，开大明门。大炮三声，前后用锣，双鼓乐吹打。内官高传，门外锦衣卫官校齐喊，门始开焉。

以平彝侯郑芝龙掌宗人府印务。

南平县小民张安礼、林中桂、张孝直，数百里躬进米豆酒浆，远迎王师，上嘉纳之。命御营兵部将前后米酒分散诸将，且给予序班冠带，仍赐号为忠良处士，各赏银牌一面，以旌义举。时古田县一都水口小民，亦有输助，赏以银牌。

帝手敕凤阳知府张以谦："朕今正位福京，志雪祖救民。八月十八日，兵发五路，十二月初六日，朕驾亲征，赵贵（乃河南兵备副使邵起差官入贺者）至京，知尔在凤。感念畴昔，赐尔手谕，以迹毁形，尔当速联英杰，助朕中兴。监国、登极、亲征三诏，尔其善为宣布，不负朝廷。朕亲谒皇陵，是尔见朕不忘之日也！特谕。"

以河南分巡汝南兵备副使邵起为总理豫楚直陕晋齐六省提督军务，兼理粮饷，讨逆安顺，便宜行事，赐尚方剑，兼巡抚河南、兵部右侍郎、都察院右金都御史。时邵起遣官入驾推戴，故有此命。凡有恢复府县地方，即准邵起择才授任，务安百姓云。

十五日，敕恤民库及御营礼部："凡遇亲王迎驾者，发银六十两，伸朕慰安亲亲之意。著为例。"时东会王肃昶迎驾，着受慰安银二十两，以亲征冗，免朝。

命周燦新赍亲征驾行诏四道，往温台宁赣四处开读，并顺赍手敕一道，与辅臣黄鸣俊。敕曰："皇帝手敕辅臣黄鸣俊：自卿辞朝，朕躬切盼出关之信，乃闻今日，尚滞福宁，殊可异也！况卿不由衢而从温，廷议不然。倚卿甚重，何逗留如此！朕今亲征行矣，朕若至建宁，卿必至衢州；若朕出关，卿必至江上。不然，公议无私，甚可畏也。亲征驾行诏，并谕鲁王书，并示于卿，其善宣朕意焉。余与周燦新议之。特谕。"

立春日，敕文武官员吉服，照《会典》内出使礼行，以时值行间，不必贺也。

遣侍讲吴戴鳌、鸿胪寺卿杨廷瑞，致祭于天兴府古田县水口地方并延建二府山川之神。敕御营兵部："速与平彝侯议造盔甲一万副，运至御营，以为破虏用，刻不可缓。"

二十四日，辅臣黄道周兵至婺源，为清所陷，并门徒主事赵士超，中书毛玄水、蔡时培、赖叔儒四人，缚送南京。时辅臣未领朝廷帑金，苦心联络，激劝忠勇，纠合义旅九千余人，从广信而出金衢，安插遗黎，孤城捍卫，前后擒斩伪官，动以百计。且救徽援衢，厥有成功。适衢抚某与辅臣议论不投，忌其师屯境上，遂密疏其短于朝廷，辅臣初不觉也。继而请兵不至，请饷不至，始知其由。乃与士超议曰："朝廷遣郑兵各路，七月于兹矣，未见与敌一矢相加遗。敌势愈猖，不讥笑朝廷无人耶？我辈为天下倚重，必先声一举，为诸路倡！"遂决意长驱，深入婺源谷中，遇清骑数千。辅臣亲冒矢石，誓不与清俱生，清不为少却。然彼众我寡，后军观望不进，兵尽矢穷，辅臣陷围中，士超知势不利，率玄水等突围而入，其部卒劝其勿往，俱死无益。士超答曰："我受国家厚恩，岂有背吾师不救，而并误国耶！"并陷围中，士超等知势不得生，乃骂不绝口，后曰："我奉命擒汝，不料为汝所擒，快杀我，得报朝廷于地下，足矣！"清见辅臣忠烈，不忍加害，曰："当生致于南京，洪内院得一忠义人，胜于得土地数十州郡也！"时辅臣欲尽节，士超从旁从臾曰："此去南京不远，倘得面数洪承畴老贼误国之罪，魂魄得傍孝陵，死亦未晚！"辅臣深以为然，遂屈节而行。作诗四首，云：

其一：

陋巷惭颜闵，行筹负管萧。风云生造次，毛羽定飘摇。厝火难栖燕，横江舍渡桥。可怜委佩者，晏晏坐花朝！

其二：

火树难开眼，冰城倦着身。支天千古事，失路一时人。碧血题香草，白头退隐纶。更无遗憾处，燥发为君亲。

其三：

搏虎仍之野，投豹又出关。席心如可卷，鹤发久当删。怨子不知怨，闲人安得闲！乾坤犹半壁，未忍蹋支山！

其四：

诸子收吾骨，青天知我心。谁为分板荡，不忍共浮沉。鹤怨空山浅，鸡鸣终夜阴。南阳江路远，怅作卧龙吟。

其忠爱之意，情见乎词。

卷　四

隆武二年正月朔旦，唐、邓二王监国于福京，率居守百官行拜贺礼。上不受贺，具祭太祖自罚。群臣俱令带罪图功，仍降自责敕谕于群臣云。

初二日，官兵、义兵争粮，县官掣肘，永胜伯郑彩疏陈之。上命会同该督抚计兵派饷，毋致行间之扰。其捐助事宜，地方官照例劝输，不得强民。又命陆清源赍犒赏银往江上，酌量颁发。现在战守兵丁，刻期迎驾。温、处等饷，确遵派定前议。

敕谕御营内阁传行："朕见徽州已复之奏，稍为可慰；又建昌警信之奏，应援宜速。国姓成功速发锐兵二千，同辅臣光春，文武齐心先发，暂往铅山。一为郑彩声援，一俟王师并至，合力建功。朕心切拜孝陵，更念威宗未葬，江北祖陵未靖，南阳王陵犹隔，朕之根本未全，何颜君临天下？昨据楚督何腾蛟有荆州恢复之报，则河南声气可通，燕豫诸陵可达，非遣重臣，朕怀莫慰。况抚安新降兵将，更与督抚相成。辅臣观生，拥戴甚早，忠荩可嘉，即着出南赣，比方邓禹之行，特赐定衔，曰：'钦命瞻奉南北帝王山陵，安定燕豫兵民文武，赐上方剑，便宜行事，调度直闽川广，恢复江浙南京，行在文渊阁大学士，兼吏兵二部尚书。'御营礼部速铸银印一颗，文曰：'瞻奉南北山陵安定兵民文武便宜行事恢复南京阁部之印。'再赐旗牌十六面，即各撰给敕书，初十日行，朕系御门亲饯，御营该部遵行。特谕。"

概免勘合夫马，以苏驿困。

敕上游巡抚吴春枝选募健丁，精勤训练，曰："上游关系，不减关中、河南。朕方倚卿以萧何、寇恂之任，幸自勉旃，以膺重赏。新募兵粮，准照各营例给。"

平彝侯郑芝龙僭用"监国留后"四字，诏改正之，曰："福京任二王为居守，卿以勋辅为留后，原无'监国'字面。卿还将题奏文移照敕填注，不可错误！"

随征各官有当减者、当增者，命吏部尚书曾樱会同御营诸臣按册确拟奏夺。

命两广抚臣丁魁楚随瞻奉山陵辅臣苏观生往楚豫图功，另推其继者。

上谕："抚臣职不可一柄两操，然时值多故，惟有专辖旁辖，如郧阳抚臣及南赣抚臣，原有旧例。下游抚臣，兴泉汀漳是专属，惠潮是旁属；潮州抚臣，惠潮是专属，漳南是旁属，亦古义所谓犬牙相制之道也。"

罚旧粮道夏尚绹万金以助兵饷，复命都御史陆清源核其素行，不得一毫含隐，以广惩贪劝廉之风。尚绹有死灰复燃之意，故乐助云。

赐松滋、东会、泸溪、延津四王春宴银十两。

左都督杨鼎卿细陈起义情由，诏答之曰："人君大柄，止在知人善任；人臣大义，惟是勿欺至公。朕久历艰难，稍识情伪。朝廷坏于朋党，祖庙由此两危。北京之失，东林之罪何辞？南都之陷，魏党之咎莫谢。其余门户声气，朕自万古鉴衡，以御天下。杨鼎卿父子戴朕甚早，阁部臣马士英，朕必不负其捧主之心，在辅臣亦当痛悔其误陷圣安之戾。诸臣万疏千章，岂夺朕心公论？靖彝侯方国安力扼江干，大功实在宗社。朕今亲征在迩，指日即与辅臣旧臣相见，未尽之情，还俟面奏。杨鼎卿父子还始终调联，以待王师之至。"云。

敕谕御营吏部："朕念远臣间关可悯，杨文□素负清名，可擢为兵科给事中；顾之俊謇谔自任，可擢为浙江道监察御史；刘鸣凤该部速速擢用；丁时魁、傅作霖听辅臣观生题衔任用。辅臣拥戴忠猷，倚任甚重，再与定衔云云。其随行并地方文武，四品以上题授；五品以下径授后奏；四品以上，功罪奏行；五品以下先行后奏。文官自知府以下，武官自副总以下，不用命者，皆以赐剑从事。速速给与敕谕，必收一统全功。特谕。"

枭奸细陈四宝、程升，发伪示伪票于御营，并议叙副总林明、龙胜功。

敕靖彝侯方国安一意恢杭，阁部朱大典协力复徽，功成膺懋赏。时国安、大典微有不和，浙直左都督吴凯力为调停，以古廉蔺为劝，共图恢复，至是上疏陈其始末，故有是敕。

兵部侍郎唐显悦奉命抵越擒寇，沿途抚散盗贼，地方安静，优旨答之。复命道臣汤来贺催解粤西饷银十万两以备军储。

命宪臣陆清源充为正使，致书鲁王，听其自择一人为副。时清源有广播王言之请，因发御制文及前勉答鲁王书稿三百册、亲征后诏御营敕谕三十册，昭示臣民，以见朕无一日忘天下、无一念不笃亲亲之意。

敕镇臣崔芝以藏贮火药火器接应左都督杨鼎卿捍寇用，毋得目击坐视，以误军机。时鼎卿疏请药器，上以闽中所有，俱载在御营，入浙不远，难以分发，故敕崔芝就近应之。

衢广都督同知蒋若来遣官迎驾，上悦之，给以敕书关防，所领兵马，候朕出关调用。

上驻跸延津时，有议迟出关者，吏部主事曹元芳一疏"举兵须图万全"，意欲上之速行也。答之曰："朕既统师启行，岂有仅止建宁之理？现今催趣将士，到日即自先驱。驻跸金衢，还相机行。"

监军兵科给事中张家玉安插杂民，行各府州县村落，深为得法，上嘉悦之，着工部依家玉所进告示册式刻板，刷印万张，吏兵二部选差能干承差材官数十人，赍送遭寇残害处所，地方官遍行粘布；其腰牌内用正官印信，以防诈伪。

守关大将施福解获清兵伪官朱盛德一名，上着法司速行审明正法。

趣泉州布衣蔡鼎，到日召对御营。鼎有推算望气之学，曾遍历边塞，言论洒洒不穷，府县起文荐之，兹又以病辞，故有是诏。

平彝侯太夫人黄氏进五方旗帜，金鼓铳全。上受之，不报。

上喜左都督杨鼎卿固却鲁藩令印，曰："若鼎卿者，可谓忠荩能明大义矣！朕与鲁王原无嫌疑，前付柯、鲁二使臣启答王书，或未之见乎！"

建、瓯两县交过银一万两，定饷两月，每月二千三百四十两。正、二两月，共该四千六百八十两外，余银皆作安家衣甲之需，着抚臣吴春枝给发回奏。

敕谕郭熺、陈秀："若正月十八日不亲到建宁，违了期限，定正军法不饶！"

　　按：陈、郭二将与郑平彝同起丰沛，郑既贵显，微与不睦，二将亦远遁海外。兹平彝欲藉以守关，故屡言于上，上特旨趣之。

给湖广总督何腾蛟敕印诰荫。

时诰命奉明旨，自隆武元年十二月二十日后，请乞不给。兹为破格，故特书之。亦见上之隆笃大臣也。

谕左都御史熊开元曰："宣德达情，全藉巡方御史。近来情弊因仍，贪者工攫取，傲者喜逢迎，以致民穷无告，盗贼繁兴，殊可痛恨。卿还严访详谕，务令激扬得法，吏畏民怀，有不称职的，即参来重处！"

起揭重熙原官，着其联络建昌，俟事稍平，即来陛见，以应大用。

吏部尚书曾樱首荐凌超，以其才能可当一面，上命其速来迎驾，云超虽素有谋略，但其原官赞画，应否即以监军道起用，须面征其底蕴，方可破格擢用也。

下游巡抚御史高允兹疏陈闽南抽税之害，上以"杂税尽行停免，久有明旨，下游官裔乃敢私抽扰民，法纪何存！着允兹严拿正法，以安穷民，仍大张榜示，晓谕毋忽"。

设立建言簿以收实益，以壮敢言者之气。从大学士熊开元之请，以言官纠弹，不避权贵，事关补衮，亦须指陈，故云。

谕科道官纠仪导驾，照两京旧例行。

上以孝陵未见，疆土未复，不受庆贺。时京省俱有表笺，大学士朱继祚封进，上曰："览诸表笺，亦见归诚之笃。"云。

御营吏部尚书路振飞进《奋练义勇说》，上曰："此真安攘大略！书册留览，暇当为卿序之。"

诏授陈学孝监纪通判职衔，照旧在本乡团练乡兵。

敕谕御营礼部，速择驾行日期，不许违误。

谕辅臣朱继祚曰："君臣一体，虽小臣亦必加恩；法自贵近，即大臣亦从画一。朕天性忠厚，爱诸臣以大体、以廉耻。登极七月，优礼备至，乃始以坚卧之套，必待朝廷几次温旨，如请伊葛之才。至到日，又一筹不展，推诿因循，毫无爱君之真情，心存假恭之旧例。呜呼！高拱不作，张居正已往，朕今身任中兴，举目不知所倚，深可痛伤！看今日之情态，则知世庙之于夏言、神庙之于张位、烈庙之于刘鸿训等，皆圣心之不得已也。此次暂且从宽，再若因循推卸，或以紧要军事推委之于中书；或将紧急敕书不自作自写，故意延迟，要坏国事；或当会票之本，不肯确议；或当担当决断之事，上则推候圣裁，下则推下部议，凡有此等，则三尺具在，祖宗大法，朕必不敢私徇，断断必行。尔等详之慎之。呼吸死生，大迷不醒，不得不如此行也。又令内阁出入之门，着将外门速速严锁，要从川堂之门走动，张鸣凤速速遵行。机务正繁，辅臣德璟还即日入直，不许延挨。各该部科道官，一体遵行毋忽！"

按：此谕备写辅臣养望推委情态，可谓要言不繁矣。

禁立生祠。时天兴府贡生郑献可献谀，以上实心爱民，请立生祠，以祝万寿，诏责之曰："朕绍大统七月，祖陵不见，疆土不复，臣子因循不能变，百姓汤火不能援。擢朕之发，不足数朕之罪。惟此一念身殉太祖，天地临之。自登极入闽，上无血性担当之倚，下无爱民如子之臣。出饷之征，累我百姓，朕实痛心，有何功德，而作此无妄建祠之事？且即中兴一统，亦断不学丧心文武，剥了民财，还受献谀生祠之事。郑献可速速停止，无重累吾民，增朕之罪过。御营该部速行文与该抚按传云。"

国姓成功领兵出大定关，兵科给事中陈履贞监定清侯郑鸿逵军，抵衢州界上，各有温旨答之。

命户部主事李日炜催延、建二府借助银两，张调鼎催汀、邵二府借助银两，如不破情面，失误军机，各有显罚。

江西巡抚都御史徐世荫上疏迎驾，并请面奏。上许之，复答云："逆寇犹狂，广信地重，着且料理堵剿。朕今暂住建宁，不时即要出关，即于建牙处召对。"

掌河南道御史谢绍芳奉命安抚浦城，极言营头邮传之苦。上云："此事深可痛恨！一处如此，他处可知。以后勘合马牌，断宜少发。如有给札参游守把，及假扮官兵扰害人民者，许地方拿解该抚按正法。榜示通衢，以共遵守。"

谕巡关御史郑为虹："不得因人言推诿关务，即着前往仙霞巡防。王兆熊参列事情，该抚一并虚公奏夺，毋得偏徇。"

催陈天榜、张晋征各领本标兵丁飞守信地。

命百官具吉服赴松溪王府，捧迎太祖圣容，步行至朝门外，俟朕迎入行在。

封广东总督丁魁楚平粤伯，准与世袭，颁给铁券。时靖江王僭妄自立，不奉正朔，复任用幸臣顾奕、吴之琮、杨国威、张龙翼等，羽翼肆行。魁楚用计擒获，并顾奕等，送至行在；又复照护宗室，赈贫雪冤，诏褒异之，曰："卿调度兵将，悉合机宜，成功甚速，朕心嘉悦，立颁殊赏。靖庶悖逆，自有祖宗法在，非朕得私。亨甄册命冕服，赍送维难，已命制铸，遣广西试臣陈天定、林明兴带差行礼颁行了。土司赦罪加恩，胁从文武，一概宽宥，及雪济残虐宗民，俱照前旨行。其从逆顾奕等俟解到正法。惠、潮寇警，已着唐显悦同地方官收剿，与卿共夹攻之，以收底定之功。"

赐闯贼党郝摇旗名曰"永忠"。时闯贼李自成为清所迫，走居鄂地；风霾警之，又遁入九宫山。余党十万悉为伏兵所诛，自成自刎。湖广总督何腾蛟疏闻，以摇旗有指视之功，故特以"永忠"之名赐之，俾知犯上者必正天诛云。

擒伪官假兵李养心等一十八名审明正法。

诏宽魏党一案，复媚□宋祯汉原官。诏曰："媚□一案，止因议论遍苛，遂致人心不服，酿成党局。一年两陷京都，莫不祸根于此。朕今继统中兴，一洗从前陋习。东林陷误北京，魏党陷误南京，厥罪惟均。乃官赐祭一坛。此后真正魏党，亦与一概涤宽。但责后效，不计已往。盖中兴之时事，臣民悔过，且与维新，况轻于此者乎？廷臣各宜以朕之心为心，勿再酿激黄澍等鼓煽左变之大害。朕度如天，诸臣钦信。"云云。

诏加福建乡试举人十名，以为中兴新恩，流寓亦准酌量增加。时上锐意文事，欲是年首开乡试。平彝侯郑芝龙以兵兴过费，宾兴之典宜少暂停，语甚剀切。上不从。以乡试不宜改期失信，且文事武备，原是一体，云云。

翰林院编修周之夔乞监军讨贼，报国自效。上初不允，以儒臣自有专职，诏诰方资撰述，岂得复事戎行，然亦足见其忠壮，后乃加兵科职衔。

允雷廉参将郑芝虎开采杨苗地方沙金，不得生事骚扰，反滋民害。

催陈秀兵一千名督发前来，不可在汀就近调发，并漳州召募一千名员，着平彝侯郑芝龙催齐速至。朕专待二处兵到，便可出关云云。

召平彝侯郑芝龙至行在面议军务，曰："朕亲征剿清，实欲恢疆觐祖，义不容缓。至于固守关隘，动出万全，乃宗社大计，已有旨召卿。亟望即到，以慰悬仁。"

谕定清侯郑鸿逵："卿所统兵出关已久，何云'赴关防剿'？以后塘报，还开明于某地方接到，庶朝廷便于策应。若清之声东击西，狡情已自可见，卿宜着意料理。"

敕永胜伯郑彩策励将士，以收榆效。时彩已失律败师，又思以乡勇借题，上疏言发银二千六百两，分给联络义师，以俾守御。上以此固是应急一着，但乡勇只可借声援，其冲锋对敌，还须官兵云云。复敕彩："开造现在兵数册，并分首从冲锋四等，以便给饷。还着策励图功，固守关隘。果建恢疆之绩，自还世袭之封。赏罚人主之大权；朕方痛自刻责，至公无私，并罚内外诸臣，岂为卿一人而行其法耶？"时彩已奉削去世袭之旨，故云。

差兵部试主事汪沐日到衢州，联络官绅士民，堵御清口，以待王师，曰："朕跸临建水，指日出关，以恢复杭徽为急着。汪沐日文而能武，为辅臣德璟所保荐，自有良筹，到（下疑有缺文）"

敕两浙抚按："朕用兵方亟，辽饷自难遽蠲，着照旧征收。但不得别立加派名色，致累穷民。"

敕江西抚臣刘广胤、兵科都给事中曾应遴招抚闽寇。时闽寇四散，待抚日久。朝廷议论不一，应遴以为言，故敕广胤同应遴公细商酌，加意料理，以资剿堵。务要操纵得宜，俾一意投诚，实为我用。若克复南昌之功，业有世封之命。朕信如日，必不食言。"

敕益阳王速还严州。时因彝警，益阳王仓卒至衢，并未奏启，故敕其速还，以明恭顺。

擢原兵部主事李蓁为金衢巡抚，墨衰从戎。时李蓁疏陈衢地显患，并恳辞就职。上以为"巡抚之擢，出朕钦定，不许再辞，着即墨衰供职，以消除虏氛"。又谕之曰："三衢为八闽咽喉要地，岂堪显患隐忧，丛集于内？且时遇至艰，更得好官为急，安得县职妄用吏员？总之今时之官，必仁以恤民，智以养兵，勇于御敌，刚以不挠，始为合格。李蓁素饶干济，方今倚任甚隆，衢为要地，抚为重臣，还着加意担当，安民治兵，以俟六飞□至，面谕方略。"

复旧辅臣张居正原荫锦衣卫指挥世袭。

太常寺少卿杨鼎和改署铨司，陈六议：一曰端本源，二曰慎名器，三曰重守令，四曰行久任，五曰专咨访，六曰严部覆。上嘉纳之。

谕定清侯郑鸿逵曰："逆兵狡诈多端，恨我战守无当。始则境内坐縻，今复信讹撤转。不但天下何观，抑且万世遗耻。自古唇齿之喻，未有不能守于关外而能守于关内者。还着用将选兵，出守江山，并令郭熺速到。领兵将官林壮猷速同陈鼎于关上会同辅臣振飞等，确议遣发，严保江山，联援金、衢。然后督守关隘，又不可阻急报而隔远臣。”

降郑鸿逵一级，改太师为少师。时因黄克辉败绩，故有是命。

辅臣路振飞荫一子锦衣卫千户世袭。振飞抚淮时，逆寇交讧，振飞有保淮之功，万民交颂之。上过淮，得于目见，且有旧德，故特隆宠命，以示非私也。

犒镇臣刘承胤所领兵将，并表里、白金赐之。手敕云：“屡得卿奏，深嘉忠功。朕今亲征，暂跸建水。特着奉陵辅臣颁银一百两，表裹四疋，并交虔州桥税一千两，犒卿兵将。道远赍之不易，至可领也。朕答鲁王书，并元旦敕谕，善为宣示，及云贵恩诏，委卿代颁。一面迎驾，一面力复江京，彝典具于明诏，朕不食言。特谕。”

锦衣卫承旨张鸣凤疏荐禁旅都司佥事加三级胡上琛“文武兼优，江右之役，请与偕行”，上允之。

手敕楚督定兴伯何腾蛟，赐赍甚厚。敕曰：“国运中微，朕勉继统，云龙风虎，舍卿其谁？今朕亲征，暂驻建水。先遣辅臣苏观生瞻奉山陵，宣安兵将，与卿同心，先复江省，继靖南京，并抚镇刘承胤等，复江省者世封伯，复南京者世封公，复北京者封真王。具如明诏，卿其勉之。先遣精甲一万，迎朕湖东，恤民库发朕膳银二百两，表里八匹，辅臣顺赍，至可领也。发银二千两犒师，标兵各将，路遥莫致，姑准于虔州桥税速速发行，盼卿功臣，与卿今年金陵握手，勖之亮之！特谕。"又谕云："楚粤云贵近有异闻，卿可以援天无二日之义，以全朕骨肉之情，尤所殷望。"

新擢科臣吴闻礼为上游巡抚都御史，准于衔上加"便宜行事"四字，以重事权。

提学御史毛协恭缴进同乡各臣书疏，上读毕，感痛云："江南士绅无人不洒涕思明，枕戈待举。朕必亲提黄钺，张皇六师，以慰臣民之望。大小文武，当时时刻励尔志，毋狃偏安！"

建宁知府周维新疏言："王师至止，建民输将最苦，不堪复应他求。"上许之。

降巡视中城御史沈佺期一级，以戒凌躁。时闽、侯二县知县刘霖懋、朱铣镐调繁未久，佺期疏荐之，上以"赏罚本于人主至公，抑竞奖恬，御世大道。霖懋、铣镐虽有薄劳，岂可以县署为传舍？为二臣陈请者，皆是情面贿赂之饰习，亦是以竞引竞之恶趋，薄以降级示惩；如再有欺饰，定行重处"云。

召刑部侍郎刘若金至御营，专领刑部事，兼管左副都御史，即来赐对供职。

刑部总务司员外郑逢芳报解施燧赃银一千零三十余

两，着恤民库察收。

> 按：施爌之狱以逢芳成，而施爌之赃亦责逢芳完，七千而始解一千，后来之追比，当必有波及无辜者矣。

命辅臣撰御榜，沿途张挂，禁官兵扰害民生。时刑科给事中胡显极言：宁、绍官兵沿途骚扰，民不聊生，急宜禁止。上以"朕决计亲征，先救现在之民，欲杀害民之寇，岂有擅兵无纪，成此惨伤？兵额不由于天子，兵数不报于本部，兵饷不由于司农。人善自纵而惮拘简，致民尽自毙，祸及国家。江北各镇，近鉴甚明，知不可改。今亲戎在途，第一痛心此事，除前不究外，今先着御营兵部行文该抚按，严行榜示，有犯必惩。继以御榜张挂，以救民生。江上将士还勉效忠义，迅图灭彝，副朕除暴救民至意"。

敕下游巡按御史高允兹："于汀州府属练土著兵三千，以补客兵原数，务期有勇知方，会同该抚募练有绪，即行回奏。"云云。

免汀州府属借助有差。时汀州伤残已甚，寇盗日滋，连年用兵，瘠薄可念，又欲行借助之法。下游按臣高允兹以为言，故武平准全免；长汀、青流、归化准免其半；上杭、永定、宁化、连城，准宽至三月，以示优恤。

敕加永定知县徐可久户部主事衔，遇要紧道缺推用，以其新任地方，即能奋勇定变，足见伟略也。永定在万山中，原割自上杭一隅之地，兵饷两乏。可久自荡平虔寇后，多方抚绥，革去从前陋习，开布血诚，以五里弹丸之地，劝谕输助银五千二百两有奇，又为地方除切要六款，故屡邀温旨云云。

封琳渼为陈世子。琳渼今上胞侄，追封邓王聿锇长子，生于崇祯四年。六岁时，即遇今上蒙难，相别已久，其父王已殉节于南阳，谥曰愍，即曰陈愍王。令御营具册宝冠服，临期传制，以展亲亲之义，随令随征，尽侍膳问安之礼。且令中书官与世子作讲读，导以礼仪。

谕督剿蜀寇兵部尚书王应熊："辅臣密勿重任，出总军旅，原非常之艰难，托非常之亲信，当使万里之外，宛如咫尺纶扉。朕以臣民拥戴，继统危微，倚卿元老，如身有臂。祖宗疆宇，凡有未复，即朕躬之有罪，亦耆辅之深羞。朕或用人行政之不善，卿当有闻即告，况四川为卿之桑梓、朕之版图？大小文武举用，自然一以委卿。一切军民机务，即假卿便宜。"

四川督师王应熊疏陈西南形势，上手敕答云："览卿奏，详陈兴复次第，天下形势，朕意豁然，深嘉卿硕画。朕自惭虚薄，何能负荷多难？但稍秉仁孝之性，切励除雪之诚。一誓清孝陵，二誓葬烈庙，三誓迎圣安。半载恨无寸功，亲征暂跸建水。天以元老，留辅朕躬，将以中兴全功托卿，岂但西南倚赖？饷济维艰，朕必从长力行接措，朝廷时切兵行粮从之筹，卿亦预申老师匮财之戒。上下交警，不日成功矣。切望切望！"

改堵胤锡为副都御史巡抚湖广，赐以膳银百两、表里四端，手敕褒誉，并谕以陈可立缪举速为匡正之，以明天无二日之义。

敕江西辅臣杨廷麟，督臣万元吉，□臣曾应遴、陈泰来速备兵迎驾，曰："朕亲征暂驻建水，御营兵力未充，必俟卿等迎驾，陈荩兵宜速至湖东。朕惟待卿等兵至，方可出关，盼望甚切。卿等速与辅臣观生议行，或楚粤兵将来迎亦可，先还具奏，以慰朕心。答鲁王书、元旦敕谕，可善宣布。"

手敕辅臣苏观生曰："朕以卿与楚督定兴伯何腾蛟为左右两臂，卿两人必无一毫矛盾，百事一德一心，以释朕虑，以佐中兴。两美必合，须防宵小交构，戒之记之！逆贼李自成之死，督臣确报可凭。人传李贼在于北杀鲁，虽不足信，尚待卿同督臣再有奏到，才好告庙宣捷。定兴伯印，先发一颗与督臣，差官顺赍，恐有不到，故今另铸，托卿再赍钦承。仍有七省左右将军印信二颗，顺赍与郝承忠、张先璧恭授。再给楚督臣、抚臣、镇臣敕各一道，委其与卿并力复南昌，复南京，速遣劲兵一万来湖东迎驾。云南、贵州诏尚未颁到，卿可领去，再为顺颁。恤民库赐卿路费三百两、行饷三千两，卿其钦承。一切便宜，不可一毫推托，一力担当，功成重报。"

救蜀督抚阁部臣王应熊善亲摇黄诸寇。时应熊上疏言恢复蜀中各郡县，上答云："卿力恢残败封疆，屡胜猖狂逆寇，用饷仅十五万，不取空城伪印为功。从前覆京弊端，赖我元臣一洗，朕志削平天下，闻此大慰于心！至献贼之残忍，手砍数十万生灵，朕实不胜痛愤！若不速救斯民，何颜对我太祖？望卿力任平贼，朕必有请立应。至于摇黄诸寇，罪原轻于献贼，卿还善用戎索，俾为我用。若能以摇平献，释过赏功，必不失信。卿以不杀止杀，图机出之仁恻，尤足嘉悦！"

两广总督丁魁楚辞封伯爵，上不允，曰："朕当艰危继统，全赖闽粤合济中兴。卿有闻檄拥戴之大忠，又有迅平逆寇之巨绩。王守仁当全盛之时，无推举之事，以卿比之，功实为过。世伯之颁，卿当领受。乃奏引四咎，愈见奇勋。若不拜表擒逆，高庙神灵何倚？况朕继统半载，寸功未立，倚卿在粤，如臂护身。还宜勉奉恩纶，仍旧督理。俟朕得拜孝陵，另敕召卿入觐，誓与中兴君臣始终。言出真切，不可再辞，负朕激望至意。"

禁云山禅寺僧宗德聚众建醮，诵诸天菩萨宝号。

按：今上实心爱民，不欲徼福，此举视隋之舍身、唐之迎佛骨，远矣。

诏改福京都察院署为唐王府。王初居北门，以病改今所。

大理寺少卿熊化疏请恢复之策，必先首定江西。且列陈关外急着。上曰："恢复始江西，自是正着，但随机应变，亦难执定一局。其锡玺书与永宁，授阎、罗、宋等以官职，俱已行了。至批答咨度二事，关切朕躬，深为嘉纳。条陈泛滥，希冀得官，实效罔闻，徒开幸窦，俱近日弊习，允当裁汰融化。老成沉静，无党无偏，朕所孚鉴。"

川陕总督樊一蘅遣官入贺，上答之云："太祖栉沐之天下，两都、武林三误，而有今日。朕勉答群请，继统危难，全赖内外臣工，洗心实做。痛祖宗多年功德在人，幸彝寇规模全是草窃。但我君臣当尽改覆辙，打起精神，实实爱民，实实治兵，人心天意，兴复可必。樊一蘅才名久著，万里投诚，亟当勉佐中兴，与云台之例云尔。"

广西梧州府兵火初宁，诏补所缺正印官，以抚循之。

诏天兴府添设管铸通判一员。

上阅瓯宁县知县赵庚所陈政事疏曰："赵庚此疏言

兵、言将、言饷、言战守，包括已尽，即可为今日闽疆御备之要着。下部看议，着实举行。毋忽。"

加林宰兵部尚书衔，致仕（吏部尚书曾樱荐其年德俱懋）。

以□□张夫为户部侍郎，专管钱法。

手敕广督平粤伯丁魁楚、按臣王化澄、镇臣周仕凤："朕因兵力未厚，致稽出关，卿等仍照前旨，募兵五千，不可为浮议疑阻，再召狼兵七千。七千之兵，俱准支销正项粮饷。三月之内，朕要见卿之兵到。仍命大将周仕凤督至御营，随驾征剿，朕亲至虔入楚，以收天下全局，卿其力赞成功焉。"

按：今上与各督抚手敕，俱惓惓出关，其倚赖之意，蔼然言表，惜无有应之者。遂令偏安之业亦不可成，真臣负君矣。惜哉！

钦命新例兵将文册付平粤伯丁魁楚（一籍贯，二年貌，三武艺，四队伍保结，一移兵部，一进御览）。

敕两广事例银五万两，付定兴伯何腾蛟，为收拾降兵、取江克京之用。

联络恢剿兵部尚书杨廷麟疏留粤饷以备大兵，上以"粤饷为御营急需，万不可留。但今卿剿事方殷，量留五万，凑前五万，以成剿局。速立复江省，以迓乘舆。

余俟地方恢复，动支正项，并行劝输酌用"。

二月，户部左侍郎李长倩上言：亲征饷需，宜开加纳事例。上从允。

赐大学士蒋德璟乘马一匹。以其老成旧臣，纶扉倚望，两辞不允，其亦《晋》"康侯锡马蕃庶，尽日三接"之风乎！

镇海、平和二县乱民借题报复，聚众杀人，下游巡抚刘柱国解散之。上以"小民果有冤情，何不申理该管衙门，乃敢横行无忌，殊干法纪，着下游巡抚臣同潮抚严行禁戢，以安地方"。

初九日夜，雨雹，大如拳，敲击窗间有声，闽地数十年一见。

益阳王私授县官，诏禁之曰："国家敦厚懿亲，自有典制。朕复天性笃爱宗枝，王借受慈禧之命，又借勋镇方国安之推，奉迎日表奏虽来，公然用监国之宝。不知此宝授自何人？辅勋士英、国安疏王本末甚明，朕正不必显示。乃到处骚扰，妄行升授，亦为有过。复闻播害龙游，民苦不堪，又图遂昌，尤碍法纪。着地方抚按官速速止王回严，以明大义。"

敕平彝侯郑芝龙云："永安关隘甚多，何可无兵扼守？所需兵册，何将为近？何将为远？还着察明，以便立限。水师船仅百只，未足捣巢，亟须即行修造。毋忽！"

敕行在兵部速发兵三千，应援衢州。时严州告急，三衢震动，邻督辅黄鸣俊入告，故有是举。

都督同知郭熺疏请粮饷器械，着行在户工二部给发。

敕处州道臣董振秀将十县粮饷，分给军前。以丽水、青田、缙云、平阳、景宁五县饷银，给勋臣刘孔昭养兵将。以龙泉、遂昌、松阳、□□、□□五县饷银，给督臣杨文骢养兵将。时二臣互有争执，复手敕与之曰："师饱在饷，师克在和。与其同饷而涉于争，不如分饷而归于和。今后两臣同心协复，再勿争竞。其兵马五款三等册籍，限四十日内造进。过期不至，造报不实者，停粮记过。近闻年荒饷急，民困难支，仍将民粮分限催征，以息民力。两俱不许差人至县，辱官虐民。违者亦不许支粮，仍着该管官具疏参奏。"云云。

按：此敕洞悉官箴民隐，其策励二臣之意，蔼然可见。

卷　五

救都督同知施福提兵出关，以壮声势。时金衢道臣疏陈："衢郡士民警窜，库藏空虚。藩宗乌合之兵，盘踞于内；淳、遂鸥张之寇，蹂躏于外。如此艰危，速宜救援。"云。

归化县复征崇祯十七年银粮，以备王师。时已行蠲免，诏禁止之。

青流县因主佃混争，聚众激变。县官谕散，为定租斗。诏褒之。

辅臣苏观生兵过将乐，居民无扰；复陈内地堤防宜密。上称善。

救辅臣陈洪谧："盘湖、董家店、百丈岭，皆系要害地方，何以不全设备？"

衢、严报警，救尚宝司司丞陈鼎速催兵将出关，救印不许缴。

谕兵部尚书郭必昌曰："朕自登极以来，诸臣未有催发事件者，今始于卿见之，具见慎重关切，朕心嘉悦。每日文书甚多，批览俱经朕之手眼方行。此后卿部凡有要紧本章，即于封上搭一红签，上书六字曰'要本乞速批行’，应即先批发。以后卿即记着。”

江楚都督汪硕画上言：“逃兵肆掠，无官安缉，深为可忧。致与地方奸棍勾奴通路，贻害尤非小可。”上深然之，敕该部速行文严饬。

兵部尚书朱大典辞阁衔，不许。大典拥重兵于金华，与国安势不相下。上敕其协心和气，共济时艰。兹赍和本至，乃加阁衔，大典疏辞。上谕之曰：“卿忠诚干济，劳苦功高，在辅臣振飞固有同心，而朕心实切眷倚。宜祗承明命，以慰朕远怀。”

兵部尚书朱大典疏荐使臣兵科给事中刘中藻“思苦虑深，学纯力定”。上召对，称旨。敕谕枢臣郭维经，速催蔡鼎、凌超，即来候对。

松江捷书至，赐督臣荆本彻，镇臣黄斌卿、张名振，各银二十四两，表里四端，以示劝激，余将帅各升级有差。

十四夜，福州开元寺失火，延烧灵源阁居民百余家。

议以荒芜田地，听民间开垦，三年后始升科充饷。上以为然，令抚按行各属通知。

命户科给事中李日炜督催汀、邵、惠、潮四府粮饷；其借助过者，准作三年预征。

三月，施福、林顺兵到建阳。

命平彝侯郑芝龙专理水师，户工二部事务有相关者，听其兼理。

革郑彩职，令平彝侯追缴永胜伯印、征□大将军印、黄钺、剑并各敕书。

许小民被清强迫者竖义民旗，自为别白。一时网中难觅，以蓝白布裹头，兵将不得擅杀。有能杀寇归降者，一如诏格。

敕肃虏伯黄斌卿："卿孤兵久处舟山，援饷不继，朕每以为念。今得张名振资助万金，克复苏松，可望其大焉。鸟铳、火药、硝磺、枪刀、铅弹等项一并给发。"

平彝侯郑芝龙进浙直水陆地图，上曰："观图备悉奇正之着，五路并出，与合太湖义兵为策应，使西兴将士，为我出力，俱是全着急务。卿其速规进取，毋但仅托条陈。"

禁将官胡来贡官兵打粮焚劫。

敕惠潮巡抚刘柱国："加意绸缪二府，以为中兴根本，惠州更宜消弭于番。"

揭重熙兵扼龙斗铺，□□□□□出关，上嘉纳之。

汀州多寇虏，李言愿捐家起义，扈驾西征。上谕其招募，先靖本里为要。

敕国姓成功招致郑彩逃兵，毋得令其惊扰地方百姓。

沙县山寇李昌元等拥众千人，兼以不轨之众，声势浩大，上令兵部立行调兵扑灭之，后旋就抚。

永安寇警频闻，定清侯郑鸿逵力疾剿援，上嘉纳之。又敕："仙霞一带，为卿汛守要地，尤须严行毖饬，毋徒委曾德扼防。"

掣回汛守分水关副将林顺兵赴邵武，协同郭熺、陈秀，驱贼图功，令择能者交代，不可疏虞失守。

下游巡抚吴之屏疏陈时事孔亟，内防宜周。上曰："泉州新旧兵一千一百余名，岁需饷银七千余两，除绅衿每田一顷，助银一钱，及典铺、车铺、澳船、海船资助外，可足岁支之额。尔用心料理，务使兵民相安为要。"

谕唐王聿鐥、邓王器墭曰："京中民情安堵，市肆不迁，朕心慰悦。亲征原以安民，闽都根本重地，王等还多方晓谕，禁戢逃兵。朕若早觐孝陵，自有蠲免恩诏。"

命督师傅冠提标旅兵出湖东，所载火药器械，敕沿途州县拨兵护送。

平彝侯郑芝龙清察出晋江、南安、惠安、永春四县无碍谷价银六千四百余两。上喜，复命黄日焕去同安、安溪、德化三县并七府一州四十余县，再行清察。各要无扰官民，有裨国计。

发三四月份饷银二万五千五百八十两七钱与十营官兵，计九千二百三十二名。敕："广西起存银两，每年总额细额，及内库金花银两，至今未经造册开报。其户口、田赋、兵马，文武在籍在任，并举监生员，及赋役全书，通着行在户部行文付桂府差官，责成该抚按详察开明，付试官陈天定、林明兴赍到，违者定究。特谕！"

翰林院检讨黄庆华先后奏明捐助已解未解之数约二十六万余两，复奏彝寇急宜剿灭，免至糜饷，及"和断速密"四字，上嘉纳之。

敕广东督抚按："禁豪右擅立铜锡丝漆私税名目，以蠹国害民。府州县严示晓谕，犯者杀无赦！"

罗浮山寇听抚，监司王应华主其成，上悦之，谓："应华忠信服人，良可嘉尚。其解散之法，亦须酌处妥当，永杜后虞。"

上将取道于汀，汀人徯后。饷部侍郎李长倩以汀属空虚，请留饷三万，以训练土著而备缓急。上可其议。

楚兵复需粤饷，以前十万两不足用，饷部侍郎李长倩以为言。上云："留饷已有前旨，该镇共事一方，着以通融接济。俟朕至军前，再行酌处，无得纷争。"

裁去捧卫官跟役月粮，以省虚糜。

督师阁部黄鸣俊疏陈战士脱巾告急，上准于就近学院吴国述同少卿李维樾事例各项内动支，报部销算。

谕大学士熊开元："卿以聪明执持，受知简用。朕昔不以人言而用，今岂以人言而舍？着调理安痊日，即来行在办事。马借人乘，尚为厚道，岂君臣之际，任重纶扉，何必缴进？着留为病好进朝之用。"

着中书李开英敦趣辅臣路振飞前来，以副倚重。

晋礼部尚书黄锦太子少傅，以示优重老成之意。

敕浙东巡抚御史郭贞一赈恤驿递。敕曰："祖制地方设立驿递，原为上下通达道路，流贯血脉，事关非细。近日文武诸臣忠上之心既微，恤民之心更短。累我百姓，苦窜驿官。先帝屡下明禁，诸臣欺蔽相仍。今日残疆驿骚尤甚，朕所痛恨。温、处、衢之免应副，已奉明旨；其金、严、绍、宁、台五府，所当一体恩恤。非是紧急军机，一切不许应副。如有抗旨害民，三尺具在，该抚恪体，以苏我民。"

靖江庶人亨嘉械至延中，上命锦衣卫王之臣用心防护，无得疏虞。仍敕刑部侍郎马思理安置靖庶，还要酌议妥当。所刻《靖案》，作速颁行在闽亲郡各王，并令具议来奏，以服天下万世之心。不可草率，亦不许迟误。

命县官包象乾、刘以修、熊兴麟往汀州募兵。

命陆清源解犒赏银一万两赴靖彝侯方国安军前。

三月初一日，虏械辅臣黄道周，监纪主事赵士超，中书毛玄水、蔡时培、赖叔儒五人，至南京，不屈，死。时洪承畴总督江南，知道周赋性鲠直，一见必为所诟，乃托故不与通，命伪操江陈姓者来见，说之曰："老先生海内名公，清兵且敬之若神，天命有归，何自苦若是？且洪总督与老先生同乡，一见必可富贵，共成鼎革勋猷。况大衍易数，先生所素明，岂不知今日事耶？"道周闭目掩鼻不言，陈因问之曰："老先生何不出一言转祸为福？"道周乃曰："尔何人？"答曰："陈某。"曰："尔亦大明臣子，吾有目不忍视尔，有耳不忍闻尔，复忍与尔言耶！"陈后复问曰："先生掩鼻何为？"道周曰："腥气难当！"陈乃大惭而去，清知其无降志，曰："不如成尔名！"乃同士超等五人斩于市，尸犹僵立不仆，京师为痛哭者五日。清仍厚葬之。先是，士超临刑时，数承畴之罪而骂之曰："误国老贼，夷我宗社，害我赤子，吾恨不生啖其肉！倘使我见奸臣之面，死亦无憾！"复嘱道周曰："吾师神魂勿乱，同去孝陵见太祖，当为厉鬼阴歼之可也！"

吏部主事郑赓唐以上有出关之念，有阻之者，上"圣驾虽不临浙"一疏，上答之云："朕用浙人不少，尤痛念浙民，何忍置之？督辅鸣俊驻衢，亦以固闽门户，相机进取。朝廷原无中制，枢辅大典，勋臣孔昭，既任复徽，固朕深愿。督辅即不必合力，亦何尝不与同心？"云云。

肃虏伯黄斌卿救宪臣张肯堂家属冢孙入闽，上嘉纳之。时清已破松江，不屈而死者，则有夏彝仲允彝、章次弓简。夏曾为长乐令，章曾为罗源令。

以钟炌为行在都察院左都御史。

敕谕行在吏部，陈子龙擢为御营太仆寺卿，杨廷枢擢为兵部主事，以酬其太湖起义之忠。

瓯宁县耆民徐元秋疏陈募练义兵以备战守，上谕之曰："朕刻期出关，则天兴、建宁，即朕之关中、河内。尔所奏大有条理，即着新抚臣吴闻礼照奏内储谷练兵二事，实心举行。效刘晏之转输，助中兴之大举。"云云。

催国姓成功、辅臣傅冠，速出分水关，以复江省。时兵部侍郎郭必昌疏陈湖西官兵将抵南昌，故有是趣。

钦赐李锦御营前部左军，挂龙虎将军印，御改名曰"赤心"，并封其母高氏为贞义一品夫人。

按，诰敕谕文："朕念赤心以真正英贤，昔日托身非所，乃今翻然悔悟，竭奉中兴。虽名臣必待真主，亦赖其有贤母而端慈训也。近据地主督抚连章报其至诚归戴，业已挂印封侯。俟朕驻跸武昌，然后面锡铁券。再允督辅之奏，钦旌母德之贞。尔以善教为慈，赤心以遵母为孝。慈孝既萃于尔门，忠义必恒于功业。特赐尔封为贞义一品夫人，给与恩诏，仍着有司建坊，敕文用'淑赞中兴'。朝廷风标万方，尔门芳留百世。皇后闻之，再三嘉叹，面请加恩，赐尔珠冠一顶，表里四匹，令闻远被，以显纶恩。尔高氏当时以大义训赤心，俾其一德明良于终始，全恢江省，立复金陵，一统功成。尔子拜爵于奉天殿，尔身受恩于坤宁宫，史册昭然，岂不伟欤？尔母子其钦承朕命！”

四月初一日，时关警频传，人心惑乱，敕唐邓二王力行保甲之法，以保固根本地方。

金华府以行宫造成，迎驾，上嘉其忠诚。

都察院左都御史田辟疏请急撤联络宣谕招募之使，以其久使在外，迄无成功，徒糜廪给而已。上惕然云：“自今当酌量慎行也！”

寇毁永定关门，诏敕兵部马上檄陈秀、郭熺星速驰出关，以剿外捍内。

太仆寺少卿凌超疏陈急做实做，不出‘君谋臣断’四字。上称其留心世务，要言不烦，下部议之。

上临赣之议，尚尔犹豫，以南昌未复，湖西未平，赣即寇冲也。礼部主事刘□议用黔、楚、江右等兵于临峡诸路，设营制阃，以资策应。且各阃营百万，泛驾之马，不可以近乘舆。上深然之。

移清湖深坑提塘于衢州江山，以便侦报。

上览兵部主事张俨“定庙算而后动”疏，叹曰：“此疏洞晰军国事机。朕三复之，不忍释手。行在该部其力行之。”

上谓德兴王由枵曰："江民苦兵，甘为彝用，情罪可原。赦过之条已括于'有发为义民，无发为难民'十字，若朕之罪，已悉于元旦诏谕中。"

敕抚臣刘广胤收拾宁都、石城一路，辅臣傅冠、知县臣浦益先收拾建宁一路。该部马上飞檄去。

谥原工部侍郎董应举为忠介、工部侍郎林如楚为恭简，咸与应得祭葬焉。

禁官兵不得擅用封拿船只。以民间食米全资运载流通，凡往来船只，一概不许封拿，以绝小民生路。地方官不得私徇轻纵。

上谓近臣曰："靖彝侯方国安，江上战功独多，归向又敦切；勋臣刘孔昭，世臣中深明大义者，辞公爵而来投诚，朕所嘉尚；科臣刘中藻，奉使开诏，骨力坚挺；台臣郑遵谦，起义独先，归戴最早；勋臣黄斌卿，虽未有恢剿显功，而舟山扼守，待时而动。在朕均依为腹心手足，有何疑贰？即诸臣识见稍或不同，亦何尝有意攻击？内外文武臣工，各宜仰体朕心，共襄大计，毋开嫌阻可也！"

部院吴春枝疏陈："三关分守，需兵一万三千，需饷二十万两，取给京边借助及额饷洋税等租诸项原自有余。随征兵将定额一万，须先措办半年之粮，先资挞伐。后驻跸西江，收拾人心，则粮饷自有所出。"上称其确论，实实可行云。

云南巡抚吴兆元疏辞敕书印剑，上谕其加意料理，曰："卿久抚戡滇疆，弘宣猷绩，正资善后，毋贻朕南顾忧。扫除沐天波，业有成命，不准辞。务令南人不反，以成一统丰功，朕复另有酬叙。"

敕王兆熊修补永安关，动支附近州邑正项钱粮。

敕谕阁部诸臣："国家虽当抢攘，乃文事武备，两难偏废。近据两广云贵俱已开科，岂福京八府，劝进全节、守关措饷之人，不在大比之例？江浙绅衿向风，尤不可不俯答其望，宜定五月内阁中乡试，浙东附试，另卷以便各省同来会试，行在礼部礼科确议奏行。特谕。"

加贵州巡抚都御史范爌为右都。先是，靖庶伪诏颁行，爌固却之；且励兵固圉，至是以拱戴疏至。上欣然加衔，以答忠义云。

陕西道御史钱邦芑请往金、衢、严、湖监军，上喜甚，仍益以杭、嘉、苏、松等处，发恤民库银五百两与之，并给以敕印。

云南土司木增助饷三千五百两，赐以卿衔，给以应得诰命。疏中无隆武年号者，以其发之在先也。

命大学士何吾驺诣平彝侯郑芝龙朝房会议兵饷，云："此番议定，再不纷更。卿须竭诚意以感动之。"

革镇臣黄斌卿伯爵。以其久扼舟山，未有寸功，虚縻廪饷也。

囚鲁藩使臣左军都督裘兆锦、行人林必达。鲁藩以公爵封芝龙兄弟，兆锦、必达俨奉藩命而来，上以其招摇煽惑，欺侮肆行，兼以芝龙兄弟愧愤不出，故令囚之，以候常朝日面质。后兆锦以金赎刑，必达准复原官。

上谕辅臣黄景昉曰："福京讹传惊避，溃兵窜逸，山寇乘机抄掠，兵单饷绌。根本之地，摇动如此，深为可忧。所议归并事权，以军臣兼制二抚及兵道移驻福青等事，卿其确议力行之。"

楚通城王与吴易起义东湖。

上谕吏部主事郑赓唐曰："朕独居不御酒肉，力行已久，岂为难事？若王言屡易，时势使然，朕岂得已哉！至求治过速，止为心切觐陵。尔言言药石，远识深心，朕心嘉悦！"

督师黄鸣俊解伪官钟淑哲一名，上命刑部审明正法。

赐户部侍郎汤来贺新衔关防敕书。来贺疏陈文武率恣空谈，寡做实事，慷慨请缨。上采纳之，予以新衔，曰："钦命总督江浙徽宁等处，专理湖东恢剿，便宜行事，行在兵部兼户部左侍郎，右佥都御史。""所允兵饷即准取用，并粤中隐漏未尽钱粮可充兵饷者，都着一力担察。似尔忠正，岂可多得？成功之日，朕不负报。关防、敕书三日内奏颁，并令其料理水师四百只。"

以郭熺为御营振武营，陈秀为威武营，黄克辉、洪旭为勇武营。

江西东乡县生员监纪魏人龙进《救时箴》，上称其雅俗共赏。

谕唐王聿鐭云："六师久出，岂得回銮？暂驻延津，正规进止。以战守总无成算，文武仍不同心；饷绌兵单，内忧外惧。朕不得不回环却顾，计万全之着。兼以农事方殷，驿路艰苦，朕爱民切切于念，岂忍重困？王必能知朕意，毋惑谣言！"

召守建阳兵将林顺至分水关，与陈天榜同心协力，互相策应。

大学士苏观生疏陈迎驾兵一万，上敕其："责某兵至顺昌，某兵至归化、青流、汀州，务要十分安静，毫不扰民，始慰朕心。"

敕汀州知府汪指南修葺行宫，供亿诸务，概从俭约，不许多费劳民。

进朱大典太子太师、文渊阁大学士，仍镇守金华。

敕督臣万元吉从西路进兵，抚臣周定礽等从东路进兵。以一枝屯建、抚，以偏师出瑞、洪。更檄楚督臣何腾蛟等出九江，合兵采石，立限歼奴，毋使日久糜饷。枢臣吴春枝、部臣汤来贺，速从长计议。

上谓左右侍臣曰："近日两京覆后，武臣冒滥骄贪已极，怯御夷而勇杀民，巧凌躐而无法纪，何能破其积习！”

四月初五日，上诞辰，诸臣先一日请贺，上不受，曰："朕奉大统，已近十月，孝陵不见，百姓不安。文因循于内，武扰害于外。中兴事业，茫无端绪。蔬菜自勉，岂可晏然自居，以听群工庆祝耶？惟于行在公所，总用太牢一分，遥祭二祖列宗；唐国祖宗，另设于旁。"

　　按：上一免元旦之贺，再免寿旦之庆，是真切于复仇雪耻者欤！

敕谕行在吏部、都察院等衙门："考察国家大典，所以别贤否而明吏治。今朕中兴，适逢大计。忆昔神庙末年，南北两京掌计部院，各分党类，遂成水火，朋党之始。今部院科道切要唤醒积习，去朋党之私，以至公黜陟服天下。即逆寇闻之，亦必敬重朝廷有人。如或仍蹈前弊，责有所归。"

召刘柱国入行在，为添注右侍郎，以道臣程珣代抚惠潮等处。

清迫崇安，上敕施福速速领兵出关驱剿，着辅臣德璟同去。施顾虑迁延，德璟复疏趣之。上曰："如此情景，与郑彩进关、张家玉守新城何异乎！"

赐丰城侯李承祚杖，出入朝班。

谥陈用宾为襄毅。

敕平彝侯郑芝龙巡行各关，缴还犒赏剩银三千两，上嘉其恪慎。

敕谕关务殷繁，辅臣振飞奉调日久，着内阁中书官敦趣入直佐理。

特简科臣袁彭年为首垣，佐行察典。

升科臣刘中藻为太仆寺卿，奉敕联络勋辅督镇，赞议金处兵务。

敕谕军师蔡鼎曰："朕原速期幸虔，以迎兵未至。故调国姓成功、辅臣冠，护驾前行。今于华玉兵已至，又虔中迎疏叠来，则国姓、辅臣政可用力湖东，不必调到湖西。东西并举，朕亲节制于虔，江省之复可必。着国姓、辅臣速约各镇鼓锐前进，铅山告警，必行兼顾，以巩崇关。"

居守福京吏部尚书曾樱擅离福京入觐，请对，上切让之。

敕谕行在鸿胪寺："朕奉大统十一月，不见孝陵，情势离阻，愧恨甚深，方图竭勉。寿日断不受贺，文武亦免遥祝，但愿与朕同心觐祖救民，不在区区跪拜也。再行申谕，着即恪遵。"

颁给广饶巡抚周扩关防。

上游巡抚吴闻礼自请防御分水关，上嘉其忠奋。

泉州山寇啸聚，翰林院兼御史黄庆华率同乡倡义保障，地方藉以安宁。上加级以宠之，余各纪录钦奖有差。

陈子龙以前佥都御史加太仆寺卿，杨廷枢以前职方司主事兼山东道御史。

命辅臣德璟察核建宁屯田数目，其屯兵选调，着抚臣吴闻礼相机行。

工部尚书郑瑄为国姓成功请发鸟铳。上曰："国姓图功，虽是急务，御营兵器，关朕命身，鸟铳岂可全发？如此等事，该部以司空大臣，全无执裁，惟请朕躬为推卸之地，郑瑄何无骨力至此。姑且不究。"云。

按，瑄以庸才而尸大位，保身家妻子之念重，故自皇上登极以来，无所建白，所荐二三人，皆闽地之钱神有灵者。上目之"无骨力"，知人哉！

平彝侯郑芝龙疏陈闽省守关兵饷器械衣甲，共用银一百五十六万。上谕之曰："卿兄弟纯忠大节，拥戴朕躬，中兴大事，非卿谁托？据奏，即竭三省之物力，亦不能不穷于接济。地方钱粮只有此数，若不内外兼顾，剿守并行，大害大祸，必然飙至。中兴事业必不忍言！从未有藩篱不固，止靠家门堵贼。此理至明，不待再计也！前卿两次议奏用兵四万，朕犹恐用饷难继。今必先成守，后议兵。以三万守关口，一万守腹里。此数之外，再不可增。若持议不旷延时日，即朕自误高皇也。卿当遵依，以全守关之事，若复再有争执，再有推卸，是彼苍不欲中兴，朕亦只有避贤路而已！其四万之议若定，即着辅臣吾驺、樱，令户工二部与卿确议。每兵一万约饷银每月一万八千两，四万每年共约银八十六万二千两有奇。先将闽粮正项杂项，和盘打算明白。一面具疏，一面公请赐对，限本日内回奏。”

流贼入永定，城空民窜，积尸成山。巡关御史郑为虹以为言，上伤心久之。

命建祠祀江西忠烈死难曾应亨、黄端伯、萧汉、李大觉，名曰四忠；以曾筠、徐蜚英配享。时有王锡者，亦同死难，敕礼部都与他谥，以表臣节。

行在钦天监进隆武三年历样，着礼部颁发该督早行刻布，以符典制。

敕谕邵武正在用兵，知府慈煬仍着留任。

敕谕行在户部：“湖西兵新，安危甚重，允发粤饷三万，刻不可缓。速着恤民库发五千，该部发二万五千与汤来贺。速速飞解。”

处州府贡生李瑞唐疏陈恢剿三策、治安五要。上览其疏曰：“以捣淮为恢金陵、复江浙之神着；以出兵九江为破南昌、固岭南之急着；以奇兵袭江口，以偏师复徽，为上下应援之紧着。三策俱说得是。治安五要，于养民任贤、生财节用、奖廉惩贪诸务，深明洞晓，应是学古通才。"

上敕谕杨文骢曰："大明宝祚启自太祖。两京覆陷，凡为太祖亲孙，有能攘臂先立，则太祖神灵有依，大明国祚斯立。朕与鲁王大义正在于先后，名分尤不在于叔侄。鲁王先立，朕虽叔辈，断当北面鲁王，以存太祖；若复后立，是名为争。总一立也，先立以存太祖为孝，后立以坏祖宗为不孝。今朕先监国登极四十日，在万古自有至公，岂今日一二佞舌可以颠倒？杨文骢受知最早，杀苏寇以明大义，劝鲁藩而笃尊亲，本末甚明。人言虽如其面，朕心自有鉴裁。所进陈函辉启稿，不堪一笑，鬼蜮满纸，宜靖彝侯参奏以"食肉寝皮"之可恨也！朕爱侄王万不得已，业允勋镇所请，以明太祖大法。该督尚慎终如始，善保地方，善行宣抚。得觐孝陵，朕必不负元功！"

赠夏允彝右春坊右中允，给与祭葬，谥曰文忠。

水口地方寇盗杀官劫饷。上曰："此军目中全无国法，长此安穷！着上游巡按御史勒限缉拿。违限，地方官一并治罪。"

上曰："黄土隘之失，元体中不受纪律，轻战殒身。虽云寡谋，殊可怜悯！着与死事李茂德八贤俱加恩恤，以愧怯懦不前者。军师蔡鼎调度未宜，殊难辞责，还同郭、陈二将协力御剿，以冀榆收。"

上览户科给事中黄周星疏，曰："奏内三寒心处，真可寒心！盗贼公行，民生凋敝，兵将退缩，左藏罄悬，皋訾蜩沸，角户分门，全不以国恤为念者，大小文武诸臣之罪也。政教不行，威令不信，举措刑赏失中，廷议纷纭狡窃者，是则朕躬之过也。从今君务改弦，臣亦须猛省。"

命天兴府照旧织造岁缎。

福京解到火药器械四十五船，上着行在工部工科验收，并敕延平府县正官择地安顿，以佐挞伐之用，毋致疏虞。

敕大学士傅冠曰："朕委卿恢剿湖东，调遣峒兵诸务，责任甚重。继用汤来贺，为地方事体烦剧，郡邑焚燹，分路缓急应之。但来贺尚旅南安，待粤兵粤饷。卿从永安出关，即可料理军务，联络义旅，剿彝复疆，朕所眷注，岂有阴镞巧中，得行挑构者乎？揭重熙、雷起鳌、刘名奇等，原出卿所荐，前旨甚明，俱听卿同心调度，还与切为申饬，毋负朕倚畀之诚。"

新到官军四月欠饷一万二千四百五十两，准以粤西银给之。

以总兵官包象乾镇守汀州。

以太常少卿方士亮、翰林院编修何九云辅导唐王。

敕谕御营内阁，传示臣民，示云："臣民拥立朕躬，志誓救民雪耻。逆寇虽狂，尚可暂守而养战锐。诸臣议论纷纭，殊为道旁筑舍。今征士蔡鼎回报关上情形甚确，国姓成功巡关回来，迎驾暂至邵武，相机出关，念八日之行且止。总之自古创业中兴，谁不危而后济？朕惟以'宁进死，不退生'六字自誓，并以此六字察验臣工。此后除战守驻跸，一听条陈外，若有敢请驾回天兴，并请退避广东者，诸臣必从重议罪，余必立斩以徇。朕心通于上帝，臣民仰体钦承。"云云。

副都御史荆本彻疏请小船，可资战胜御敌，以闽中方用水师。览此奏，诚为要着，下部议之。

闽县、侯官县耆老诣延津，请驾回福京，上为之感叹，云："即位十一个月，无时不思靖虏救民。飞跸既久，岂得回銮？固知入虔□险艰辛之状，但恨在闽不能安闽，闽民不负朕，朕负闽民实多矣！"

上谕都督俞戮功曰："武臣不许荐文臣，恐开觊觎弊窦，前已有旨，尔其克遵之！"

建临诸生请圣驾再临建水，上曰："进取之念甚坚甚切，万无转跸之理。但谓农家力作，征役宜宽，朕亦耿耿于衷。"

敕于华玉迎驾兵须严加约束，曰："朕之焦劳日夜，思救汤火之民。于华玉豪爽忠敏，才敌万夫，受朕深知重倚，必要严约兵将，令民间草木不惊，方为扈驾时雨之师。"云云。

严禁永定、光泽二县米谷私贩接济。

石、宁、建、瑞四邑乱民结聚，藉口投兵，大费料理。上令籍其能勇者为兵，汰其老弱者归农，该县官自为收拾。

　　福京解加贡银五千二百七十两，令安民库察收，免沙县借助及旧欠银两。山寇窃发，灾及万家，上闻而恻然，故邀是免。

卷　六

　　温州饥，小民白日抢夺米谷。上曰："此渐岂可长乎！着该抚速行销弭，毋使滋蔓难图！"

　　发恤民库银三千两与汤来贺，顺赍往犒滇兵，以前赍未到，兹补赏之也。

　　着御马监官察收安抚云贵御史陈赓所进马匹，俟御览了，付该监善养备用。

　　礼部主事吴钟峦请首克南昌，选锋锐进，最为上策。倘舍此他图，关门一有骚动，全闽震惊矣。往虔非时，且人力舟车，俱有未便。上以为然。

　　上以天兴根本重地，城守不可缺。前标兵八百名，已经平彝分派各门，务当严饬教练，以重防守，再益以三卫屯丁足矣。

　　都督贺君尧疏陈因兵获船裕饷，且清奸宄而杜接济等事。上曰："此策最良，惟在行之得法，毋滋骚扰可也。"

　　上敕督师兵部尚书朱大典曰："民不得已从清，情实可矜，而拓复疆土，全藉武臣力。卿与诸督镇当相机剿堵，期于兵能易暴以仁，民能去逆效顺，便足称王

247

师矣。”

侍郎汤来贺差官解助粤东硝磺四千斤，上令转发福京工部制合，立刻驰解军前。

江西巡抚都御史刘广胤疏请驾临，以行宫刻期告竣，兹不劳民伤财。上答之云：“朕驻跸虔南，收复江右，即移师入北，庙谟久定矣。只以闽省三关，严商守御，乃尔耽延时日。太庙、奉先肃修备举，诸臣分任功次，俟到日议酬。”

天兴府福清、永福、古田、罗源四县山寇涂绍、王可等恃险连结，恣行抄掠。上令知府事熊华国躬亲督剿，至是功成，仍敕其善后毋狃。

礼部右侍郎曹学佺疏陈圣驾驻延津，所有关切四事：一浚延河堤防，一汰随征冗役，一通福京米船，一事例银两许以生铁准价。上嘉纳之。

敕福京所存行在之印，俱缴御营用，福京部院堂司暂用铜铸，冠以“福京”二字。

萧家渡、玉狮岭一带绿林盘踞山腰津口，向昼劫掠，失去解助银二百两。上闻而骇曰：“近畿安容有此！着知府熊华国练集乡勇，力任之。”

上谕户部侍郎梁应奇曰：“览尔所陈祛衙蠹，清隐匿，革火耗，禁牌票，去飞诡，除陪税六事，皆去其害，足以裕国者。着逐款力行，遍为严饬。有踵前弊者，监司、守令、府佐立行纠参，以副委任至意。”

提问不法内臣戴照。上游巡抚吴闻礼纠照贪婪蔑法，上命辅臣鸣俊先行提问后奏。

令兵部多给奖功释罪榜文，星驰军前宣布。

上谕："朕闻浙东兵将更端吞噬，劫掠士民，贫富俱无安枕，如朕身亲罹水火。浙中士绅在朝者，速议拯救善策。"

敕顺德知县蔡楠曰："顺德系东粤巨邑，地方多故，亟当轸恤民隐，加意抚绥，况履残酷之后，倍宜施恩者乎？惠良兴治，以俟报绩。"

沙县草寇既抚复叛，百姓惨受荼毒。

礼科给事中龚善选疏言"大势攸归"，云："楚留辰州，蜀留遵义，江留赣州、南安，浙留金华、温州，殆天意之有归、人心之有待者乎？"上然之。

浙江御史汤荼请发海师，直捣吴浙。

上令凌超进阁，佐阁臣看奏章，言官合词纠之，即止。曰："朕爱其才可用，故俾进阁，在朕左右，非作票拟也。"

令兵部主事李言前往宁化、青流，解散乱民。时二县百姓乌合纠众，号为长关，又托名曰田兵，以较斗为由，恐抢掠成变，故着李言察所害何在，即与销除。

上敕督辅黄鸣俊曰："徐世荫身任节钺，不能驱寇安民，乃先移镇逃走，情迹难掩，成法自在。卿不必代其邀请，以开侥幸之风。"

　　清屡窥伺赣州，督师兵户二部侍郎汤来贺请先安此而后他图。上壮之，曰："南赣是数省咽喉，狂寇狡窥百倍，已钦命冢臣郭维经率兵驰援外，据奏该督愤切请行，不拘文法，所见甚是，准如请行。仍将见闻情形，不时飞奏。"

　　敕平彝侯郑芝龙拨兵遣将，扼守江山，壮衢声势，未可尽卸远调之担，自撤藩篱。

　　上谕兵部郭必昌曰："田辟情罪甚重，朕因卿请，待以不死，已为过矣。今乃无端呼吁，皆由田辟巧谋。国姓既不用此兵，卿还善为处置。俾此兵立功，田辟方可开罪，不然，则中其小计狡谋矣。"

　　以金事傅振铎分巡建、邵、汀三郡，兼辖两省光泽、新城十县，着令悉心制御，巩固岩疆。

　　嘉兴起义旧冢臣徐石麟殉难死，上闻伤悼之。其子尔谷疏称先臣起义独先，殉难独苦。仍官尔谷为中书，敕再从厚加恤，与同难侯峒曾一体行。

　　上谕吏部尚书郭维经曰："此番考选，朕亲简定，或偶闻于心之言，或见其有一二勤劳可取；皆由朕心过急，痛念民生。倘有未当，卿宜执奏，以收成命。事协至公，断不可忤。"云。

　　新抚永安、沙县山寇头目一万一十三名，隶陈国祚标下，听国姓成功节制。

　　着晋江县学生员苏峡领手敕，同内臣周文灿往寻定清侯郑鸿逵，以慰朕心。峡疏陈与鸿逵有道义之交也。

册封赵王，命抚臣卢若腾、学臣吴国杰就近行礼。时以清迫衢州，人心摇动，正遣师救援，无暇遣官具符节也。

工科给事中黄大鹏因地震建言，上曰："此疏诠释□□，言之皆关系朕躬者，固当书于座右，以便朝夕观览，即大小文武臣工，尤宜勒于寸心，各自省躬，共弭灾变。"

谕平彝侯芝龙曰："卿痛弟伤心，复力疾料理兵将。君臣兄弟，伦谊两全，朕所嘉尚。"

以施福、黄兴守崇安，林顺，曾法守仙霞，岁满准与更番。

上谓辅臣曰："陈经邦先朝名硕，讲读著劳，准荫一子入监读书，以彰朕崇儒术之意。"

敕谕阁部院寺科道各衙门："朕以太祖亲孙继统，无一时不以太祖圣心为心。批答文书之后，偶取辅臣德璟所进新纂玉牒观之，朕心有大不安者两事：一为建文君今追尊惠宗让皇帝之亲弟吴王允熥、衡王允熞、徐王允熙，乃懿文太子今追尊复称孝康皇帝之嫡子，燕兵进京后皆为成祖降废。此万世纲常，必不可颠倒者，断宜追复，仍加谥号。若成祖所给之降号曰广泽，曰怀恩，曰敷惠，曰瓯宁，俱不当用，以仰慰太祖之灵也。至于惠宗，君临四载，恭俭仁孝，实是继体贤君。嫡子文奎，已立为皇太子，宜加谥号，以明典礼。至于惠宗少子某，出凤阳者五十余年，若遵祖制，应有亲王之封。今乃生遭耻辱，以至殒身，至今仍称建庶，断当速速改正，追加封谥，以存千古至公，非挽回天意人心之一端乎？一为太祖皇子诸王，分封二十四国，内有齐王榑、谷王橞，俱在永乐年间，各以罪废，降为庶人，除国削爵，身不善终。虽二王有自取，然其情各有不同。谷王橞始奉惠宗委托守城，乃激烈一时，开门迎敌，后复谋为非分，是橞之罪不在蜀王讦其不轨，实在献金川门户之一事。致惠宗之出奔，陷成祖于不义，仰体太祖情法之平，仍与降废，称曰庶人，诚不为过。惟朕追念太祖创业艰难，谷庶人橞当从靖江□□为法，替其身而为戒，继其祀以存亲。齐王榑虽云不法，激言致祸，时势实然。先废后杀，罪不至此，何其惨也！宜复齐王之封，仍加恭字为谥，祀之宜继，断断必然。允熥追复吴王，允熞追复鲁王，允𤊟追复徐王，建庶人文□追封润王。四王概加追谥，曰哀，曰悼，曰愍，曰怀；并惠宗皇太子追谥为和简，都着行在一面榜示行朝，令天下晓然遵守。朕俟十五日拜告于我太祖圣位前，庶全三百年未明之大义，垂千万世伦理之芳模。仍宣付史馆，改正实录。特谕。"

赐都察院左都御史张肯堂敕书一道，旗牌十面，凤纽银方印一颗，文曰"总制浙直中兴恢剿部院之印"，尚方剑，坐蟒，便宜行事，专理兵马钱粮，节制抚镇。

上谕饷部侍郎李长倩曰："户部掌邦赋，责任甚重。大师飞挽方殷，中兴事业，尤仗转输。该部一力担承，以副倚畀至意。"

总督万元吉、御史黄广疏请再召滇黔兵马，以图恢剿。上曰："东南只此幅员，民生止此膏血，不难于调兵，难于措饷。虽土司官兵忠义勇敢，必先议饷银出于何处，然后招兵不难也。"

左都御史张肯堂请饷三万两，上议以二万五千两责成福京户部侍郎徐应秋于近处州县催用，更五千两责成黄日昌于安民库备用。

国姓成功请给新到官兵月饷，上令于邵武近处另给，该部即行文去。

敕盐官清理鹾政，严禁私贩透越。时获私盐十万斤，变价四百余两，发恤民库察收。西路盐商合词奏达，故有是禁。

赠翰林院编修林必达左春坊右庶子，予祭一坛，减半造葬。念其经筵纂修，著有令问，分考京闱，得贤□治也。

谕户部侍郎梁应奇曰："饷部责任甚专，倚畀甚切，两粤元年金花正饷久征在库，应奇速往，勿避风雨。到日即遵照敕书内事理，合同道臣顾元镜、关守箴，分委省府官，立刻飞解报完，然后再起二年之额。

其劝农、察苦、谕安、惩贪、练勇、鼓义六款，俱着严饬举行。务须民生乐利，地方安堵。有司不得加取民间，豪棍不得乘机肆扰，庶二三年间，征输廉肃，大资中原挞伐之用，朝廷自有厚酬也。"

工部左侍郎葛寅亮疏言务去饰治繁文，必收进取实局。上目为："老成格言，朕当书铭左右。"

强寇万余人攻围程乡，敕兵部飞檄该抚，速当守御歼除。

归化县青衿子民闭城二日，不令于华玉兵进城。

安置靖庶人于连江，敕奉新王严加钤束，不许令见一人、透出一字。若有毫厘疏虞，地方官从重加法，王责亦无所辞。

敕监军兵部侍郎于华玉原带亲兵五百八十四名，并标官三十四员，与罗登辅所领兵一千二百二十八名，准暂住顺昌，张思选所领兵一千零八名，暂住归化，俟驾行扈卫。

上敕督辅苏观生曰："有卿行役，朕拟即幸虔，以慰徯待。奈闽士浙民，恋恋难释，不得不少为迟留，安此赤子。迎驾各兵，卿暂令其并力齐心，克复湖东。清道之功，与扈跸等。至措饷艰难，卿所久知，切戒以兵无扰民，勇必堪战，勿致虚耗粮糗。湖西正在战守，着于梁应奇饷内发三万两接济。"

工部尚书郑瑄等议：以元、二两年司料额银内，将天兴、兴化、漳、泉、汀、邵六府，福宁一州，每年共银一万九千六百九十二两六钱零悉解居守，专供造器买硝等项存留起运之用；以延、建二府四千八百二十一两五钱，解赴行在，以备不时答应之需。上允行。

平彝侯于泉州建寺曰"报恩"，上赐为"敕建报恩禅寺"。僧官赡田，俱如议遴选置买，以永梵修。

江南布衣翟犟疏进直言，上曰："此疏于古今得失之局，亦有所窥；至切朕躬处，言言药石，诚可嘉尚，随便准候对。"

谕兵部侍郎于华玉曰："朕痛两京继覆，全非彝寇之能，止因兵民扢恨，致危宗社。今日仅有弹丸，资此民生，以期恢复一统。若复伤民，即促国脉。卿直仰体朕意，实令民安，新兵哗噪扰民，乃未经节制者。卿当亟振刷陋规，毋徒忧畏谗谤。"

准太常寺少卿杨锡璜以礼致仕，给与路费二十两。锡璜曾为唐府长史，上潜邸时，相得甚欢。及即位，超拜是职。时年已八旬，故以礼遣之，仍敕该府县月给米四石，夫四名，以称始终优礼旧臣至意。

泸溪知县李翔抗节死难，追赠为兵科给事中，特谥忠烈，给祭一坛，荫一子入监读书。

令吏部议一要地要官，以任雷赴鹜，另给敕印，尽其展布。

广西逆酋农国琦聚众陷城，逐令建府，反叛昭然。

巡抚晏日曙率官兵破之，生擒国琦等，令审明正法，传示各酋，不必献俘。胁从解散，以示宽仁。有功文武各官升赏有差。

兵部主事孙□疏陈"释夫归农，放船运米"二事，上谓："此疏殊合朕爱民至意，该部速速举行。"时上不果行，役夫船只羁候日久。

宁德县哨船防海，时有议移他用者，上以额偏不多，仍照旧设防为是。

上谕户部曰："纳贡事例，原非得已。大县量四名，中县三名，小县二名，不得滥收，事平即止。"

上敕揭重熙与辅臣冠同事，何三省与督臣汤来贺同事。诚恐权任大分，翻多掣肘，号令重出，莫知适从也。时湖东寇合，乱民逼逃，有致恨于苟简自便、政令不一者。故云。

准礼部尚书黄锦给假三月往潮州，与新抚臣商度机宜，然后乘胜出虔。以谢良有所募三千之众，听其调用。犒赏银两即在本地措处三千两。

四川成都府推官刘□疏陈："合滇黔以联辅车，一事机以省牵制，开屯田以安兵农，练乡勇以资战守。"上嘉纳之，令部臣虚心访明，毋以故套了事。

敕行在兵部："衢广警报狎至，堵御宜速。吴浙人望方殷，虔跸未便即行。该部速会同新抚李蓬，密察赣州迎驾各兵。来的将领，宜善安插加恩，以为新抚标下练用。未来者，速行文立止。至湖南饷银三万两，速差官解去，勿得稍缓须臾。辅臣观生还着住虔调度，以安危疆。特谕。"

给已故吏部右侍郎蒋孟育新衔诰命，荫一子入监读书。又谓其"愨善好学，终始如一"，谥为文介。孟育，龙溪人，万历己丑进士，久历翰苑，所著有《恬庵集》三卷。

敕李明忠调用狼兵。时有议狼兵可用者三，不可用者二，故又中止。

敕新授广信抚臣周损预先料理整办船只各项，以便不时进发。

御史郑耀星疏陈"诸臣虚声多，实际少"。上深以为然，曰："尔既知之，自当力挽之，毋仅托空谈可也！"

给发守关都督陈秀藤牌五十面，鸟铳发价与之自铸，以原铸者不堪，仍敕缴回改造。

催福京工部速解班鸠铳来军前应用，其战被亦酌议铸造，以防急需。

阁臣黄鸣俊疏荐义师曹明远、汪忠稷等七人，上令部臣从优叙擢。

道臣倪祚善治处州，劳绩素著，兵民相安。上令其加衔久任，以惠一方。

上谕兵部尚书吕大器曰："卿所言：'用人太滥，

所用之人，又转相援引，虐民丛盗，望治何由？'所见甚是。朕自今当急省改。"

准兵部主事邵明俊回天兴，制造战器。时明俊自陈有精微要法、火攻奇异器件，且又愿捐资措办，故允其请。

敕谕江西巡抚李蘧："自任报称甚重，其所属地方，准照赣抚事例，兼辖汀郡郴桂惠潮等处，仍准领用刘广胤尚方剑，另写敕来行。此谕。"

以太常寺卿王忠孝带管通政司事。

上谕松滋王曰："览王奏，练乡勇，广积贮，皆绸缪急着，其本在精择守令而久任之，有治人方有治法。收豪侠，慎迁转，悯劳吏，俱属嘉谟。守内关宜用土著，于时务更切。申饬力行，不可徒付之空言。"

上谕辅臣曰："朕为天下生民之主，未能拯救苍生。心实歉然，况可令官兵肆虐、小民受害乎！闻沿途阎兵抢掠，终日所议招抚，是为何用？还着该督抚各官申严约束，毋得任其骄纵害民！"

宁化县长关地方竞立社党，横行不法，目无有司。上闻而恶之，着地方官严行晓谕禁止，以消隐祸。

上敕副总兵傅复曰："览尔奏：湖东居民，无山可入，始以畏死之故，不得已而顺贼；既以顺贼之故，不得已而拒兵，辗转伤民，朕心悯恻。又云不忍以召募数人，坐困孤城，消磨义士之气，愿与陈丹一心办贼。俱见忠忱奋勇。今湖东之事，一委辅臣廷麟、督臣来贺，还着实力共事，用心图功，速复抚建，自有重赏。关防既铸，着即颁发，以便行事。"

谕戎政尚书吴春枝曰："还禁旅以壮根本，核虚冒以清军费，正卿部之事。卿宜力行之！"

御史朱盛浓疏请实行训练兵卒。上曰："兵宜练，必练心、练胆、练力、练气、练忠义，方成劲旅。不可徒放炮呐喊，如儿戏故态，着申饬行。"

上谕太仆寺少卿凌超曰："览尔奏，甚有源委，所称'急举，实做，密察'三言，及'谨慎'二字，与'以浙人办浙事，用奇用正，时至机动'等语，俱有成算于胸中。吾久不见凌生矣！着即随便召对。"

敕总兵曹志建回镇防守，免来迎驾；副总兵张安不必入闽，即往办寇。后俱为督辅观生留守赣州。时以赣南重地，寇警频闻，志建参张安兵无纪律，以争渡小故，擅杀贫民，故上两止之。

敕令黑夷十名隶戎臣吴春枝管下训练，照例开粮。至乡兵精练奋勇者，通准作御前亲兵。

火药、火器二都司关系攸重，以李芝蕃协佐钟澄川，陈宗器协佐王开勋，以原衔都司温弘润、韩应琦总理教练事务，皆从戎臣吴春枝之请也。

谕国姓成功曰："兵、饷、器三事，今日已有手敕，确托卿父子。兹览卿奏，言言硕画，朕读之感动。

其总理中兴恢复兵饷器甲，统惟卿父子是赖。银关防准造，即以此为文。造完颁赐，以便行事。"云。

兵部主事兼御史陈所闻疏陈清势逼迫。上曰："吉安失事，清以退为进，奸细必布满万、泰、章贡上下。着督臣万元吉、抚臣刘广胤作速严饬各地方官分头堵御。辅臣观生严守赣州，即檄粤镇周仕凤挑兵三千，速下万安堵剿。道臣李含朴留兵一半，紧守梅关各隘。镇臣刘承胤既至茶陵，即宜整搁，速同万元吉剿捣，更见劳绩。督辅臣廷麟还速督所部兵出泰和、万安，一鼓擒奴，毋疏防御。陈所闻着速赴赣州，与督抚协理守御，事定后即行复命。行在兵部马上分路飞敕遵行。"

手敕督辅观生："目前收拾吉安，绸缪赣州，中列五要计，皆恢剿切着，宜遵行毋忽。"

督辅观生疏陈阎兵始末。上曰："阎兵自当招抚，但初抚未易受我操纵，卿谓我无重兵，则威不立；无粮与饷，难禁不掠，事势诚有必然。卿促张安去虔，地方获宁。通商抚民，令各安业，朕心悦慰。各兵群处宁都，自应量与措饷，前有赣库备用银三万两，并汤来贺追解湖西饷银三万两，可就此中分给。卿还与督抚诸臣详议行。卿在虔中调度，朕心可免忧劳。"

敕唐、邓二王："毋得私受启本。凡官民奏章必由通政司封进，方不失藩体；违者辅导官方士亮、何九云重治。至于词讼应归有司，通政司不许封进，以扰士民；违者通政司治罪。"

土贼攻陷诏安，知县田楷死之。

海寇突入内地，焚烧课船，上敕平彝速行剿灭，以靖边海地方。

镇海，平和二县山寇窃发，上敕下游抚臣程峋作速受事办理，务以一贼不遗为功。

敕上游巡抚吴闻礼："守关官兵，敢有扰害居民，不拘何营，即同施福立行正法。"

定彝都督郭熺疏陈病故兵丁三百八十一名，另募补额，上嘉其实心精核，曰："病故兵丁殊可怜悯，其月粮准给为棺敛盘费。至每名日给食费三分，登程日倍之，俱依议行。"

山西道御史林兰友疏陈："小城酿乱激变，贼党聚众焚劫。"上曰："仙邑壬午之寇，由邑令残酷、署官贪污，岂惟仙邑，古今天下之变，何一非守令不肖所致？据奏李芳馨之竖旗，群盗之响应，祸始于无良胥役，县官岂能无罪？除县官有无赃迹实察别议外，今当先拿猾胥，以服潢池之心，次部署官兵，以充戡剿之用。守道柴世埏速会同乡绅，督率郡邑，扑于始然，勿使滋蔓。"

上谓御史王国翰曰："览尔箴规朕躬，语多切挚。朕自嘉与采纳，应改图的，改过不吝。其澄叙大小文武臣工，俱得其梗概。"

着太仆寺少卿李维樾督率忠勇营副将李芬迎驾之兵先到衢州，与督辅鸣俊协力守剿，以待跸临。其海上额设之兵自应量补抽调之数，该抚卢若腾从长议行。

木增准晋衔太仆寺少卿，木懿准加衔四川右布政，以为边远土司倡义急公者劝。

定乡试于六月。上谓首辅吾驺曰："文章之气，可销甲兵，多士奋庸，务收俊义。朕念福京士子，亟宜宾兴。兹定期六月开科，锁闱三试，彻棘放榜，不许游移一日。监临照两京旧制，定用御史两员同去。提调则布政司，监试则按察司，一应科场事宜，即于五月杪报竣，不许苟简滋玩。分考官务用甲科知推，不足则就甲科中行官礼聘。其江西、浙江、湖广，及各省来试者，跋涉可念，着地方官给与文书路引，以御盘诘。见在流寓的，就赴福京督学考选。一应赴京恩岁贡生照例着礼部考选。"

吏部尚书郭维经疏筹浙直第二机宜。上曰："兵贵神速，先复杭、徽，岂非至愿？衢、严择重臣，孰有逾于督辅鸣俊、大典及靖彝侯国安、诚意伯孔昭其人者？若居中调度，则全在中枢。所请克郡以郡封，克邑以邑封，前已有旨。由海出兵，又须陆路接应，说得是。朕原悯念东南，忠略谁可委任者？卿即举其人以应，朕自有鉴裁。"

衢州清迫，贵州道御史叶向□以为言。上曰："三衢告急，须以督抚之报为凭。临事未可仓皇，用心乃能共济。勋臣刘孔昭久已敕其援衢，曾报四月朔日出师会剿；包凤起已抵遂昌道中；杨文骢近奉开谕之命，然可遣将赴援；郭贞一四员，止合随地监军；王浓、朱名世、朱名卿，自应各率乡勇，共护衢疆。此外如方国安，亦应分兵协剿，共固闽京门户，断无束手坐视之理。"

檄镇臣周仕凤提兵救援湖西，盖因就近调遣也。

兵部司务徐心箴疏陈"三可惜，四可忧"。上目其"切中时弊"。

监军御史陈荩疏报西彝纳款。上曰："安承宗既悔祸投诚，面订输赋青田，通道走驿，又勤献方物，准赐与府名曰□□，并领给印信以宠之。"

封广西镇臣陈邦傅为富川伯，以其有擒靖江庶人之功也。

敕行在兵部："国姓速令郭熺守住永定。调陈秀、周麟、洪正、黄山速速往救赣州，杀退清兵，保安赣州。有功重叙，有失重罚。淮州草寇，着郑泰、蔡升用心扼剿，无致蔓延。"敕："按臣朱盛浓屡请陛见。今抚臣周损之任，盛浓标下兵将，着尽付周损代管调度。盛浓准随三五人进关，来行在赐对，面陈方略。"

命中书官催辅臣光春、增志入直办事，不得逊陈。

大学士曾樱荐同乡刘逵堪为御史。上曰："御史为朝廷法官，若不清勤激切，何以明目达聪？从来巡方积弊积玩，朕所亲见。这所举用刘逵堪巡粤左，即着允行，仍与加太仆寺少卿职衔。"

上曰："关外百姓渴望王师，李蓬、周损着即星速前去，以慰徯思。"

五月，清围广信，警报频闻。上以兹地关闽门户，自当急用援救，移敕与督辅廷麟、元吉等商酌行。

上谓："蔡鼎募兵，有名无实，大负朕躬委任至意，饷银断不容轻发。"

敕光禄寺免行端午节事。

上命锦衣卫官招募极有勇力者十名，作御营标下用。

上谓金衢巡抚刘中藻曰："选练精兵，可取于苎蓁、菁蓁、畲蓁三项。此议诚是。取用之后，即当给示，免其差徭，仍勉令与百姓相安。兵数准一千名，衣甲银两，准于该州动支二千两正项，务期兵精而饷不縻。"

上谓辅臣曰："延世之赏，非恢疆拓地，大有军功者，未可轻议。朕悬此以待诸臣久矣！"

吏部员外兼兵科给事中揭重熙疏陈江右义师响应，数逾六千。上曰："是举实尔忠诚所感。"

上谓召募滇兵监军御史陈赓曰："吉安失事，起于乡勇引寇，他兵坐视不救，深可痛恨！然滇兵战而不胜，犹愈于不战而逃者。尔还策励自效，收拾余兵，共固虔地，不得以困挫自馁。"

敕崔芝船到舟山，尽以运回之物，照数给还黄斌卿。时芝自杭潜回，多携铳器船只，故云。

上语文选司主事徐芳曰："朕实心救民杀□，至从前偾误，皆出任使非人。尔职典铨曹，为国择一贤能，奚啻胜兵数万？"

清陷广信。

兵部侍郎于华玉疏陈"汀赣唇齿，须全力注意，以巩岩疆"，上览其疏曰："具见谋略。前因虔中告急，特遣冢臣郭维经以总制行，计程已抵汀境，于华玉正当每事相商，所称上策，待制臣疏到即用。朕志切救民靖□，不回福京，亲发大誓。现在剑城，委首辅及枢臣练十标营，以壮禁旅。"

撤回罗登辅、谢祥昌各镇兵，以固长汀。

擒斩仙游县山寇林熙寰等百余人。上曰："贼首累累，谁非赤子？乃至犯不赦之条，朕实切悯念！"

兵部主事徐州彦疏陈"间关入蜀，宣布皇恩，目击情形"等事，胪列督辅抚按在事诸臣，王应熊、樊一蘅、李乾德、马象乾、米寿图、刘麟长、王芝瑞、万年策、郑逢元、刘泌、范文光、牟道行、田华国、曾英、曹勋、莫宗文、杨展、贾登联、谭诣等，戮力残疆，奉扬威名。上曰："川蜀频年苦寇，民不聊生。闻诸臣提挈赞襄，朕心甚喜。州彦克尽使职，着即前来复命。"

上谕靖彝侯方国安曰："卿威望绩劳，为江上诸师之冠，至矢心奉戴，忠诚无二，朕犹鉴乎。卿无可间之嫌，朕岂听谗之主？中外大小诸臣，须同德一心，乃能办敌。切勿妄分彼此，使丑彝闻之得计。卿其晓示将士，善体朕意，不必为浮言所摇。且闻卿遵谕同旧辅马士英节制张鹏翼、阮大铖等江海诸师，具见和衷敌忾，朕所深嘉。"云。

富德源三县大捷，斩寇获船，全恃镇臣方元科竭力支撑，傅明德、田胜、涂有声协助。靖彝侯奏至，上悦。

给太医院徐淑卿银三十两，令在延平府开设药铺，以济贫民。时冠裳辐辏，暑气薰蒸，人多患痢疫诸症。

大田县贡生乐英进《册府元龟》一部。

敕部院张肯堂差官发银，往浦城平价籴米，以济军民。关市牙埠不许生端阻挠。

琉球世子差官航海入贺，并贡方物。上谓其忠顺可嘉，船准入港，余各照例奏夺。并敕地方官照管安泊，以示柔远之意。

镇臣黄蜚一家殉难，准予祭六坛，再加二坛，并行原籍建坊旌表，以示劝焉。

敕兵部侍郎刘士桢曰："卿父子破家起义，为国肇□，奋不顾身。失足捐躯，尤可悯念。准即优恤，以慰忠魂。卿当同督辅诸臣戮力保虔恢吉，朕暂驻师延津，稍定即移跸章贡，君臣相见有期矣。"

上谕平彝芝龙、首辅吾驺、吏兵户三部臣，曰："官兵虐民，急而从清，不独淳遂开□为然，此为目前第一失政。则御将安民。为目前第一急务。今当商定民如何安，应用何人？将如何御，应换何人？近民既定，远民自安。民心既固，寇胆自寒。中兴恢复，此外无道。卿等共谋所以成之。吴闻诗着授兵部员外，前去徽宁，有功再擢。"

颁忠勇将军银方印一颗与施福用。

初九日，廷试贡生，敕礼部各察正身年貌，严核混冒怀挟等弊，以作人文，上隆治典。

广西桂林等府、全州等州，进贡监国登极表笺四十六通，上虽嫌其迟，然亦念路远阻滞也。

肃虏将军黄斌卿疏陈"古今多一精忠，中兴少一名相"，上览奏曰："辅臣道周精忠大节，就义从容，真足感动天人，争光日月！朕方恢中兴大业，而一代纯臣，先殉国难。抚念今昔，倍为怆怀。翁龙楠现在何处？着该部再行访察，务得实信回奏，以凭从优恤录。其毛玄水四员，并与察恤。"

福京米价腾涌，试御史刘霖懋以为言。上令阁臣唤霖懋究其何故，并议一长法奏来，以苏民困。

山寇围永安，知县徐启霖获奸细翁春、罗容，手办之，不能仓卒定乱，致阖城如沸，殃及流寓，一概溷杀，诏切责之。

上敕靖彝侯曰："清寇常山，我兵抵常救援，复被马步冲杀，下河淹毙，损伤多人。衢郡一任长驱，官兵缩朒如此，何以支敌！卿其飞催督辅大典标兵驰援，复召顾应勋马步兵从金、衢应援，毋致疏虞！"

以南平县库银二万两，着户部着的当官解到赣督军前用。

南平知县刘宏祚疏陈"南平未设驿递，凡有夫役二十八坊婉为号召，殊非体制"，上曰："地方困苦，驿递艰难，朕行且发银雇夫，何况其他？自后遇有地方难行事，一面具本，从文书房奏递，务期民安。"

禁地方官官买。上曰："上帝命君，惟为养民；君之设官，惟在安民。贪风流行，民始不安。府州县之行户，实地方害民之恶政。官之稍有良心者，尚以官价买之。比市价十去五六；全无良心者，直标票取寄。吏书缘之，奸孔百出。朕昔潜邸，久知此弊。宜行永革，急救民生。在外则都察院榜示所属恪遵，副朕仁恤，违者必置重典！"

敕下游巡抚吴之屏："尔留心地方，廑切固圉。以泉兴二府每石米派银一钱，务足千兵之数，亦属可行。

须着实训练，以裨益地方，毋但有名无实。"更谕各县里排："朝廷正供，自有定数。不许加增，亦无容损减。速完额饷，以充关守之用。

卷　七

钦定廷试贡士十二名为萃士。

敕于放榜之后，首辅会同礼部、礼科，公选年青质美者一十二名，令将《祖训》及《大明会典》分类分部，定日熟习。着翰林院编简一员提调教习。三年后，仍将所习者分条钦考，以熟记有识者，立赐同进士出身，破格授以翰林、礼部等官。其首名赐为中兴廷试贡元，准与即授京官。其直浙、江楚、云贵、两广，或疆残家破，或路远流离，俱于放榜后三日，吏部会同首辅该科，仍引各生于朝门外，公同注定地方学职，次及福建诸生，此天理至公。且于选中酌其道路远近，勿致难行，以示朕笃念斯文嘉惠天下至意。

颁赐平粤伯铁券于丁魁楚。

宁德、福安、寿宁等县土寇横行，上敕抚按道府刻期剿定，擒渠散胁，以靖地方。

敕：崔芝亲缴鲁藩旨印，纯忠可嘉。今海师倚任方隆，即与挂平海将军印。

上谓群臣曰："辅臣道周委身殉难，其子子中备述之，镇臣黄斌卿亦有此奏。读《绝命诗》有'支天千

270

古事，失路一朝人’之句，朕亦不觉泣数行下！首为推戴大臣，恤典着于五月内察例具奏。其子子中年俱幼稚，更可怜悯！前赐银图既缴，准给银二十两，以助书资。”

赏吏部给事中朱作楫旌廉天字银牌二两，曰：“作楫以羁旅之臣，直言受知，身处垣掖，能却暮金，真浊世之鲁灵光也！”

上曰：“天气炎蒸，轻犯岂宜淹禁？即敕刑部遵热审事例通行直省，除人命强盗官粮军机外，其余军徒以下，俱准保释，以迓天和。”

以手敕一道、关防一颗赐行人唐偁，条记一颗赐兵部司务王甡，使速去图功，勿误军机。

敕司礼监速行文知会平彝侯：福京空虚，大比当严。一面用以防备，一面留总宪臣张肯堂弹压。

福建监临御史王孙蕃、韩元勋疏陈：“减篇恤士，惟一时之恩。惟是二书三经，不若三书二经为合式，其题目仍照七篇俱出，二场亦然。庶镂之试录，传之天下后世，皆信为不刊之章程，兴朝之盛美也。”上准如议行。

十六日午时，上大召对行在辅臣大小九卿科道并翰林记注官，后殿候对，鸿胪寺即与传行。

以工科给事中黄大鹏协守仙霞关。大鹏，建阳人，崇祯庚辰进士，以乡绅同地方官料理，诚重之也；亦以其能觉察地方隐情，而桑梓念切耳。

和顺王慈欸疏陈："建阳县百姓因大兵久镇，溪不敢渔，山不敢樵。"上曰："如此情景，何以聊生！今后各官经过不许入城，城外亦不许延驻。犯者即行奏闻。还与榜示通知。该县官一面训练乡勇，以巩岩邑。"

张安复姓名为陈丹，还来迎驾。上谓其忠勇可嘉，着加衔为御营副总兵，仍管游击事。后勒其往虔中，随督辅观生恢剿。

永福县雁湖山贼作乱，知县田折计平之，渠魁审明正法。

令恤民库发银二百两，为楚王华壁五六两月袍膳之需。

上谕户部曰："钱粮收放，原以准入为出，多添则病。在解官仍作欠数，因而布政司增添法马，又苦在百姓。只以旧时法马为准，将该部与布政司较定，制造通行。但无失出，何须增入？"

广东解大造赋役黄册一千七百一十九本、总贯册一百本，着户部察收。

上以光泽荒残，民穷可念，本年正供钱粮，准与减免六分，以恤灾黎，他邑不得援例。

兵部右侍郎喻思恂率文武二十人，共奏弘光皇帝在平溪卫薙发为僧。上令内臣屈尚忠、通政使周昌晋往平溪识认，仍敕黔抚、□抚用心护驾前来。若有未真，即以方外礼延来相见，朕自有鉴裁。后知为逆贼张献忠假冒，遂辍前旨。

敕内臣李国臣："看首辅吾驺足疾如何，顺颁蜜食二罐，药资三十两，着善调摄，以副眷倚。"

监军兵部主事黄师正进督师史可法遗表。上曰："可法名重山河，光争日月，至今儿童走卒，咸知其名。方当击楫渡江，速图恢复，乃为强镇力阻，奸党横行，竟赍志以殁也，惜哉！读遗表，令人愤恨，应得赠恤、祭葬、易名未尽事宜，行在该部即行详议具奏。闻其母妻犹陷寇穴，一子未知存亡，作何获寻？黄师正多方图之！"

上谕首辅吾驺曰："田辟之兵敢行溃叛，大安关外，复有失挫。朕心焦劳，卿其强出而分忧焉。"

督辅傅冠免。其领过饷器火药，着行在兵部照数察收，以为谢恩、揭重熙恢剿用。时泸溪危急，重熙参其身任督师，日午方起，未尝至关上一步，人言啧啧。上怒其有负委托之故，准以原衔归里焉。

上谕首辅吾驺曰："卿足患，朕亲见蹒跚之状，准再调三四日。朕决意跸汀，卿可同枢臣早为料理。"

上谓诸辅臣曰："临民之官岂可以银而得？朕于闽浙近地，凡有捐饷至二三千两而求为知县者，朕断不允。盖为民生计，不可不周，况抚戢凋残，有所未便耶？"时凤卫伯牟文绶为捐饷急公，而有求署□山县事者，故上峻却之。

复谕吾驸曰："朕在延多日，漫云兼顾江浙，终于江浙何补？不如实实出关，拿定一件做去，尚为得法。且今地方止有闽广江楚四省，咽喉全在一处，清所必争，我所必守。今不自出，负祖负民，朕之存亡，犹其小者。今还要催林□兵并陈天榜兵到，决意初一日必行。"

敕恤民库发粤饷二万两，差官周瑚等解到督辅廷麟军前用。

永定县溪□、雷湖地方白昼行劫，夺去诰敕廿轴，及粮银一千五百余两。上闻而骇异之，严行道府缉获，以济军需。

平彝侯郑芝龙疏请疏通福京河道，以消杀气，以奠民生。上允行。

赠诸生翟翚为翰林院待诏。翟翚，江南人，雅以复仇雪耻自负。闻皇上登极，匍匐入闽，建言谏诤，不遗余力。上官之，不受。兹以病故，陕西道御史钱邦芑为陈其本末。上怜其才，赠以是官，并赐银廿两为葬资，邦芑为之缴还。上曰："朕视忠臣过于骨肉，一臣云亡，朝廷即少一助。翟翚赐金，着与制一碑碣，不必缴进，仍赐四语，俾勒于石，曰：'生既尽君臣之义，死亦凛华彝之防。名称大明正士，实关天地纲常。'钱邦苣等奉行。”

礼部缴进贵州试录二十册。

授生员韩雄都为兵部职方司试主事。雄都，曲周县人，忠愤气谊，甲于同等。始与上遇于淮阳，颇有献纳。继乃抵畿南，侦探敌情。比与辅臣路振飞起义太湖，同副总兵王羽，参将王奋武，中书路泽溥、泽淳，举人杨廷枢等，同仇敌忾，大挫敌锋。后乃入闽。上称为佳士，起拜是职。

兵部尚书吴春枝疏称杭州已复，上曰：“杭复，则嘉、湖自是易事。陆兵着靖彝侯专任之；水兵着杨耿、李一根、周鹤芝等任之。徽、宁一路，制臣李蓬，抚臣□□、包凤起，辅臣朱大典，勋臣刘孔昭，台臣尹民兴、汪观等分任之。务以夏杪为期，慰朕靖彝安民至意。”

锦衣卫王承恩疏请三眼铳百门、弓百张、皮套百个、弩百把、腰刀百把、藤牌百面、镖百枝、火药千斤，俱照数发与之。

官给大学士路振飞药资银二百两，曰：“卿为患难旧德，朕心眷注弥殷。时当极难，正宜同心力挽。上报高皇，中全始终。若以病陈请，岂朕所望？着即日入直，切谕切谕！”

赣州危迫，人心惊疑。督臣万元吉取家入城，与民兵誓死相守，乃保无虞。上闻而壮之，加以枢衔。余协力共守者，升赏有差。抚臣刘广胤退避雩都，是何节钺？着革职听勘。

敕福京户部发银，依前式制造尚方剑十五口。

给李蓬差官领饷七百五十两，冯京第差官领饷一千五百两。广东解饷银十万五千五百两有奇，盐课银二万一千三百两有奇，着恤民库察收。布政使吴时亮躬亲督解，程乡遇警，保扶无虞，随升为少司马，并加服俸，以劝有功。

敕发勘合一道与周文灿，去贵州调兵。

沙县山寇窃发，焚掠原野一空。上念孑遗可悯，敕有司官轸恤之。

上谕督辅观生曰："览卿奏，援虔将悍兵骄，一闻急警，辄就思归。如此无纪之兵，安能济事！雩都、会昌诸邑，既可直达汀州，则防汀更急于防虔，何四都无一人议及？甚为可忧！败残兵将，罪之不能，呼之不应。督辅诸臣，孰为美策？退守庾关，岂朕所望？更当奋图鼓励，坚定脚跟。驻跸延平，以观时变，卿言良是。还不时揆度情形，飞章来奏。"

恤敕民库发银二千两，与抚臣刘中藻，带往温州赈济。时温州民苦荒，种不入土也。再发五百两为其募兵用。

上谓近臣曰："信抚五易而后得周损，今又说损不足用。才能试而后见，俟到任不效，另议未晚，信乎用人之难也！"

都御史杨文聪疏陈："吴易斩伪将廿三员，歼敌三千余级，获船五百余只，衣甲器械无算。"上知，大悦，曰："吴易于二月内，已钦加职衔。来疏尚未全填，岂邸报犹有阻隔？今兹大捷，准加升行在兵部尚书，兼右副都御史，余衔如故；陈子龙准加升行在兵部添注右侍郎，兼侍读学士。"

礼部拟会试定用十月，移催各省各府，不敢迟误，遵上旨也。

敕选正官收粤西盐利，以资国计，不宜留饱奸豪，徒付镇臣经理。

敕国姓成功兼顾大安关，仍益兵防扼，恐有清骑突入，铳器火药，即令二部给发。

上谕大学士吴景伯曰："赣州告警，朕已三次发去饷银八万两，未见成功。徒糜粮饷，深为可惜！"

上谕吏部验封司员外曹元芳曰："东南为朕一人故，三遭寇虐，览奏如病瘵在躬。义师在在云集，乘其怨而激励之，因其势而利导之，真恢剿一大机。元芳为国仇家难惊心，慷慨请缨，具见忠孝。但往难，而有济更难也。"

上敕总督川湖侍郎杨鹗曰："清众驰骤，方在楚豫，必先堵剿，方为长策。以湖南兵马钱粮，付抚臣堵胤锡专办荆襄承德，卿自认训练催趱，佐两路腾饱，功罪自无蒙混，极说得是。自今选将宁严毋徇，练兵宁不足毋有余，通与传知。卿还切念兴复中原，非一手一足，务矢同心同力，恢复勋成，一体酬叙。"

复黄斌卿伯爵，改"肃"为"威"，以"肃"字字义有尽也。

赠辅臣黄道周为文明伯，谥曰忠烈。平彝侯郑芝龙疏陈孤臣矢心尽忠。上曰："辅臣道周身陷腥膻，节光日月。甘久饿以明志，骂贼官而求死。虽罹国运中微，不愧大明宰相！朕读其遗诗，刺心流涕。朕负道周，未能救于事前。道周不负朕，真诚拥戴于先；力恢危疆，垂毙不辱于后。此后必要奋志杀敌，雪我忠良。今日恤典，尤当破格。祭葬既照伯爵例行，妻封一品夫人。闻其四子，长为锦衣卫世袭指挥，次为锦衣卫世袭正千户，三子着做行在尚宝司丞，四子着做中书科中书舍人。仍敕有司一立庙于本乡，一立庙于福京，春秋致祭，并予立坊于家，文曰'中兴荩辅'。其遗诗即立碑于庙门。家祠曰'报忠'，京祠曰'悯忠'。俟朕稍暇，当亲草诏，颁示朕过于天下，行在该部速奉行。"

议加福建乡解额三十名，以示龙兴首善、广开薪樆至意。

令吏科都给事中袁彭年申饬科规，加卿衔以宠异之。

时中兴草创，凡事俱循陋规，上知其弊，特拔彭年以为六垣之长。彭年陈列五款，上曰："即此便见丰裁。至中旨当慎封驳，最所乐闻；随事抄忝职掌，亟宜修举；以题覆还部院，极为得体。然必每科一员，专管注销，月终提比摘参，方无稽误。诸不要紧疏，听该科季终汇请注销。召对频行，备官恐废办事，今后侍班科道锦衣卫各轮一员供直。其每日召对某人，鸿胪寺开一小单送阁，俾辅臣亦得与闻。记注官另候传宣，事公则公言之，不得概注独对。谏诤需人，资俸宜循，英才亦不可抑。庶常、部曹、中行、推知，皆可为言官，若荐举得当，又难尽依常格。至内外兼转，自关旧制，二人两季京堂监司之例，断当举行。朕特召彭年，正为是故。还须逐款遵依，不得仅以建白了事。彭年资俸已深，准加行在太常寺少卿，仍管吏科印务。"

大学士督师杨廷麟疏陈："虔事危在旦夕，援兵半已溃亡。"上曰："吉州失守，督臣万元吉诸兵皆付一掷。抚臣刘广胤先出雩都，副总陈丹、张琼、李源濬五月初一日失机，成何法纪！此番功罪宜明，卿即详悉入奏。惟虚惟公，勿僭勿歆。见在收拾败残，亦即中兴根本。粤兵、狼兵三万余人，准卿召募，但作何招集，作何约束，必先议定。近日地方苦兵，尤甚于贼。经过不慎，号令不严，驱虎进狼，绿林四起，岂必寇作戎首哉？包象乾兵、张家玉兵，卿还严谕，不得收聚凶徒，终成溃散。朕十日内外，一定亲跸汀州，面议方略。誓在必行，决不失信。"云。

以修关余银令锦衣卫分赏乡勇，人各一金，为首者倍之，使有功者皆沾实惠云。

上谕吏部尚书郭维经曰："官员贤否，关民生之荣悴，切宗社之安危。若吏部有满堂清官，天下必少呻吟百姓。朕于此选，至虚至公，力拔其尤而后已焉。"

戎政尚书吴春枝巡行汀郡，确汇永宁、青流、归化三县平定功次，升赏有差。

上谓兵部试司务蒋平阶曰："览尔奏，多发人所未发，如'一官五月而更数人，一人数月而更三命，百里而督抚并设，巡方与中使并差，皆害政之大者'，至谓'疑人复留用，募兵不同饷；有听言之名而未收其用；去铺张而存实意，□失机而务持重'，皆切要语，朕所嘉尚焉。"

安插迎驾副总兵杨元斌兵于将乐。

温州府进贡新茶。

敕锦衣卫都督杨耿发兵捕剿沿海寇盗。时周骏、崔芝、林云龙等，或募贼入港行劫，或倚贼垂涎绅民，上以不可为训，故发兵剿之。并知沿海兵饷单虚，着福京户部与布政司会议具奏。

江西光、黄各砦义师云起，上敕其联合义旅，杀伪复疆，仍列登极诏书"复一县即授知县"等款于敕中，付行人唐偶等赍去。

吏部尚书郭维经疏列三吴起义死难士绅，各赠官有差。葛麟赠兵部郎中，钱振光赠参政，顾棻赠兵部主事，王日如赠兵部员外，冯霯赠副使，钱圭赠参政，王有容赠佥事，麻三衡赠国子监学正，凌宏焕、张明光、谢球俱赠训导。

上敕光泽各县仓谷发充兵饷，可以济饥纾急，亦便于出陈纳新。发米一百三十石赏给军士，欢呼饱腾。

上命礼部右侍郎曹学佺清察军粮，兼济民食，仍书四字于职衔。学佺至是辞以《威宗实录》撰诸家集，精力维艰，难兼他务。上许其荐一人自代。

> 学佺饶有干济，捐资买米，天兴赖以不饥。然其门下士略有藉此而觅厚息于他州县者，人言啧啧，故特疏辞之。

给督师杨廷麟弓弦各一千数、箭三千枝。不足者，着原解户凑补。

惠潮巡抚刘柱国擒获潮阳贼首庄三权，即时正法，疏闻行在。上令其察叙有功员役。

上谕锦衣卫王承恩曰："关外驻扎重兵，以便相机驱剿；关内联络乡勇，以资守望应援，自是守关胜着。择用本地乡绅，同地方官料理关内事务，使兵不得扰民，尤为紧要。尔此奏具见方略。"

以乡绅张调鼎同道臣赵秉枢扼守永定关；谢绍芝同府臣周维新扼守大安关；黄大鹏同台臣郑为虹扼守仙霞关。务要调和兵民，侦御奸寇，与守关兵将，有功同赏，有罪同罚，违者三尺不宥。

温州饥，再发银一千两，令何兆龙赍往赈之。上复叹曰："奇荒至此，一千之数，安能遍活数十万生灵乎！疏通救急，作何设法，抚臣卢若腾、镇臣贺君尧速为设防，毋使瓯民重困。"

上览台州府通判万年英疏曰："这所陈三事，侃侃直敷，乃至四千三百余言，读之殊深痛感！陈函辉，各文武张国俊、朱常淅等，不知名义，无足深论。江上诸臣，武如方国安、郑遵谦等，文如方逢年、张国维等，朕亦自有鉴裁。"

诏安县为山寇所陷，杀官劫库。旋复之。

礼部尚书曹学佺助海师饷银一万两。时海师议久不成，朝廷兵饷尚缺。学佺请恢复之策，舟师直捣金陵，或可冀其万一，故罄竭家资及盐木诸项，勉成一万以济之。

释裴村愚民周□为人妄捏奸细者。时辅臣蒋德璟过裴村，男妇百余人控诉周某实非奸细，又有里排生员人等保认。疏闻，诏释放之，曰："此后巡缉固应愍严，亦不可妄拿良民，致无辜遭陷。守关将士各与申饬，二词并发存案。"

差工部司官黄昌祺回粤东买硝，动支该省布政司银六千，以省携带之虞。

上谕都督汪硕德曰："览尔疏，兵以无粮迫民，民以求生投寇，深可痛恨！彝锋既逼铅、永，药尽矢穷，何以御敌？尔还鼓励前行，奋图扑灭。毋得逗留，自干公议。并察明硕画作何下落具奏。"

行在御营设立十标，计兵数一万。其器械衣甲，准各府汰去逃亡各额内搜出备用。时林垒福宁募兵未至，敕催速赴戎政官通领，以隶十标。

左都御史张肯堂疏荐崔芝善于用海，有船五十余号，有兵二千余名，乞释罪图功，置臣标下，上从之，曰："前杨耿纠其募贼入港，因发兵捕剿。卿既信其无他，即准随卿前进，定限夏至前到，以便卿乘风急行。崔芝俟再立功，即与挂印。"

夏至祭典，敕福京太常寺举行。

会官处决朱家栋，以谢徽州百姓。

翰林院检讨何九云进家藏书四百八十四种，计三千五本，令弟九禄赍投。上曰："朕性喜阅书，所进者缥缃殊富，顿快素愿，着即收进。内有重的，仍发与九禄领回。九禄着做国子监学正，以示酬劳。"

钦天监奏星异。上曰："人事修省，可回天灾。各官着极力消弭，毋事虚文。"

福京署国子监祭酒朱天麟疏言新旧贡生在监者已有

千人，成均伊始，当广作人。上许其于皿字、贝字号量中二十名，以示京省并设之意。

敕福京户部侍郎徐应秋贮备积谷，每年务满二万□千七百五十三石之数。着于收成后，凡有罪犯取赎者，咸令其纳谷。务令陈陈相因，始克有济。

以福京户部侍郎黄日昌协理安民库。

上谓司礼监曰：“内官品级奉御为正六品。今内官多到，宜广从六品以下之衔，庶不僭乱。钦行酌定中宫皇后位下差使，定衔曰‘椒宫承使’，为正七品；皇贵妃位下差使，定衔曰‘椒阁应使’，为正八品；九嫔位下差使，曰‘椒室领使’，为正九品；此下内使都为不入流，永为定例。着纂入实录，以示将来。”

广西布政使起解粮饷三万二千两，□资银四千八百六十八两。

四川参政今升太仆寺少卿刘麟长疏陈恢复重、夔二府三州二十三县，以川饷赡川兵，不得虚糜破冒。上嘉其不避艰危，尽抒方略，忠劳懋著，俾其前来陛见供职焉。

平□将军陈秀请募兵二千，以足守关五千之数。上曰：“增兵必先议饷，与衣甲器械等项，着户工兵三部议奏。”

时有讹言驾回天兴者。上闻之，怒，曰：“朕以进战自誓，岂有复回之理？谁为此言，以惑乱耳目？即应立刻察明斩首，以警其余！"

上游巡抚吴闻礼疏陈："镇兵分防：岑阳拨戴忠兵扼守，桐木拨陈梧兵扼守，谷□拨施朗兵扼守，焦岭拨方机兵扼守，观音隘拨黄廷兵扼守。"上曰："此皆辅臣德璟与该抚激发忠诚所致，况兼施福慷慨鼓行，黄兴勇而能下者乎？朕心甚悦。"

行人瞿昶疏陈楚蜀滇黔事情："楚在一事权，专任使。预敕重臣，以待南昌、荆襄之复，即遣大将以镇之。蜀在结将士，收民心，用蜀人办事。摇黄则剿抚并用，献贼则歼厥渠魁。滇黔则在外援邻邦，内顾门户，但近日勋臣土司议论未定。其地近蜀之遵、永，与楚之接界平溪、铜仁，俱宜防援。"种种皆扼要实着。上嘉纳之。

都督李士琏抗节拒寇，上与挂讨奴将军印，作御营从征前锋左军都督同知，进太子太傅。

首辅何吾驺、兵部尚书吴春枝简练十标，议定兵、饷、才、将四款。以郭奇管作第二标，陈天榜第三标，熊和、王秀奇、陈文爔、方登天作四五六七标，林垄所募者，俱着巢拱极管领，作八九十标。标兵毋得过额。凡有余兵，即隶戎政标下，以备御标缺补。上从之。先发银一千两，为犒练之用。饷有定支，才可节制，庶实得兵用焉。

上顾左右曰："延平地窄米贵，朕原不欲久住，俟虔南收拾安妥，六飞即当迅发也。兵部主事方文耀劝朕裁减员役，此说诚是。但各处啸警，地方官宜及早消弭，毋贻朕行后之忧。"

漳南道臣傅云龙才足办贼，着留久任，以安地方，广东布政使缺另补。

擢瞿昶为云南道御史，衔命往调刘承胤兵。

谕国姓成功曰："福疆战守，必取闽饷；浙直、江楚战守，乃取粤饷，不得一毫僭差。李长倩专司粤饷，行在吏部立推右侍郎一员专司闽饷，务令井然以有成绪。粤东抚按挑选旧兵一万，粤西抚按挑选狼兵、滇兵一万，以资收复中原。"

山寇万人攻围龙岩县。

恩贡生陈元纶赴廷试，试进所著《豳风保治全书》《五经涉录》各一部，上敕留览，以启所学。

特授廷试贡生第一名李荨辉为礼科给事中。敕其侃侃直言，毋负新恩特简。

卷　八

六月，以杨鹗总督偏沅，何腾蛟遂有"敕印一齐交付"之疏。上谕之曰："卿宣劳江汉，功在社稷。复楚恢豫，长驱燕代，业以全担付卿。杨鹗之推升，因彼时未审舆图，偶为错举，岂有一柄两操之理？今中枢需人，业召鹗入佐矣。朕与卿分则君臣，谊同父子，何不因疑奏明，遂为是举？且'将在外，君命有所不受'，尚惟始终一心，力任危地，以必见孝陵、必葬威宗为任，朕与卿当共勉之！"后有"两奉君命出江，百念回思顾楚"之疏，中有"愿为愚不愿为智；不敢弃，不忍弃；不能以两年死挣之地，弃之他人之手"。上始欣然曰："阃外之事，悉以烦卿，惟有早开云台以待！"

上因粮饷不足，每叹曰："朕布衣蔬食，经时寡费，所余重饷，皆以养士给兵。乃内帑无多，应用每窘，为之奈何！"

上命翰林院新选萃士万荆等十二名随庶吉士后，入阁拜先师，复敕翰林院官时其教习，毋得作辍。其服色比庶常，而冠袍角带焉。后兵部主事万曰吉劾其非制，且有"赝鼎见售"之说。上曰："拔士于贡中，作养人材，事属特典。名为萃士，原不同于庶吉士。毋得愤激不平，暗行诋诽！"

赠侯峒曾行在礼部尚书，谥曰□□。

赠高飞声江西按察司佥事。飞声，长乐县人，癸酉乡荐，以同知署抚州府事。敌至，倡义不屈；仍敕其家人护印，以达行在，故有是赠。

兴化佃户围郡城。

按，莆田租额每石谷计一百二十斤，后乡绅或有议加者，众不服，遂率众而成揭竿之事。上闻之骇然，曰："此诚地方异变，着守道柴世埏将租事作速议妥，务期主佃相安，宦干非理虐佃，与刁民假佃倡乱者，俱当重惩示警！"

番禺县廪生刘国彰捐资制造九龙大箭五百筒，听供援虔复楚之用。上喜，给钦札都司示酬。

编修刘以修进《文昌化书》。上曰："《化书》劝人忠孝，朕甚嘉之。以修生长其乡，即与门人校定，更当广布成书，懋厥休嘉，以襄上治。敕文俟旨行。"

按，以修字懋卿，号九一，闽中人，庚辰进士。初令福青，调繁闽邑。下车即以《化书》示予，意欲谋所以梓之。予借故家善本，为之校订讹谬，并捐微资，合各家助刻者，始克充梨棘之费。
若刘公则一意爱民，案牍无事而已。校订初只立予
名，继则补刻闱中所取士子，亦居一焉。其详载予
跋语中。

上谕广西巡抚晏日曙曰："用狼兵必选狼将，否则
扰民。今因恢抚调行，闻狼有生熟马步之不同，依请即
用成大用为统领，夏曰敷为监军。行粮安家，取给平、
梧、浔、南四郡，务速如限到虔。于起行之日，该抚飞
奏，仰慰朕怀。"

擢吴时亮为行在兵部右侍郎，翟式耜为添注左侍
郎，宋贤为添注右侍郎。

以傅上瑞巡抚偏沅地方。

敕行在礼部："天道亢阳，谷腾民疫，皆朕不德所
致，除自初五日朕在宫中行礼，虔祷雨泽，尔部即察洁
净处所，设立坛位。六卿以序轮日瞻拜，以祈甘霖，济
我百姓。"

广西乡试，取中六十六名，加以宗主二名，流寓
二名。

发银四十两，着太医院徐淑卿、胡兆龙、朱士选、
王大华，各任东西南北四门城内外施药。

敕台臣艾南英将其生平著作刊刻成帙者进览。

敕内臣邓全到天兴，催抚臣刘中藻速往温州到任，
并为金华声援。时闻温州警报，并婺警猝至，皆有自相

戕害之状。

命国姓成功亲到漳、泉，精募兵将，立助恢复。期限二十日，即来复命。诸将仍用心守关，务令一骑不入，毡裘寒胆，不负朕股肱待诸将至意。

封建宗藩，各官准穿锦绣三日，遵常例也。

以都督杨耿总督水师，调守仙霞关曾德还京补之。上游巡按御史尹民兴劾德淫纵多端。上谓德："有则速改，无宜加勉，可也。"

敕勋臣刘孔昭严禁所部，毋犯瓯土，以著臣节。仍敕福宁道臣王芋发陆兵一千，出温州应援。封方元科为定胡伯。时钱塘沿江战功，惟元科为能用命，并发手敕以示优异。

水师议成，以吏部朱永祐、赵玉成兼户兵二科给事中，在周鹤芝、李一根、林习山军中联络措饷；改推官徐孚远为兵科给事中，编修周之夔兼兵科给事中，监督联络渔船，共襄恢剿。

福清知县赵士元剿御土寇有功，上命吏部优叙之。

贼杀马江渡船三十余人，并犯弁李镇邦等，上敕府县官严行缉获。

兵部侍郎郭必昌疏陈"福京宫工告成"。上曰："宫工告成，虽非朕意，朕今驱驰戎伍，何暇安居？惟平彝侯劳自当旌。每岁再增禄米五百石，仍荫一子锦衣卫千户世袭，杨耿准特进勋阶。"

上曰："天下之坏，不坏于敌而坏于兵；不坏于兵而坏于官。殊可痛！浙中无所事事之官，逍遥于家，驿骚于途，畏缩不进，演猎佃民的，通着抚按详行清察，即日撤回，务期（下缺）"

总制郭维经疏陈"搜括以济急需"，中云"宁化官地二处，可易一千五百金"。上曰："此亦权宜之术。"从之。

上谕兵部主事毛元策曰："顾锡畴、荆本彻二臣俱戕于非命，诸臣当以为鉴。目下水师迅发，正欲急复江南，元策可益自励。"

敕抚臣吴闻礼严防松溪一带地方。

赣州捷至，云："清兵焚毁南北二门，架云梯数十、竹圈数百。我兵矢石迸发，清遂闻风惊遁，巩固虔疆。"上命察叙有功官兵，以鼓行间锐气。

升湖广监军道臣章旷为都察院右佥都御史，提督军务，恢抚湖北地方。时清兵以数万众眈视楚疆，李赤心等尚怯不前，旷独能领督辅兵，血战于新墙、鼓家岭等处，先后斩敌六百八十级，杀伤溺水者无算，所获马炮器械更多。督辅何腾蛟疏闻，故有是命。

准发各处提塘条记，一切奉旨，全抄行。

着吏部郎中兼御史王兆熊至浦城，通判李如梅至松溪、政和，夏南薰至建阳，奉旨招商，疏通米船，严禁埠头歇家把持船只，及官兵擅拿米船等弊。

升严起恒户部添注侍郎，总理湖广钱法；改刘明遇为工部主事，管湖广钱法道事务。同督辅虚心商酌，铜粹工坚，可藉长久。有益于国，无害于民。

上御西便殿，沐浴斋戒，祈祷雨泽，每日三次，敕文武官各积诚虔礼，不得视为虚文。府城内外，暂禁屠沽。

廷试续到贡生一百零五名，拟进呈二卷，敕授兵部试主事。

延平府旱疫，大学士何吾驺、路振飞等，各陈不职，上温旨答之。

以郭维经总理南直江浙闽楚两粤恢剿事务，改铸敕印，同兵部侍郎刘士桢督兵入虔。

以少詹朱天麟教习萃士。

平彝侯郑芝龙议借倭兵以图恢复。上许之。以黄徵明为正使，给一品服色，升枢□职衔，荣其行也。

督辅苏观生兵至南安，师徒溃散，援兵不至。疏入，上敕总制臣郭维经趋虔救之，并云："督臣万元吉固守赣城，自可无虞。"

议以副总兵江振曦兄弟防守白杨黄竹二隘。上从之。每年费饷五千四百两，半取给于瑞粮正额，半取给于瑞富户家。

给左右中前后冲锋营总兵官旗牌。

敕兵部主事常人龙往制臣李蓬处监纪军务，务令速到衢州，不至虚糜岁月。

敕吏部："学官教导，关系匪轻。凡入资叙劳，有授国子监学正、博士等官，各于本衔添一试字，不许任学博之事。至门斗之役，必用良民预充。士子之犯，不用率行拘辱，通行申饬。"

命铨宪臣张肯堂回福京弹压，恐场事人众嚣杂，有生异变。撤棘后即赴行在任用。

起用大学士黄士俊、陈子壮于田间。

先臣康太和准谥文介。

敕上游巡抚吴闻礼将恤民通驿事议妥具奏。时崇安、建阳、松溪、政和、浦城五城，皆为孔道。且浦城素无驿站，近日往来之繁，尤倍于崇安，有议复驿路工食，故有是敕。

广东巡按御史王化澄疏陈募兵一万四千八百零七名，上谕之曰："凡遇加派钱粮，朕如芒刺在背。所赖督按臣以朕之心为心，以民之命为命。有如增兵一万四千八百零七名，除盐饷赋役外，尚用饷银十五万二千三百零，皆概举成数而言，未尝就中撙节爱惜，即如东粤守兵，各路合算，将及十万，皆食存留之饷，与岁解额饷无干。各府各卫兵数无多，还当各路严察，以缺兵之饷，供新兵之用，得一分纾民一分。有如盐税一项，廷臣请另通行，岁可添饷一二十万。朝廷恐与旧商有碍，未遂举行。督按臣当与饷部臣梁应奇互相商榷，务俾新商旧商两便，资所增益，以养新兵。又加杂税一项，另与奏明征收，绝不许豪猾渔猎肆焰。两粤各府关税，加饷五万两，盐税暂议加饷五万两。俟四方平定，自有蠲减，以酬父老子弟。"

巡关御史郑为虹叱责平彝标下将官陈俊、邹太争夺船只，芝龙密诉于上。上曰："干戈宁谧，全藉文武和衷。为虹叱责，亦是代卿约束，卿幸勿芥蒂。应以王臣王事，视为一体，等于同舟，尤所殷望。"

平彝侯郑芝龙特疏荐异人薛通载，赐名为广济禅师，令其征兵海外。

敕吏部尚书曾樱："速催傅振铎到任受事。宁化现有寇警，迎驾师先令驻扎该地方，不必拘定夏秋冬春，以人就地，还当以地择人。"

升陈履贞为吏科右给事中。

首辅何吾驺疏荐曹勋、祁熊佳、严似祖有纂修之才。时起勋为行在吏部右侍郎兼翰林院侍读学士，协理詹事府事，熊佳、似祖为右春坊左中允兼翰林侍读。

衢州知府伍经正不奉鲁藩，上以其义凛一尊，秉节不贰，再与实加一级示劝。

敕通政司文武各官：一本只许说一事，毋得枝蔓牵扯，不便批行，以后申饬。

加赠张继荣为右都督，谥曰武襄，以旌真忠。

敕定南巡守二道臣，准各募兵丁二百名，以资防御。

改工部主事李鲁为兵部职方司，给与敕书关防，令其屯练乡勇。盖以汀人虑汀事，自无不周也。并敕于华玉："留汀之兵，分守诸关隘。汀之四隅，守兵乡兵，互为主辅。有则申饬，无则增添。其乡勇粱粮，官助二三，民凑七八，务与华玉同心固圉，以安地方。"

南安王企钰进颂德诗四章，上谓其"敲金戛玉，大雅之音。朕几务忧勤，愧未遑及"云。

宁洋县寇警。

谕内阁速撰敕书一道，申饬卢若腾、贺君尧，同心坚守温州，以保行在福建门户。前日却兵有功，并能保济饥民，卢若腾加行在兵部右侍郎，贺君尧进太子少傅。

大学士林增志因亢旱陈省躬一疏，上谓："疏中以两事规朕，曰'改过引慝'，足征交儆之诚。"午间，便殿赐对。

敕福京监临御史韩元勋："监场事完，即刻巡历下游地方。务正己率属，奖廉惩贪，力挽浇风，以振文治。汀、漳盗贼奸宄四出，须分别剿抚，使闻风解散，便属真御史。至两粤、云贵计典已行，上下游独缓，着元勋作速察核，会同巡抚奏报。严在贪酷，不得遗漏吞舟。"

上因天旱，思清理滞狱，曰："狱有冤民，则天屯膏泽，敕四狱衙门熟审事例，速为清理。福京刑部先为举行，以合朝廷钦恤之念！"

以督辅傅冠贮库银一万四百余两，给国姓成功五月兵粮。

上游巡抚御史吴闻礼合院司议：以各府属额饷坐派抚镇标营水陆寨游各兵，免转输之烦，消庚癸之患。上从之。

发恤民库银一万两，差兵部司官一员，解到刘名奇军前给散。

援剿七省都督张先璧、郝永忠合词迎驾。上曰："览奏，具见前驱义奋。江氛未靖，着即协心进剿，以迓王师。"

福京太仆寺卿甘惟燦上疏乞休。上谓之曰："同一去国，太平无事，人竞进而己独退，则为恬；国运板荡，人致身而己思去，则为避。此义诸臣所素知者。惟燦仍降一级，以警偷惰。"

敕内外诸臣："毋得滥给札付，以重名器。如督抚遇军功，方准以关防先给，然后请给御札。地近以一月，地远以两月，再远以一季。务填报功次、坐名请旨，毋得滥求滥给。该部堂司官各宜恪遵勿怠！"此敕从兵部尚书吴春枝之请也。

将官费兴、陈学鹏、郑真等出关，与清大战，生擒二十余人。建宁道周维新报捷疏至。上曰："此皆辅臣德璟与维新发纵指示之力。"

上曰："滇黔远在天末万里，干戈未靖，各卫弁承袭者，往来艰难，朕甚念之。暂破赴京承袭之例，许其在本省部司起文，赴镇抚比试，再送按臣察对。贴黄号纸，差官赍文汇报兵部查对题选，填给勘札。即以所省之盘费，解京充饷：指挥定银四十两，千户二十五两，正百户十五两，布政司汇收搭解。"

上闻威虏伯黄斌卿杀□□荆本彻，曰："本彻虽非贼寇，乃尔骚扰地方，民恨实甚，杀了便罢。所招降将士，善为约束，勿令流毒，致重民怨。"

宣谕广西太平府土司守备吴廷秀，取有印信归顺表文十六道，上谓其"不负远使"，嘉纳之。

催镇守广西大都督成大用督调狼兵足额一万，不可少一名。需用钱粮四万，即就陈邦傅进解数内，立刻支销。

敕黄兴殚力扼关，吴闻礼严巡毖饬，周损速料理早复广信，俱刻不容缓。时兵部尚书吴春枝有"国务只争呼吸，急先持危"之疏，故上急急于此，正虑时事又有不同也。

加万元吉行在兵部尚书，以其固守虔城，屡挫敌锋也。余赏有差。

十三日，免常朝，以天道亢阳，雨未沾足，上日事祈祷也。

平彝侯郑芝龙制油扇五千五百握有奇，分给闽中应试生儒，以为却暑，上破例允行。

准安仁王长子慈□移居宁德县公署。

上谓枢臣吴春枝曰："守汀先援赣，赣固则汀安，此不易之论，着抚臣廷麟、制臣维经、部镇臣于华玉力任之。施福、黄兴，与广抚周损、上游抚臣吴闻礼互相接应，恢复□山、永丰诸邑，不可专委周损，坐失事机。"

改十五日乡试。首场：四书三篇，经二篇。十七日，二场：策三道，判二条，从减篇节省之旨也。

翰林院编修陈世杰因虔危未解，粤策难缓，疏陈："'便宜行事'四字事权大重，行间直作话柄，真有大不便、大不宜者。"上嘉纳之。

上谕太仆卿兼御史郭正中曰："浙东流言四起，总为监国设谋。朕无利天下之心，天命若真，人谋无用。陆清源被辱事情，甚是可骇，都着靖□侯察报！"

敕吏部兼兵科守制揭重熙曰："江西素称道义之乡，兵与饷皆出于义，诚为胜着。除先发饷银五千两外，今再发一万两。揭重熙当加意鼓劝，使义兵裹粮敌忾，仗桑梓以匡王国，乃为奇绩。"

差官解饷银五千两，赴督师黄鸣俊军前。时闻敌渡江，萧山、诸暨一带俱危，各辅臣以为言，故有是命。

升吏科给事中陈轼为广东右参政兼佥事提督学政，

刑部主事萧申升广东兵巡道参议兼佥事。

改国博张一钰为翰林院庶吉士。

十六日，□百余人抵上杭，官民皆遁，□遂设立伪官而去。

平彝侯郑芝龙调曾德回守仙霞关，上从之。

龙岩县平，渠林海符枭示正法，余党奔避。上敕该抚镇速出示，令其解散归农。

福京吏部司务王士和疏陈六事："文职旷而脱卸者多。武弁盛而立功者少。升迁骤而责任益轻。议论烦而实用益寡。听纳博而精神愈梦。移跸频而民生日苦。"上读之，曰："此诚苦口良药，切中时弊！朝廷时为省览。王士和此疏，速刊刻成书，分送文武诸臣，务使痛改前非，实图恢复。士和准赴行在赐对。"随以士和守延平。

上曰："李大载同黄箕奉命宣诏，瞻奉祖陵，为奸臣所卖，被收监禁。大载书其衣曰：'浩气充天地，丹心照古今。'又曰：'气节不回奇男子，忠胆无惭大丈夫。'抗节寇庭，至死不屈，真丈夫也！张宗、陈良，亦相继拷死，朕心恻然，当速加优恤，以慰忠魂。黄箕涉历艰辛，守节复命，并与优擢。"

上曰："获城陷阵，绩与忠并茂者，汪应相、宋大彪、季存仁三人，俱准赠指挥，王体和赠百户，以为效忠者劝。推官邵之荣着行在吏部叙恤。"

清□萧山，扎营诸暨，围困绍兴七条沙茶园。严州各路官兵恐不能支。上敕兵部速发兵救援，以重闽浙相依门户之意。

建南道副使赵秉枢奏：麻沙白骆界地方民性骁悍，习制行盔行甲，可以御敌。上敕其同张调鼎多方招募，同心守关。

二十七日，发榜，取中一百七十五名，副榜六十五名。有旨令南城御史方元会覆试，黜落四名，仍发续榜，俱准为举人，此亦特恩破例也。

> 按，是科弊□甚多，内有李枚文理不通，翰林院编修兼兵科给事中周之夔向布政司取原卷不通处，疏纠之。上即命黜革，逮房师推官王三俊下狱，追赃一万两，以助平寇出师兵饷。赃完而清兵至，幸免株连，否则吾乡故家子弟，十去八九，以当日买中者不上千金，人故易为耳。

上因首辅何吾驺决意幸汀入虔，与平彝侯郑芝龙论议不合。且清骑辐辏关外，芝龙遂撤兵回福京，清遂长驱矣。惜哉！先是，上以福建全省付芝龙，使其志不退转，力任封疆，则忠懿王之勋业可成，不尤可惜！

八月廿二日，清骑入仙霞关。上在延津，知事势已去，遂由汀郡出关。清遣轻骑追之，不及而返。上游巡抚吴闻礼遁入山寺，不肯剃发。人有劝之者。曰："岂有堂堂抚臣而怕死耶！"后率乡勇赴敌，为乱兵所杀。

清兵入建宁。

辅臣路振飞追驾不及，自缢于邵武山寺。

礼部侍郎马思理、工部尚书郑瑄，俱扈驾，中路逃回。马则诈死遁海上，拥戴鲁藩；郑则屈首贝勒，先于众人，人以此定优劣云。

平彝侯郑芝龙兵船尽泊南台者旬日，搬运城中旧日北库所蓄火药兵器，复焚北库，巨炮震发，势如山崩。

延平太守王士和死节。士和字万育，金溪人，富于经术，言论侃侃，崇祯间乡举。初为吏部试司务，上疏条陈，上嘉纳之，转职方员外郎。未一月，升延平知府。清正不阿，人咸德之。与人交，无异言。清兵至，乘舆远出，一时从龙守土者咸遁去。士和矢志不移，曰："吾受国家厚恩，以守此土，不能持寸铁与斗，死有余愧，可与寇俱生哉！"乃先一日分理家事，正衣冠，经于堂上，百姓往哭，如丧所亲。鸠金殓之。清兵至，亦俱叹息而去。

上游巡按兼守关御史郑为虹死节。为虹，字天玉，扬州人，癸未进士。年少，美丰姿。初为浦城令，洁己爱民，性极恺悌。上初入关时，知其为廉吏也，欲拔置左右，浦民留之，有十不可去浦之疏，遂罢。其任为巡关御史，亦将以恤浦民也。适关将夺商人米，为虹绳之以法。有曲护关将者，反露章弹为虹市恩邀誉。上知其忠，置不问，复命巡按上游，以重其任。风力震于远迩，关将恃恩者亦颇为敛手。清兵入关，为虹叹曰："文武不睦，势不可为也！"竟不屈死。

永福降□，乡绅黄文焕男堪驱逐县官，起兵接□，伐山关道，亲至延平朝贝勒，闽人以此为罪魁云。

闽省闻清兵将至，城中巨室，搬移一空；即棺柩俱抬出郊外，遍野累累。时相传有"留发不留人，留棺不留屋"之语，故仓卒咸尽。

贡生齐巽、中书张份、医僧不空等，鸠众起义，以陈子含宅为帅府，杀清人来挂安民告示者，人心不无震动。时苦无饷，乃率众往涌尔寺，恳曹能始先生助以千金，始克招募。黄堪密报，促贝勒王下福州，遂各逃散。

九月十九日，清兵至福州，从北门而入。城中百姓，十留一二，父老仍鸠各铺羊酒郊迎。兵士屯扎洪塘沙洲，不许入城扰民。升官分职，一照明朝旧例。

贝勒王处沙洲，出榜安民，谕远近官吏投诚。时福州缙绅，俱遁处山谷，首至者则□部尚书一人而已。时松溪教谕亦在列中，见□跪泥沙中永日，贝勒不为礼，徐乃令之去，曰："尔官在明朝若是大乎？兹不便用也。速去！"

不剃头男子赵卯死节。时剃头令下，闾左无一免者。金钱鼠尾，几成遍地腥膻，卯见而抚掌大笑。或曰："子能逆令耶？迟则此颈且不能保，岂吝一发！"父母戚属咸责之，卯曰："吾岂能不剃？自有妙于剃者！"乃多市鱼肉，与父母畅饮。时卯已丧妻，有子三人，罗列侍侧。酒醒，叹曰："发肤受之父母，古人不敢毁伤。今将剃去，其可忘养育恩耶？"请父母拜之。又谓其子曰："尔生之自吾，其可不拜而剃？"拜毕，日入崦嵫。卯曰："明日剃之，未晚也。"俟父母安寝，卯独徘徊中庭，慨叹数四，唤其子曰："尔读书笔砚可简出，吾有所用。"随令三子先寝，乃濡浓墨大书于壁曰："男子赵卯不肯剃头死！"掷笔，缢于中堂。家人知而解之，不及矣。卯，闽县人，粗知章句，以枲米为生。生平性直自豪，不屑屑于刀锥之利。今之剃头者，愧赵卯多矣！使天下皆赵卯，清骑清服，将安用之？卯忘其名氏，然卯正不必以名氏题也。死时年终三十有六。予谓视曹、胡二公，其死尤烈。

太子太保、礼部尚书曹学佺殉难死之。公字能始，号雁泽，十八举于乡，二十一成进士，官辙所至，兴利除害，民称便之。古人词赋无所不精，著述汗牛充栋，又善临池，入晋魏之室，故海内无不知曹先生者。熹宗朝，以序何总制士晋所著书，谈及阉官三案，削职追夺，几蹈不测。归乃闭户著书，成《天下名胜志》，选古今十二代诗；复殚力五经，撰著成一家言；后乃旁通于天文、禅说、字说、语录、二十一史诸学，皆有所纂辑，诚一代之钜儒也。威宗朝，屡诏起不就，既得予告谕旨，益安心著述。今上夙知先生名，初即位，起为太常寺，以草创典礼，非公莫谙者，寻进秩少宗伯，特设馆名兰台，令纂修《威宗实录》，眷顾弥笃，有"卿巍然鲁殿灵光，文学尔雅，是天留佐朕者"之谕，先生亦幡然自命，朝夕载笔焉。时关外警报日至，朝廷所用，不得其人，丧师辱国，不得已御驾亲征，兵少粮乏，未能离闽疆寸步。且朝中文武大僚不和，先生预知时势不可为，尝语人曰："战守非吾事，皇天倘欲祚闽，则实录可就，恢复可成。倘不祚明，老臣岂事他姓？惟有死而已！"时议先由海道捣金陵，兵饷无措，先生竭蹶白金万两以济之。无故，三关兵撤，猛骑长驱，探报者犹讹为方兵。噫！时事可知矣！先是，先生闻乘舆离延津，即削发入山寺为僧。有不知时势男子四人，思为恢复计，咸曰："城中富家贵室皆已远窜，惟有曹先生在涌尔寺，犹可以义动者，曷往恳之！"遂率井里无赖子三十人直抵寺中而强其下山，言论举止，忠义凛然。先生曰："千金予不惮倾囊以应，奈时势已至此何！"四人巧言如簧，先生悯其志，恻然曰："与其存为儿孙用，不如先为国家用。成败利钝，非予所知，诸君勉之！"翌日下山，予之如其数。四人者，延先生至帅府，时丙戌九月十六日也。距贝勒兵入城才隔三朝。

噫！先生岂暗于计事者哉！忠义重而财物轻，故不惜耳！至十九日辰时，呼家人告曰："吾志久定，今日正吾尽节之日也！"遂沐浴正冠，缢于中堂。时年七十有三，语不及后事。将盖棺夕，贝勒抚军飞檄至，籍没田产房屋，株连儿女，犴狴累累。五晨夕始得入棺，尸虫满户。噫！天之报施忠节如此哉！天地昏黑，华变为彝。次年二月十九日，始得移椟出西□郊二忠祠，设奠成礼。知与不知，皆走拜祠下云。

贝勒□沙洲上考举贡生员往广东授官。一时热肠功名者，咸逐队就试。贫者有名不能去，富者得意扬镳，或被劫于半路，或死亡于寇盗，或失陷城池，身首异处。此数十人者，皆世受国恩，议者以为天理昭彰之报。

右卫指挥使胡上琛死之。上琛，字逢圣，号席公，直隶山后人。祖失木里，永乐间以功授燕山卫，后升福州右卫，遂占籍福州云。琛幼孤，依母家田氏读书，孱弱不胜衣，田氏常虑其夭。少长，好礼义文词，授业于先叔祖。年十八，赴京，袭祖职，归则岿然一丈夫矣。修饬武备外，折节读书，毫不作辕门习气。且耽于赋咏，时有曹景宗竞病之句，人不知也。性喜蓄书画，有当意者，辄典衣购之。思宗殉难时，悲愤不胜，见罗江社刻有哀吟，辄援笔属和，绰有思致。今上即位闽中，加升锦衣卫，随驾延汀。及事势去，圣驾蒙尘，琛徒步走归。归则闭户不出，若有所待。戚属劝之他徙者，惟唯唯谢之。贝勒兵将入城，琛闻之曰："吾世受国恩，岂有北面清兵之理！纵赧颜偷生，他日何面目见祖先于地下乎！"密令人入山觅毒草。其爱妾刘蕙闻而笑曰："君岂以我妇人不知节义事，而不与闻耶！吾有志久矣，特未敢言耳。然尚虑君志未决也。"琛闻，喜动颜色，曰："不意尔之能同我志，今可无憾矣！"遂服冠裳，与妾拜天地祖宗，阖户愤泣，并坐于中堂，饮药酒而卒。时琛年三十有八，妾蕙年二十有一。子四人，先时嘱母氏抚养。母亦贤母，不夺其志，亦大可嘉也。

仿指南录

[明]康范生

仿指南录

丙戌十月初四日，忠诚府陷，余临城被执。先是，三月廿四，吉郡失守，余与督师万公元吉、都宪陈公赓、兵曹王公其宏并议列棚张家渡，且守且战。诸军既已奔溃，风鹤皆惊，纷纷扬帆不能止，乃疾趋皂口为守险计，诸军奔溃如故。

陈公收合滇兵先至虔，独余与万公、王公，及永丰旧令林公逢春四日停舟皂口。自廿八日至四月初六日，皆以扁舟上下一十里内，相地形，设守具，而兵将寥寥。滇帅赵、胡皆从龙泉入虔，粤帅童以振阵没，陈课则称病先上，复为平粤伯丁公魁楚所杀，以其倡逃也。闽帅周之蕃、吴玉简、吴章，及粤帅王基昌。俱孑然一身，不能自集旧旅；惟安远汪起龙有兵三百。虔中闻变，不亟发援兵。时同卿李公陈玉、杨公仁愿、兵垣杨公文荐、兵曹万公元吉、周公远、待诏刘公季矿皆在虔，力请诸督师相国苏公观生及江抚刘公广胤。二公相顾迟延，止发赣城新威营兵二百至皂口，万公遣监纪程亮督之，下守绵津滩，楚帅曹志建发兵二千来诣，仅一宿，噪归。

　　至初六日巳刻而北军至，新威营先溃，汪兵继之。万公计无所出，临河徘徊。余力持以为张、许必守睢阳，此非吾辈死所也，乃又挽舟溯流，以初八日抵虔。虔人仓皇四窜，万兵曹即督师亲弟也，先挈家去，且命督师二妾皆出署，民情益汹汹。然督师未之知，亦无敢告者，余乃直白督师，督师忿甚，即取剑欲手刃护家属出城诸弁，并欲杀二妾以殉。二妾闻之，惧而入署，虔人乃大定，颇有士民共商固守者。

　　至十一日，杨兵垣自请任守城事，指画形势，以为虔必可守，士民益踊跃听命。时粤中有新锐五千人在南雄，又以饷匮大哗，万公欲促之来援，命余往。十二日午刻，余持檄兼程，四日即抵南雄，向旧虔督李公永茂及总戎周仕凤为秦庭之哭。李公义激慷慨，捐囊中五百金犒师，遂以十八日逾岭来援。率师者，副将吴之蕃、游击张国祚也。时陈都宪已在南康，余便道晤之，亦恳其收拾滇兵复援。而北军遂以十四日至虔。虔人闭门固守，苏相国率所部退守南康，北军方张，滇、粤诸兵先后至南康者以数万计，皆未敢即下。至四月杪，督师相国杨公廷麟自雩都力促新抚阎总及张安各营兵四万余至虔。刘抚军初委城去，亦自宁都募二千人来。俱以五月初一、初三先后溃散，未尝对仗，而遽为北军所冲。抚军被执，所失士马器械无算。甚矣，此辈之徒事骄悍而实怯弱，能为寇而不能为兵也！

此后援兵益裹足不前，苏、陈二公及王兵曹多方鼓舞，至六月望后，吴、张二营又旧勇前驱，与北军相遇于李家山九牛之间，数合皆捷。北军以为援兵必踵至，遂即刻返虔，且撤城下之围，退屯水西。而吴、张又以为必卷土重来，亦退守南康。时虔中士民死守已两阅月，且守且战，奉诏旌异，改郡名忠诚府。杨兵垣籍民兵五百人专守西门，当北军之冲，尤多奇捷，奉手敕褒嘉，历升太常卿，加行在都宪。至六月廿四日，汪起龙乃率师至虔，滇帅赵印选、胡一青亦率师三千余来会。旧署虔郡南安别驾刘清名初以弃城遁去，亦引兵三百余自赎。苏相国部下各营亦遣三千余人来。陈、童二营各收余烬，近二千人。杨相国自率阎营罗、魏二将及张安各数千人。大司马郭公维经及侍御姚公奇胤亦率所募滇、闽八千人。丁平粤又遣其标兵近四千余人。俱先后列栅城外。

余时痴卧韶州山中，会中翰袁公从谔新募砂兵三千人，铨曹袭公菜、兵曹黎公遂球新募水师四千余人，俱道经韶，乃拉余复诣虔。至南安而万公适有手书致苏相国，以转饷弗给，命余领户、兵两曹事。又粤督解相国以为粤饷牵制颇甚，欲与杨、万二公会题余谏垣以重事权，余力辞之。念二公久在虔劳苦，不可不一返幕中。值新抚叶寇万余人在潭口梗道，七月终，北军掩其无备，万人立溃。余以八月初七间道复入虔。

时城外诸营不下四万余人，亦颇锐往思战。万公持重过当，以为必待水师合力乃获万全，诸营未免沮丧，而水师久在南安，大治战舰。余与王公其宏皆极言水涸不能行巨舟，然其帅罗明受故海寇巨魁，性桀骜不驯，龚、黎二公又如慈母之奉骄子，惟所欲而已。迟至八月二十后始来，北军闻其舟行逶迤，乃设计截之江上。廿三夜，余与王兵曹、袁中翰巡城，遥望二十里外营大星稀，时漏下三鼓，急叩督师门，请发滇兵接应，督师与龚铨曹皆以余辈为过计，谓："罗明受之兵，力敌万人，不足虑也！"廿四日早，栉沐未竟，即闻水师败北，巨舟八十余皆毁，罗弁遁去，兵士被杀者数百人，北军为所杀者亦数百人。舟中火攻诸具甚繁，费饷巨万，一旦毁烬。督师与龚、黎诸公抚膺悼恸，亦已晚矣！

自是虏人丧气，北军益张，遂以二十八日冲破广营诸栅，二十九日冲破滇营诸栅。自是东南城外复无一卒。九月初三日，攻西门，已登月城女墙，督师及杨兵垣、袁中翰力督师士缒城格斗，乃退。初九日，北军遂据南康。滇、广诸兵既溃，人无固志，皆借端引去。吴玉简、龙伦、吴之蕃等又倡逃惑众，督师矫情镇物，且厌苦诸军縻饷无庸，乃皆遣之散去。城中仅留汪起龙疲卒三百人，汪国泰、金玉振所收吾吉人四百余，徐日彩新招虔人二百余，及郭大司马部下尚留三千余；城外惟涌金门江上有水师后营黄志忠二千余。

会有汀州之变，余以为根本大计较急，相国、司马宜引兵迎扈。相国誓与虔存亡，不欲行；司马奉手敕至再，将以九月望行。督师偶有遗言，士民亦不知大体，妄效扳辕，司马乃行行且止。督师又谓司马诸兵不足用，稍稍先遣去，城中益空虚。余与翰垣万公发祥，及兵曹王公其宏等复联属乡勇，约各社长会于明伦堂。万公捐金三百金致犒，郭司马捐四百金，定回环巡城规制，士民乃又稍振。而旧抚参戎谢之良拥众万余在雩都，观望不前，粤西调来狼兵三千人，方逾岭不即至。万兵曹闻南康既陷，亦退守韶州。虔城士民登埤既久，未免暮气难鼓，然犹勉强支吾。北军未察虚实，不即轻进。

至十月初三日后，城内一人缒城出，北军营适有百余骑截路，执而诘之，乃知城守之疏倦可乘，遂逼以前导，由小南门十三号潜逾以入。既入，乃遍告各营，悉众来赴。城内仓卒无备，然督师及杨相国、郭司马、杨兵垣、姚侍御、黎王二兵曹、署郡吴司李、林邑侯及余，鼓励乡勇接战，互有胜负。总戎刘天驷率家丁十余人力战，杀北军数人。至初四日黎明，而北军大众悉至，郭司马属余促水师发炮，连遭四十人，门皆裂，城遂陷。

余自建春门城上归寓，整衣冠以待，自期必死。适四邻火起，余乃引家僮二人登屋以俟。偶有东南风，火不即至。北军纷纷在市上杀人，即余所踞屋下亦惨号四闻。一人登楼搜括，与余对面仅去尺许，往返至再，竟未尝见。有张管队者，从对门小屋上望见余，余即大呼云："汝勿胡做！我某官、某姓、某名，汝欲杀，即持首级去！"其人自入城来，但见乞怜求活者，瞩余张目正色，不觉气夺，汗流如雨，登屋复坠。余反手掖之，且笑语云："汝辈当兵，何不济乃尔！"其人益心慑，余乃引至一室，命坐而与语，问其所欲，彼不过欲得钱耳。余笑曰："余死且不避，何以钱为？"命家僮解所袖二十余金与之，其人亦不复问，弟强余至营中，且以所乘马假余骑。一路遇北兵，见余冠服依然，皆曰："汝万军门耶？"余亦谬任之，盖恐其追求督师，不如以余塞责耳。至营中，晤总统副将高进库，余力请就死。高陕西人，甚质直，反大相敬礼，不啻不忍加诛也，仍命张管队引余宿帐中。

时城内纵火，三日后乃息，合郡煨烬。初三夜三鼓，余方巡城，见天火如雨坠城中，不意其符验甚速如此！城中士民与北军格斗而死者无算，亦有自焚其居者。诸池井积尸几满，皆义士烈女。督师二妾率群婢投井中。虔士向皆荷戈临阵，至是多自杀。有庄秀才者，监纪庄以莅之弟也，撞石而死。其妾泣诉云："己亲见之！"袁秀才字汝健者，合门被杀。其女在营，向余痛哭。卢乡官合家投池中，兵曹黎公遂球想亦同死矣。传闻太常彭公期生自缢于章贡台，此公固自持必死者也。

初五日，总统令人引见，至帐中，则兵垣杨又如及胡总戎先在坐。又如所持与余同，大要求其明白一死耳。总统与诸将皆为动容。是日定议将余与又如解送京师，晚又引见李总统处，刘季骊总戎暨黄振寰副戎皆在。季骊临别依依，若不敢相近，余语之云："但置生死度外可耳！"季骊初四早跃马过余寓，即相约死难，真英杰也！是日闻杨相国已投水，北军得其冠服为据云。

初六日，又如径至余帐中，坐语移时，复与同过马龙池副戎。马故刘昌平部下，闻余与又如毅然请死，殊为感叹，其供奉又殊有礼。余因与又如劝其以礼葬死事诸公。

时在虔文臣，杨、郭、万三公外，有翰林兼兵垣万公发祥，太常卿兼守北道彭公期生，铨曹龚公棻，侍御姚公奇胤，兵曹于公斯昌、王公其宖、黎公遂球、任公昂霄、曾公嗣宗、钱公谦亨，户曹林公珽，中翰袁公从谔、刘公孟鍧、刘公应泗，郡司李署府事吴公国球，二府王公明汲，临江司李胡公缜，署县事林公逢春，监纪通判郭宁登，乡绅卢象观，孝廉刘日佺，南昌孝廉万兴明，楚中孝廉马芝，清江明经杨廷鸿、黄尚实，吉郡明经胡国伟、王所、管声元、戴绂，文学段之浑、朱长应、赖尚佑，南昌文学刘斯镐等数十人。惟余与又如及于兵曹被执。朱文学得脱归。此外大都不死兵，即死水火耳。刘公孟镐危病卧建春门郭宅，即余寓。余登屋投火，乃与分手。黎公遂球病卧西门乡绅卢子占家，龚公棻以坠马病卧军院前金监纪家，王公其宏东楼督战，被铅弹伤头颅，此则余所知也。

初七日，儿子梦麟晬盘之日，晨起三揖祝天而已。因忆去岁初生四弟，喜赋一诗，今依韵偶占云："之子晬盘日，阿翁就槛辰。贡江空寂寞，西岭正嶙峋。保世惟忠孝，委身报圣仁。行行岁晚至，苦节附松筠。"是夜有一被执者，持刀杀北兵，为所觉而死，亦奇矣哉。

初八日，又如过余帐中，因共往马副戎所，留饭，其子颇有意气。是夜梦至南楼，杨机部老师尚在守城；又梦诵《纲鉴》周孟威、丁彦远、吉左冲数语。时诸帅已草定塘报，押解余等。余因作数字寄家人，托永新胡秀才附往。胡字义者，与安福小童朱魁保皆在高部内，甚敬爱余，各持数钱见赠，且依依不忍别。帐中大小诸卒初见余，皆眈眈相视，余率胸怀与语，彼或拔利刃、挽强弓示武，以冀虚喝。余曰："我忧汝刃不利耳，利则大是爽快事！"诸卒相谓："此不怕死忠臣也！"反倍加敬礼，至有擎酒食来饷、持襥被银钱见遗者。大要如醉汉遇虎，了无怖畏，虎亦无如之何；然亦见三代直道犹在人心云。

初九日午刻，同黄副戎、刘别驾先登舟，杨又如及范、胡二总戎后至，押解者共数十人。一舟杂沓，苦不必言，夜闻刘别驾谈及义娼祈祈，在营中见其旧交被俘，遂自刎而死，亦侠烈也。

初十日，胡总戎述其儿时三异事：初生竟是肉球，举家怪异，剥去数十层，乃见儿啼。及十余岁以放风筝堕井中，见黄须老人井底对弈，卫者甚众，惊讶彼坠，来捧之出井。又尝读书山中，引众出游，越数武而山石坠下，压死十余人。可见生死前定，固不得自由也。夜泊昆仑滩。

十一日，过万安县，空城而已，泊上溪。夜梦拔剑驱祟，此月作此梦者三，不知何祥？是日，同又如慨叹虔事，因及三老。万公志急身先，清苦绝伦，而自用颇专，与人或忮。杨公节义文章，羽仪当世，而见事稍迟，听言不广。郭公虚公平恕，集思广益，而遴才太滥，驭将太宽。以此三老立朝，必有可观；扶危定倾，实亦未易。此余与王赤友朝夕抚膺者也！

十二日早，同又如诸公坐小洲上，栉沐，较舟中如同天堂。舟中视帐中，又如地狱矣！茫茫黑暗，竟不知何时见天日也！夜泊蜀口洲。

十三日早，留蜀口，偶见蒙江王复初亦在北军舟中，向余依依，犹有乡里之谊。家僮如豸自此问道抵舍，临歧恸哭，余笑遣之。午余秦僧正志至舟中同行，僧澄一扬州人，因谈及旧万安令梁公于凌死难事，且记其绝命词云："但知生富贵，谁识死功名！到头成个是，方见古人情！"又自记云："半生学佛得力，到此撒手悬崖！"盖乙酉九月被执不屈，遂死南昌狱中也。卓哉饮光，遂能如是耶！余于广陵交饮光及郑超宗、宗开先，皆余房师王铁山姻友也。三公并以癸未登第：饮光殉节；超宗以调停高镇兵入城，为同郡乱民寸磔，仅存遗骨数寸；开先初仕中翰，及江南既降，擢为常州太守，又为本郡绅士所劾罢官。三官各作春梦，究竟何如？可发人深省！晚泊泰和，遥揖萧尔器兄弟忠魂，不禁黯然！

十四日，泰和西岸移舟东岸，守者命余辈易一大舟，行不数武，嫌其迟滞不前，复挈余等还故舟，行止不能自如，一听彼之所为而已。夜泊龙门山下，念我茂远，真过去仙也。茂远尊人萧次公先生古谊笃挚，命一僧相闻，数语而别；复遣之驰候郡中，竟不得再晤。是夜风再大作，舟次苦甚！

十五日晨起，风雨，不得行。食后，守者强舟子行，泊花石滩。

十六日，过吉安。遣人视旧宅，已为兵毁，亲友无一人在市上者。同又如望拜文山祠，夜泊白沙驿。

十七日五鼓，发白沙，过玄潭、龙洲，皆不能一眺，付之梦想而已！夜泊仁和市。

十八日，风雨大作，势不能行，守者强之行，波涛汹涌，听之耳。过新淦县，下午五里泊舟，五鼓乘月抵漳树镇。

十九日，过丰城县，泊市汊，闻姜燕及年伯尚在里居，然不能通一字也！又如明易理，在舟每日筮一卦，是日以后反多吉卜。

二十日，泊河泊所，北风厉甚，守者复强舟子行。余辈一身似叶，刀兵水火，作平等观，但笑彼悍竖耳！

二十一日五鼓，复冒险行，晚至省城，宿广润门外姚君甫家。是夜，三总戎及刘别驾皆流涕，恳余与又如稍以和平自全，且勿累及同事。又如与余云："生死自有定数。亦各有定数，岂能想来？若我两人视死如归，岂能乞怜求活耶。"五鼓作书与家人诀，并此录及玉簪一只付邑人欧叔重持归。簪故先君所遗，故以之贻麟儿耳。

二十二日微明，即引诣金督府衙前。值吴按君以武闱较士，未得会审，乃复放归寓处。守者贯以铁索，诸公殊以为苦，余举"风吹枷锁"之句，与又如大笑。市人皆以为不识生死，聚观者如堵！闻知是余与又如，咸唏嘘感叹。新孝廉一人，诸生十数人，向余流连不忍去。又有张掾者，告余以刘平田在章门，午余约晤，相对凄然。因极力为余求生，且捐行赍购杉材，以备余与又如及同事五人不测，又预措一舟为余返榇计，此真今人所难也！

二十三日，会审于乐安王府旧第。刘别驾先陈削发求降，三总戎亦哀词投诚。余与又如誓死不屈膝，惟直陈国破家亡，自分当死。而当事宽喻甚至，竟不见杀，余与又如因叹得死之难。前者兵曹于公斯昌、总戎刘公天驷、副戎汪公起龙，皆以十九日见杀。余辈舟行阻风，故不前耳。廿二日夜，余梦北斗旋转，岂真生死上关星文耶！

廿六日，附平田舟以归。是夜梦关将军骑一巨鱼自池中飞升，余遥望泣拜，以恢复大事默祷，亦异梦也。

自　跋

　　忠诚府丙戌十月四日之事，余辈捍御无方，宜咎人而不咎天也。被执在槛，随笔实录，自附信史。同事诸公，或存或亡，幽明可质，当以余为古之遗直，命名曰《仿指南录》，庶几对文山而无愧云！是岁十月既望，安福康范生轫轩父识。

　　十一月初七日，返螺川，次早即入西昌平山中，距家五百里，不敢相闻。越数日，家僮乃至，四弟寄柬，云自余被释归家，里中过有责望，悠悠之口，铄金泐石，且有效王梅边生祭丞相者！余甚感且愧之。因再取是编自讼。嗟乎！余不入粤而入虔，辞谏垣而甘受械系，此非必欲死者哉！幸而不死，以黄冠归故里，古之人有言矣。是编具在，千载而下，自有定论。若夫不知我之诟，余亦何忍置喙！烈媛见齿，为卖笑者反唇，岂复与之争别贞淫乎？十一月廿六日，轫轩氏又志。

安龙纪事

［明］江之春

安龙纪事

　　壬辰二月初六日，上自广西南宁府移跸贵州安龙府；安龙原名安笼所。时云贵皆为孙可望所据。初阳尊皇上，要封秦王，朝廷内外臣子稍忤其意，则击斩随之，以故中外重足，无不协署伪职。及东兵陷广西，可望遂改安笼所为安龙府，迎上居之，宫室礼仪一切草简。

　　时廷臣扈随者文武诸臣五十余人，中有马吉翔者，本北京市棍也，性便黠，颇识字。初投身内监门下充长班，复为书办，逢迎内监，得其欢心，故内监皆托以心腹。及高起潜出典兵，吉翔窜入锦衣卫籍，冒授都司，居起潜门下，涂毒军民，无所不至。后又贿升广东都司。及乙酉，隆武即位福建，吉翔解粤饷赴行在，自陈原系锦衣世职，遂冒升锦衣卫指挥。后奉使楚中，诣谀诸将，凡报军功必窜入其名，屡冒边功，渐次升至总兵。及永历即位，又营求宫禁勋戚，得封文安侯。吉翔历事既久，专意结媚宫禁宦竖，凡上一举一动，无不预知，巧为迎合。于是上及皇太后皆深信之，以为忠勤，遂命掌戎服事。及至安龙，见国事日非，遂与管勇卫营内监庞天寿谋逼上禅位秦王，以图富贵，独虑内阁吴贞毓及朝中大臣不相附顺，内阴嗾其党冷孟铥、吴象铉、方祚亨交章参毓。先是濑湄移跸时，毓欲上暂留以系中外人民之望，遂与寿、翔忤。至是两逆交煽，急谋去毓，而铥等参疏屡上。上素知毓忠贞，俱寝不行。寿、翔、铥等曰："贞毓入阁视事，则我不得参预机密，公等参毓徒费纸笔。今秦王权倾内外，我具一启托张提塘封去，求秦王令谕以内外事委戎政、勇卫两衙门总理，则大权归我两人，我内入作秦王心腹，公等作羽翼，然后徐谋尊上为太上皇，让位于秦王，则我辈富贵无量，贞毓何能为乎！"

吉翔遂遣门生郭璘说武选主事胡士瑞云："今上困处安龙，大势已去，我辈追随至此，无非为爵位利禄耳！揣时观变，当归秦王。况马公甚为倚重，目下即欲以中外事属之。若公能达此意于诸当事，共相附和，力劝禅位，何愁不富贵？不然，我辈俱不知死所矣！"士瑞即厉声叱璘曰："汝丧心病狂，欺蔑朝廷，遂谓我辈亦随波逐流乎！"璘惭而退。吉翔复遣璘持白绫一幅，求武选司郎中古其品画《尧舜禅受图》，欲以进秦王，其品愤怒不画。吉翔阴报秦王，秦王遂将其品锁去，毙之杖下。六月，秦王有札谕天寿、吉翔云："凡朝廷内外机务，惟执事力为仔肩，若有不法臣工，一听戎政、勇卫两衙门参处，以息其纷嚣！"

札到，中外惶惧，独吏科给事中徐极、兵部武选司员外林青阳、主事胡士瑞、职方司主事张镌、工部营缮司员外蔡缜等相谓曰："天寿、吉翔曩在楚粤，怙宠弄权，以致楚粤不戒，銮舆屡迁。今不悔祸，且包藏祸心，称臣于可望。一人孤立，百尔寒心。我辈若长缩不言，不几负国恩、羞鹓列乎！"繇是各疏参二逆罪状。章三上，上始知两人欺君卖国，并发其在安龙时曾偷用御笔私封龙府土官赵维宗为龙英伯事。上怒，即召集廷臣欲治寿、翔罪，寿、翔惧，急入内廷求救太后，得免。两人奸既露，怨愈甚，欲谋杀极等。于是专意诌附可望，凡可望所欲为者，二人辄先意为请，可望愈肆无惮，自设内阁六部科道等官，一切文武皆署伪衔，复私铸八叠伪印，尽易本朝旧印。而贼臣方于宣诌可望尤甚，为之定仪立制，太庙庙享三王：太祖高皇帝主于中，张献忠主于左，而右则可望祖父主也。拟改国号曰后明，日夜谋禅位。

上仅守府，势甚岌岌，私与内监张福禄、全为国曰："可望待朕无复有人臣礼。奸臣马吉翔、庞天寿为之耳目，朕寝食不安。近闻西藩李定国亲领大帅，直捣东粤，俘叛逆陈邦傅父子，报国精忠久播中外。军声丕振。将来出朕于险，必此人也！且定国与可望久有隙，朕欲密撰一敕，差官赍驰行营，召定国来护卫，汝等能为朕密图此事否？"禄等即奏曰："前给事徐极，部司林青阳、胡士瑞、张镌、蔡缤于秦王发札宠任天寿、吉翔时，曾抗疏交参，忠愤勃发，实陛下一德一心之臣也。臣等将圣意与他密商，自能得当以报。"上允之，录与为国诣张镌、蔡缤私寓，适极与青阳、士瑞俱至，录等密传意，诸臣叩首云："此事关系国家安危，首辅吴公老成持重，当密商之！"五人即诣毓寓言其事，毓曰："今日朝廷式微至此，正我辈致命之秋也！奈权奸刻刻窥伺，恐机事不密，诸公中谁能充此使者？"林青阳即应曰："某愿往！"毓曰："固知非公不可，但奸人疑阻，须借告假而行可也。"青阳乃请假归葬，贞毓属祠祭司员外蒋乾昌密拟敕，属职方司主事朱东旦缮写，禄等密持入用宝，青阳即日陛辞。时可望沿途有塘拨盘诘，阳藏密敕从间道驰出，此六年十一月事也。

　　癸巳六月，上以青阳去久不回，欲差官往催，毓即以翰林院孔目周官对。武安伯郑允元云："此番此前更要慎重。今马吉翔在左右，日夜窥探，凡事必报可望，必须先将马吉翔差出，使他不得窥探，事乃可济。若吉翔在内，则奸党蒲缨、宗德亮、郭璘、蒋御曦等往来奔走，阴伺举动，深为不便。"时因节届霜降，上以陵越在东西，例用勋臣一员代祭，遂使吉翔往粤行礼去后，即命蒋乾昌撰敕，复遣周官赍往，官涕泣受命而行。时吉翔奉差在粤，探知青阳赍有密敕至定国营，私差汪锡元至营探听。未几，而刘议新途遇吉翔，不知吉翔不与谋，对吉翔云："上有密敕与西藩，先差林青阳，后差周官。西藩接敕感泣，不日亲往安龙迎驾。"吉翔闻之大惧，逼令议新具启报知秦王，备悉西藩接敕之事，又属其弟雄飞尽出家赀，阴赂提塘王爱秀求其应援。

时吉翔党与布列甚密，日伺探听，上孤立自危，以台省员缺，敕部考选，于腊月念四日临轩亲试，将蒋乾昌、李元开选翰林院简讨，张镌选刑科给事中，李顾、胡士瑞选浙江、福建两道监察御史，杨钟、徐极、蔡缤、赵赓禹、易士佳、任斗墟、朱东旦等亦以资深俸久，各加秩升职有差。

自是天寿、雄飞益相危惧，谓蒲缨、朱德亮、郭璘、蒋御曦等曰："凡我仇敌，俱选清华，我辈危矣！"缨等曰："昨闻周官之行，系众人密谋，待马公察访详悉具报秦王，则此辈死无日矣！"不数日，马吉翔果具密启与秦王，报知此事，天寿、雄飞持启诣王受秀云："马公访得朝中有两次差官赍敕往西藩去，召他带兵迎驾，现有启报秦王，烦公即发拨启闻。"秀闻大惊曰："果有此事，我系提塘，亦当具启报知！"寿、飞即下拜曰："公果具启救我辈性命，诚再生之恩也！"启去，秦王大怒。甲午正月，差郑国往南宁马吉翔处打听周官事迹，并看西府兵势。时吉翔疏证青阳、周官甚急。由是吏科都给事徐极、大理寺少卿杨钟、太仆寺少卿赵赓禹、光禄少卿蔡缤、刑科给事张镌、浙江道监察御史李颐、福建道监察御史胡士瑞等，交章参翔欺君卖国，天寿表里为奸。上见事急，即敕廷臣公议治罪。天寿惧，与雄飞数骑逃出。雄飞遂见秦王，将密敕与谋之人一一报知，而十八人之狱成矣。

先是正月内林青阳回行在，复命至田州总镇常荣营。荣知密敕之事已发，止阳勿回行在，阳遂留营中，暗遣心腹周吉至行在，藏张镌、蔡缜寓，即密奏上。上甚喜，即擢阳兵科给事。上谓毓曰："仍撰敕与青阳，敕内先要说'寿、翔表里为奸，将谋不利于朕，着令藩臣为朕剪除'等语。俟朕与将军握手时，即行告庙晋封之典。"发金三十两为西藩铸印。张毓拟篆"屏翰亲臣"四字，发与青阳差人刘吉领去。阳接敕与金常荣发兵护送至广东广州，得遇周官同青阳，始将空敕书写好，及"屏翰亲臣"四字样铸成，送至高州西藩李定国营内。讵意可望差标官至常荣营，急拿青阳，而青阳已去旬日矣。遂将荣撤回，而郑国已于南宁取吉翔回行在。秦王亦疑吉翔与国，令行在各官与吉翔对理密敕之事。各官既集，郑国云："马吉翔已拿在此！列位要明白说出林青阳、周官赍敕之事，他果与谋否，以便回复国主！"贞毓云："学生职司票拟，关防严密，如何晓得？"国云："既如此，我到朝内请上面对！"诸臣俱造朝，候上御文华殿，召郑国，王爱秀进。国与爱秀奏云："西藩私通朝内奸臣，胁敕要封，国主已发人往拿正法。林青阳、周官不日便到，皇上可知是何臣主持？待臣等好回复国主！”上云：“密敕一事，朝中臣子必不敢做。数年以来，外面假敕假宝亦多。尔等还要密访，岂皆是朝里事！”国与秀愤愤而出，即同天寿汹汹至朝房，云：“我们要回青州，列位须快说明白！”贞毓云：“皇上虽值播迁，朝廷法度尚在，谁敢妄行？学生们实不晓得！”天寿力证曰：“你如何推避得！”国与爱秀即将毓扭出朝房，一任天寿指挥。即将杨钟、郑允元、蒋乾昌、蔡缜、赵赓禹、张锡、徐极、李颀、胡士瑞、李元开、朱东旦、朱议㶿、周允吉、许绍亮、胡世寅、陈麟瑞、易士佳、任斗墟等俱收锁王爱秀宅内。随带家丁同天寿进宫拿内监张福禄、全为国、刘衡，宫中大震。少顷，禄与为国、刘衡俱铁索系出，惟胡世寅于是日释放，此甲午年三月初六事也。

入朝时，天气清明，及诸君子被执，忽烈风霾日，阴云惨黑，安龙士民惊曰：“此天壤间一大变事！”其逆党冷孟铤、朱企𨱎、蒲缨、宋德亮且扬扬得意，犹奏上速将密敕情由指出是何人所为，以便处分，不然，危亡在旦夕矣！上曰：“汝等逼朕认出，朕知是谁！”因悲愤而退。翌日，国具严刑拷究，先将贞毓妾父户部员外裴廷谟提到，国叱谟跪，谟厉声曰：“我是朝廷五品大夫，如何跪你！”国怒，令乱棍交下，几断两臂。复将谟拷夹，问密敕事，谟不应。次将张镌、徐极、周允吉、赵赓禹、蔡缜、任斗墟、陈麟瑞、张福禄、全为国等一一酷刑拷鞫，惟贞毓以大臣免刑。余皆夹数夹，笞数百，痛苦难禁，惟呼二祖列宗。时天色晴明，忽风雷震烈，蔡缜厉声曰："我辈枉取刑辱，取纸笔来，待我供招！"国即将缜扭解放松，缜持笔告天曰："皇天后土，二祖列宗！今日蔡缜供招与谋密敕之事，以见臣子报国苦衷！"由是一一写出。国又问曰："皇上知否？"缜恐有害国家，答曰："未经奏明！"招罢，仍扭锁收管。越三日，将许绍亮、裴廷谟释放。亮流涕不肯出狱，向十八人曰："今日同事为国，生死与共，安忍独生？"毓等曰："公今日得生，是天未尽灭忠臣。尔即生，我辈虽死犹生！"亮等挥泪拜辞，十八公亦挥泪答拜，亮即同廷谟出狱。

天寿、吉翔乃尽出家赀厚赂国、秀。吉翔以幼女送郑国为妾，国留宿二日，复遣还，即诬诸公以"欺君误国，盗宝矫诏"为词，飞报秦王。秦王发令于本月二十日到安龙，以十八人为奸，以吉翔为忠，请上裁断。国等请上召对，上忧愤御殿，随发廷臣公议。由是吏部侍郎张佐辰、绥宁伯蒲缨、太常寺少卿冷孟钲、武选司郎中朱企镆、总兵宋德亮、刑部主事蒋御曦等俱附耳向郑国云："这些官今日都要处死，若留一个，祸根不绝！"国云："自然！还须列位主持！"维时刑部司官蒋御曦执笔，吏部侍郎张佐辰票旨，竟以"盗宝矫诏，欺君误国"八字为案，以张镌、张福禄、全为国为首，拟凌迟；蒋乾昌、徐极、杨钟、赵赓禹、蔡缜、郑允元、周允吉、李颀、胡士瑞、朱议㴴、李元开、朱东旦、任斗墟、易士佳等为从，拟弃市。惟毓以大臣赐绞；陈麟瑞与佐辰同乡同年，力救，得杖一百二十，拟遣戍；刘议新杖一百二十，越五日死；刘衡杖一百，免罪。复以福禄乃中宫近侍，用宝发敕，虽皇上自行，中宫俱知其事，寿、翔等将废中宫，嘱仪制司萧尹上疏引古废后事为例。维时中宫流涕哭诉上前，始免。遂将诸君子缚赴法场，俱神色不变，望阙叩头云："臣子一念今日尽矣！无以报国，虽死有余责耳！"又云："天寿、吉翔、雄飞朋胁为奸，欺君卖国，我辈今日为他杀尽，他日必借秦王势挟制天子，为所欲为，中兴大业从兹已矣！"张福禄曰："我辈不能杀此三贼，死当作厉鬼杀之，以除国害！"

诸君子临刑绝无戚容，各赋诗见志。吴贞毓诗云："九世承恩愧未酬，忧时惆怅发良谋。躬逢多难惟依汉，梦绕高堂亦报刘。忠孝两穷嗟百折，匡扶有愿赖同俦。击奸未遂身先死，一片丹心不肯休。"蒋乾昌诗云："天道昭然不可欺，此心未许泛常知。奸臣祸国从来惨，志士成仁自古悲。十载千辛为报国，孤臣百折止忧时。我今从此归天去，化作河山壮帝畿。"李元开诗云："忧愤呼天洒洒㵦，六年辛苦恋王畿。生前只为忠奸辨，死后何知仆立碑？报国痴心容易死，还家春梦不须期。汨罗江上逢人旧，自愧无能续楚词。"朱东旦诗云："邕陵昔日五君子，随扈安龙十八人。尽瘁鞠躬今已矣，忠臣千载气犹生。"朱议㴂诗有"精忠贯日吞河岳，劲气凌霜砥浪涛"之句，词极悲壮。余不及详纪。赋毕，仍对各官拱手曰："学生辈行矣！中兴大事交付列位！但列位都要忠于朝廷，切不可附天寿、吉翔卖国，学生辈虽死犹生也！"言罢，引颈受戮。时安龙虽三尺童子无不垂涕者。郑国仍将诸君子暴尸三日。时天气炎热，颜面如生，各家亲族买棺收殓。

十八忠臣既死，雄飞遂自黔回。吉翔倚藉可望，挟制朝廷，复预机密，引其党张佐辰、扶纲摄相行事，内外大权尽归庞、马。时人以佐辰与纲相貌丑劣，谄事权奸，供庞、马指麾，号佐辰为判官，扶纲为小鬼，而国势日削矣。

吴贞毓，宜兴人，祖母赵氏享年一百有一岁，丙辰生时年九十有七矣。寿享百岁，榜登会元，官居宰相，名著忠臣，此人间四难也，而皆出一门。呜呼盛哉！

攻渝纪事

［明］徐如珂

攻渝纪事

天启辛酉，拜上川东道之命，治装赴任。孟冬十日，至潜山，闻蜀中兵变。相知谓曰："盍少需之！"予曰："不可！夫闻难不赴者，非勇也；坐视地方之阽危者，非仁也；委君命于草莽者，非忠也。三者皆臣谊之所不载，需之何为！"遂驱之。一驱而至夔门；再驱而至垫邑。时相从者苍头四人而已。此至，则重庆城既为樊龙、张彤所据，而成都天险，又为奢寅父子所围，兼州县残破十有四三，而响应奸徒动称百万，蜀之为蜀，不岌岌乎殆哉！且问兵无兵，问饷无饷，问同事则寥寥无人，独与垫江刘令及一二缙绅议曰："蜀事危矣！欲保全蜀，莫若急攻重庆，以解成都之围。"众皆曰："然！"乃驰一使借饷于楚，又驰一使乞兵于黔。未几楚应饷而黔未应兵也。召募久之，方得胜兵数千人，遂发垫江，抵长寿，而会师于铜锣峡，此岁之除夕夜也。

先是有守备金富廉及良家子张颐南、李尚清辈，各捐金募死士，进薄城下，而所属土司，自秦良玉援省外，如邑梅、平茶、石砫陈同知，亦相继听调至，乃以正月朔日誓师，初六日合围。两军对垒，仅隔一水耳。矢石相及，莫之避也。元宵次日，邑梅、石耶走间道击贼，斩首百余级，已夺佛图关矣，而援兵不至，旋复退舍，然军声从此大振。

正月晦日，省城解围，说者谓牵制贼势，皆攻重庆之力也。檄行夔州府越二守其杰亟督马湖、遵义二兵袭其功，亦无不人争用命。

二月十八日，汉土官兵先后进发，三战三大胜之，斩首千余级，复夺佛图关，而贼兵用计使土兵自相杀。

二十日，官兵披靡，予手刃数人，得不溃。自是不复轻言战，惟坚壁清野，为坐困贼人计。昼则绝其饷道，夜则夺其战舰。城中米贵如珠，而城终不下，则以贼据险而我兵无用武之地也。

三月廿八日，与下川东道戴公紫宸议欲拔渝城，非据佛图关不可，而欲据佛图关，非屯重兵不可，因自将冲锋数千人走鱼洞，驻双山，父老见而流涕曰："何深入至此！"无何而秦兵以万至，无何而诸道镇兵以数千至，乃下令克期攻关。

四月二十四日，诸路并进，斩首万余级，贼弃关走，狼狈入城，不敢出，而佛图关始为我有矣。

五月初，贼有援兵来，号称二万，其势张甚，人情汹汹，诸将无不动色。予与总理监军道排异议，主堵截，分布稍定，而贼已夹河而军。十一日，小挫之；

十四日，大败之；十八日，则尽歼之江干。贼以失援计穷，求走不得，遂来求降。初犹谓其绐我，弗许。谍之，知其真情，乃许之。

廿七日，张彤、石允高囚首辕门，佯纵之去。是晚，樊龙降，以后至缚之，城中闻樊龙擒，自相鼓噪，因发兵捕反者，斩首无算。樊龙、张彤二人死于乱兵，而傅文进、石允高等俱槛车献阙下。罪人既得，城郭依然，倘亦足以少慰圣明西顾之忧乎！

渝事已矣！四方不靖，非无事之日也。今而后但得勿以议论妨行事，天下事共有瘳矣！

定蜀纪

［明］文震孟

定蜀纪

天启纪元之岁，念阳徐公备兵川东。当是时，奢崇明父子作乱，遣头目樊龙、张彤据重庆城，楚蜀震动。公赴任之黄冈，闻变，或劝公引例移疾，公奋然曰："临难不赴，非义也；委君命于草莽，非忠也！"置妻孥于荆南同年邓石田所，遂单骑至夔州，借篆请饷于楚，乞援于黔，檄调土司兵为固守下流计，移至垫江。县尹刘国藩走马迎谒，公异其才，与商机宜，竟夜未休，以饷务委之。复会绅士董尽伦、张以渠、程字鹿、曹进可，孝廉牟之鹏，诸生何之圻，定计进剿。

时成都被围，调兵之檄日至，公策之曰："欲救成都，须急攻重庆。"乃召石砫司女将军秦良玉率兵万四千人援省，良玉恃都督衔，请以宾礼见，公曰："乱贼一时之变，名分万世之常。宁无相见为！"良玉色惭，戎装膝行而进。公优礼之，谕以忠义，凛以三尺，良玉奉命惟谨。乃分饷四千，马二百予之，令忠州判胡平表监其军以行，未至省而围已解，说者谓牵制贼势，皆急攻重庆之力也。

遣中军马世修等分道募兵属县，得劲卒数千。三路夺佛图关，进薄城下，环而攻之，斩首无算。躬率选锋千人走鱼洞，驻双山，绕出佛图关后，直趋二郎关。适女将援省还，与之联营为一字阵，歼贼援二万于江干，遂拔渝城。密令邑梅、石耶、平茶三土司馘樊龙，守备金富廉执张彤斩之，余党悉平。寻奉委捣巢，崎岖丛菁，身负重伤，转饷丙滩，躬亲挽拽，卒倾右蔺之穴，拓地数百里。贼所盘踞，悉入版图。上功幕府，叙公第一。

平蜀纪事

［明］虞山遗民

平蜀纪事

天启辛酉，奢崇明戕蜀抚于重庆，贼目樊龙、张彤据城以守，而与其子寅重兵围成都。川东兵备徐公如珂疾驱至荆州，寄弥月儿于邓氏，单骑入夔，抵垫江，策之曰："蜀事急矣！欲保全蜀，莫若急攻重庆，以解成都之围。重庆三面阻江，一面通陆，贼据佛图关以扼我，莫若先夺关以制其死命。"召募得胜兵千人。檄调土司及材官良家子义兵继至。

正月朔日，誓师。初六日，合围。十六日，邑梅、石耶兵间导走关下，斩首数百级，军声大振，而成都以晦日解围矣。

徐公谋夺关益力，二郎关在佛图关上游，亲率选锋数千走鱼洞，驻双山，绕出佛图后。女帅秦良玉援省还，与诸将连营为一字阵，横亘十余里。守备金富廉率所部先登，呼声陷楼橹，贼咋指呼其乳名曰："谁能遣金么儿出死力如此！"

四月二十四日，我师克佛图关，逆酋兵数万自江津来援，道镇请撤围以避其锋，徐公不可。同知越其杰率马湖遵义兵赴泸，檄还师蹑贼，官兵七支左右夹击，贼大败，江水为之尽赤。贼势穷蹙。下川东兵备戴君恩遣间招抚，扁舟过江，执张彤手，好语移时。俄而复叛，公趣诸将急攻，金富廉馘张彤，樊龙死乱兵手。诸凶渠缚槛车，下川东兵备君恩献俘关下。天子为告庙，御楼受贺。下东道立峻擢加三级，而徐公如珂守上东道如故。

是年冬，有捣巢之役。合江于六路最要，制府以监督委徐公办理。公议分兵三路：罗帅出左路，趋赤水，抵竹瓦，规取土城，断右蔺后户；薛帅出中路，趋先市，抵小关，疾趋土城，协攻右蔺，扫贼宫室坟墓；越同知出右路，趋九枝，抵中箐，直捣永宁，搜贼窟穴。部署既定，越中谗解去，西帅争兵而哄，罗顾望，流言兵不当由土城。徐公怒曰：“蔺之有土城，犹渝之有佛图也！罗自畏贼耳，而倡言不当出土城，沮坏大计！我卷甲疾趋土城，首当贼冲，彼亦将由余马首是瞻耶！”大书榜军前：“先市、仁怀兵，敢却一步者斩！”诸将股栗莫敢后。军中需饷亟，仁怀米运至大丙滩，水悍石啮，与诱叫号。徐公焚香祷于神，须臾水长二丈，乱流而济，军声腾踊江水。贼借水西兵十万来援，势张甚，我前军少却，捍子军谭懋勋挽白竹弩连中之，贼大溃，转战数十里，斩首万余级。遂破右蔺。纵火焚伪宫阙五凤楼，发掘冢墓，碓飏其胔骨，时癸亥之五月十三日也。

明日破土贼，逆贼中枪遁去，父子窜匿水西龙场坝。徐公遂画渡河三策，决计请济师。制府中罗帅语，檄缓师期，而内召之命已至。或曰："贼在釜中矣，盍葳事而后去！"徐公笑曰；"枕戈坐甲，劳人事也。饮至策勋，以俟能者！"其劬躬耆事，有功而不伐如此！公每下一城，救死扶伤，收赎虏掠，生全不可胜数。尝籍记攻蜀将士功状，叙行间劳苦，推言之曰："通于义命之说者，而后可与谈兵。"斯千古用兵之质的也。

蜀事定，戴、刘两监军交讼，余以质公，公笑曰："军前盗取火药，常事耳！刘营贩，戴营亦贩，虽我营亦未尝无之。彼以争而讼，吾以不争而免，何庸插齿牙于其间哉！"闻者服其心之公、论之平也。是时余官宫坊，班朝并马，知其行事甚悉云尔。